Élie Halévy

L'Ère des Tyrannies

Études sur le Socialisme et la Guerre

 Le code de la propriété intellectuelle du 1er juillet 1992 interdit en effet expressément la photocopie à usage collectif sans autorisation des ayants droit. Or, cette pratique s'est généralisée dans les établissements d'enseignement supérieur, provoquant une baisse brutale des achats de livres et de revues, au point que la possibilité même pour les auteurs de créer des œuvres nouvelles et de les faire éditer correctement est aujourd'hui menacée. En application de la loi du 11 mars 1957, il est interdit de reproduire intégralement ou partiellement le présent ouvrage, sur quelque support que ce soit, sans autorisation de l'Éditeur ou du Centre Français d'Exploitation du Droit de Copie , 20, rue Grands Augustins, 75006 Paris.

ISBN : 978-3-98881-982-6

10 9 8 7 6 5 4 3 2 1

Élie Halévy

L'Ère des Tyrannies

Études sur le Socialisme et la Guerre

Table de Matières

PRÉFACE	7
SISMONDI	14
LA DOCTRINE ÉCONOMIQUE SAINT-SIMONIENNE	31
LA POLITIQUE DE PAIX SOCIALE EN ANGLETERRE	105
LE PROBLÈME DU CONTRÔLE OUVRIER	151
ÉTAT PRÉSENT DE LA QUESTION SOCIALE EN ANGLETERRE	172
UNE INTERPRÉTATION DE LA CRISE MONDIALE DE 1914-1918	195
LE SOCIALISME ET LE PROBLÈME DU PARLEMENTARISME DÉMOCRATIQUE	229
L'ÈRE DES TYRANNIES	243
APPENDICES	261

PRÉFACE
Célestin BOUGLÉ

Dès le lendemain de la brusque disparition d'Élie Halévy, ses amis désolés se sont préoccupés de sauver la part inachevée de son œuvre. Œuvre immense déjà, mais qui eût réclamé, pour être menée jusqu'au terme fixé, encore des années de libre travail.

Élie Halévy n'aura pas eu le temps d'opérer, dans la grande Histoire du Peuple Anglais *à laquelle il se donnait depuis quarante ans, le raccord entre 1848 et 1895.*

Avec l'enseignement qu'il donnait sur ce sujet à l'École libre des sciences politiques alternait un autre enseignement consacré à l'Histoire du socialisme européen. De tous côtés on lui demandait de rédiger ces leçons si substantielles, si fortement charpentées. Notre ami s'était décidé à tenter cette grande entreprise. Il pensait revenir, cette année-ci et l'année suivante, à l'étude des doctrines et des expériences socialistes dans les différents pays. Puis, une fois ses leçons mises au point, il les eût mises au net.

*Pour l'*Histoire du peuple anglais, *nous comptons du moins pouvoir publier bientôt le volume qu'il avait en chantier, et dont plusieurs chapitres étaient tout près de l'achèvement.*

Il sera plus difficile, en ce qui concerne L'Histoire du socialisme européen *de ne donner que des pages écrites de la main de l'auteur. Car Élie Halévy, en vue de ses cours, ne jetait sur le papier que très peu de notes ; il se contentait d'un plan accompagné d'une liasse de documents. Mais en utilisant les notes prises à ces cours par ses élèves, nous espérons pouvoir reconstituer et publier, dans cette même collection, cet ample tableau récapitulatif du mouvement socialiste moderne ; tableau qui n'aura d'analogue, croyons-nous, dans aucune langue.*

En attendant, nous pouvons dès à présent offrir au lecteur un certain nombre d'études, articles ou conférences, rédigés par Élie Halévy lui-même, et dispersés dans des revues ou des collections : toutes se rapportent aux problèmes posés par le socialisme. Elles permettent de reconstituer les étapes de sa pensée et de retrouver les perspectives qui lui furent familières tant sur les doctrines et les institutions socialistes que sur les causes et les conséquences de la « guerre-révolu-

tion » qui devait imprimer à la structure des nations contemporaines un si profond ébranlement.

Les problèmes posés par le socialisme ont de très bonne heure sollicité l'attention d'Élie Halévy. Libéral jusqu'aux moelles, autant par tempérament personnel que par tradition de famille, il a horreur, comme instinctivement, des empiétements de l'État, même démocratique. Il se rend bientôt compte, pourtant, que l'intervention de l'État peut devenir dans certains cas — en raison même du désordre économique qui a suivi l'avènement de la grande industrie — nécessaire à la sauvegarde des droits essentiels de la personne humaine. Privilégié lui-même, puisque l'aisance de son milieu met à la portée de son esprit tous les moyens de culture rêvés, il se promet, tout jeune, de ne pas être prisonnier de ses privilèges. « Il me déplaît de plus en plus, écrit-il, sur son cahier de lycéen, de jouir d'une fortune que je n'ai ni acquise ni méritée. » Et un instant il pense, pour être bien sûr de s'affranchir, à apprendre quelque métier manuel. En tout cas il pressent, il avertit qu'il va falloir prêter grande attention aux revendications qui vont s'universalisant des travailleurs manuels, comme aux systèmes des penseurs qui se font leurs avocats. Et dès 1888, il consigne sur son carnet : « Le socialisme, grande, puissante et formidable doctrine, que nous ne pouvons apprécier en France. » Il est à noter d'ailleurs que lorsqu'il entre, l'année suivante, à l'École normale supérieure il n'y sent pas — il l'a expliqué lui-même dans sa dernière communication à la Société française de Philosophie — cette poussée vers le socialisme dont on a tant parlé. C'est seulement quelques années plus tard que Lucien Herr et Charles Andler devaient exercer rue d'Ulm, le plein de leur influence et contribuer à y former le bataillon d'intellectuels militants qui firent une si belle escorte à Jaurès. Élie Halévy, pour sa part, n'est d'aucune escorte. Il ne prête aucun serment. Il aborde l'énigme socialiste sans préjugé, favorable ni défavorable, avec la parfaite liberté d'un esprit qui ne veut plus être qu'historien.

*
* *

En ce qui concerne les doctrines, la partie centrale du recueil que nous présentons aujourd'hui est fournie par une étude approfondie qui porte sur le saint-simonisme. Elle constitue un pendant à celle qu'Élie Halévy avait consacrée à la philosophie la plus caractéris-

tique de cette Angleterre où il devait retourner si souvent : le benthamisme.

Un pendant et aussi une antithèse, car dans le système élaboré par Jérémie Bentham et par ses disciples, Élie Halévy pouvait trouver une sorte de confirmation des tendances « individualistes » qui étaient comme inscrites dans son propre tempérament : il loue l'école utilitaire d'avoir offert, en montrant comment les intérêts individuels s'harmonisent, non seulement une méthode d'explications, mais le critère d'orientation le plus rationnel qu'il se puisse souhaiter. Il notait toutefois que même pour les utilitaires l'identification des intérêts ne s'opérait pas toujours spontanément. Il y fallait des coups de pouce, des interventions compensatrices ou rectificatrices qui pouvaient justifier, dans certains cas, la réaction de la collectivité organisée.

C'est justement sur la nécessité de cette réaction, guidée par l'esprit d'ensemble, que le saint-simonisme devait insister après une expérience de l'industrialisme qui donnait à réfléchir aux plus optimistes. Sismondi déjà, le premier annonciateur des crises de pléthore, l'oiseau blanc qui précède la tempête en la fuyant, avait signalé, avec cette tranquille puissance d'analyse qui est sa marque, les méfaits d'une production déréglée en même temps qu'intensifiée, qui ne peut qu'aggraver dangereusement l'inégalité des conditions. Saint-Simon et les saints-simoniens surtout reprennent et orchestrent ces thèmes, opposant toute une philosophie de l'histoire à la conception libérale de la société, insistant sur la nécessité de corriger l'individualisme par une dose de « collectisme », combattant l'héritage, limitant la concurrence, invitant l'État, « Association de Travailleurs », « devenir de gouvernant administrateur, et appelant à la rescousse non seulement des usines mieux coordonnées, mais des Banques animées d'un esprit nouveau, afin de construire enfin un monde où l'exploitation du globe n'aurait plus pour condition l'exploitation de l'homme par l'homme. En développant ces critiques et ce programme dans les Conférences de 1829, consacrées à l'Exposition de la doctrine de Saint-Simon, les Bazard et les Enfantin se sont trouvés écrire une sorte de Somme de l'époque industrialiste qu'on pourrait appeler la Bible du socialisme. Le mot seul manque : toutes les idées essentielles sont ici en puissance.

Lequel de nous deux proposa à l'autre de collaborer pour rééditer ce document capital ? Je ne sais plus au juste. Depuis que j'avais été appelé à la Sorbonne pour suppléer M. Espina dans l'enseignement de l'histoire de l'économie sociale, nos recherches étaient parallèles. Et bien souvent nos jugements coïncidaient. Pendant de longs mois, avant d'aller faire son cours à l'École des sciences politiques, Élie Halévy venait au centre de Documentation sociale de la rue d'Ulm me communiquer ses trouvailles ou me proposer des énigmes. Quelle sécurité et en même temps quelles joies m'apportaient sa sincérité entière, l'impartialité qu'il avait su s'imposer, sa haine du vague, son dédain pour tout ce qui ne serait que « littérature »...

Notre minutieux travail de commentateurs, nous le poursuivions avec un patient enthousiasme : persuadés que, continuant l'effort de M. Charléty, de M. Weil, de M. Maxime Leroy, nous aidions à une résurrection méritée. Aucune doctrine n'aura été plus riche que celle-là en suggestions de toutes sortes.

À la fin de l'article que nous reproduisons ici, on verra Élie Halévy démontrer que tout, ou presque, est en germe dans le saint-simonisme. Auguste Comte n'en transmet-t-il pas la marque à ses disciples, comme Karl Marx la transmet aux siens ? Mais ce dont Élie Halévy loue par-dessus tout l'École, c'est d'avoir clairement laissé entendre que le socialisme moderne est une doctrine à double aspect. « Doctrine d'émancipation qui vise à abolir les dernières traces d'esclavage qui subsistent au sein de l'industrialisme, et doctrine d'organisation, qui a besoin, pour protéger contre les forts, la liberté des faibles, de restaurer et renforcer le pouvoir social. » Emancipation ou Organisation ? Distinction grosse de conséquent. Elle est à la racine de l'antithèse que développera avec une inflexible rigueur dans sa dernière communication à la Société française de Philosophie — son testament politique et social, pourrait-on dire — l'auteur inquiet de L'Ère des Tyrannies.

*
* *

Ce qui a précipité la cadence de l'évolution et frayé les voies en Europe d un étatisme autoritaire de caractère socialiste, c'est la guerre de 1914-1919. La guerre a été le fourrier macabre du socialisme « tyrannique ».

Les causes de la guerre, les causes des guerres sont bien loin d'être toutes, aux yeux d'Élie Halévy, de nature économique. Mais il est *évident pour lui que la guerre de 1914, en incitant, en obligeant les nations à concentrer chacune de leur côté, pour les tendre au plus haut point, leurs forces productives, a exercé sur toute leur organisation économique une influence sans égale. L'événement pèse plus lourd que les doctrines. La catastrophe de 1914 a plus fait pour le socialisme que la propagation du système marxiste.*

On ! trouvera, dans les études que nous publions, les critiques qu'Élie Halévy n'a cessé d'adresser à l'idéologie marxiste, notamment à ce matérialisme historique, hégélianisme retourné, qui explique tout par le mouvement d'une dialectique dont les intérêts matériels des classes, et non plus les idées ou les sentiments, sont les moteurs. Élie Halévy, historien, est prêt à essayer lui aussi cette hypothèse comme hypothèse de travail. Il ne nie nullement que la grande industrie ait été une des plus puissantes transformatrices du monde moderne. Il accorde qu'elle peut exercer une action profonde sur le mouvement des idées, et notamment sur le progrès des sciences. Ayant constaté que les besoins des usines métallurgiques ou textiles au début du XIXe siècle en Angleterre ont suscité maintes découvertes de physiciens ou de chimistes, il accorde que « la thèse du matérialisme historique, contestable si on veut l'universaliser, est vraie à certains égards en Angleterre au début du XIXe siècle : la théorie naît de la pratique industrielle. » Mais dans bien d'autres cas l'hypothèse n'est pas vérifiée, l'universalisation est interdite, même s'il s'agit des sociétés contemporaines. L'étude à laquelle Élie Halévy s'est livré sur l'Angleterre en 1815 l'a mis immédiatement en présence de forces morales d'origine piétiste dont la puissance explique le « miracle anglais ». Tout le long du siècle, et malgré l'affaiblissement relatif de ces forces devant l'invasion des mœurs que l'industrie tient à imposer, il constate que ce ne sont pas les intérêts, ce sont les croyances qui mènent les hommes. Même lorsque les intérêts sont en jeu, il faut qu'ils comptent avec des sentiments collectifs, ceux-ci accordant ou refusant leur collaboration. Jusque dans l'impérialisme britannique, lorsqu'il se constituera, ne retrouverait-on pas des éléments plus sentimentaux qu'économiques, plus patriotiques qu'utilitaires ?

En tout cas, il serait tout à fait vain à ses yeux de vouloir faire abstraction de ces éléments pour éclairer les origines de la Grande Guerre qu'il a étudiées de très près. C'est là surtout qu'il conteste le simplisme de l' interprétation marxiste traditionnelle. La guerre serait le fruit naturel et toujours renaissant du capitalisme ? Mais l'expérience même des années d'avant-guerre permet de penser que les capitalistes des divers pays, s'il ne s'était agi que de leurs intérêts, auraient été fort capables de mettre sur pied des ententes internationales, avec un régime de concessions mutuelles assurément moins coûteuses pour eux que les conflits guerriers. Si ceux-ci ont éclaté pourtant, c'est que des sentiments collectifs intenses étaient prêts à entrer dans la ronde sinistre. C'est qu'en Asie comme en Europe des peuples opprimés croyaient trouver une issue, un moyen de salut d'abord, dans leur indépendance retrouvée ou affirmée. Les mobiles politiques ont ici pesé plus lourd que les mobiles économiques. La cause dominante de la guerre a bien été un effort pour libérer des nationalités. C'est pour cette raison d'abord que la guerre de 1914 a été en effet une révolution, une rupture d'équilibre entraînant la recherche par la violence d'un état d'équilibre nouveau ; mais cette révolution-là a permis de faire attendre, de mettre en veilleuse les sentiments révolutionnaires classiques. « Il parut, en 1914, que les émotions nationales et guerrières agissaient plus profondément sur l'esprit humain que les émotions internationales et révolutionnaires. »

*
* *

Pour mener jusqu'au bout cette lutte vitale les gouvernants, dans tous les pays, ont été amenés plus ou moins vite à mettre la main non seulement sur les industries et transports, mais sur toutes les formes de l'industrie et du commerce. Désireux sans doute de se concilier la bonne volonté des ouvriers travaillant à l'arrière, ils entraient en relation avec les chefs des organisations ouvrières et fixaient avec eux les conditions de travail. En ce sens, ils favorisaient à leur façon le syndicalisme. Mais c'était un syndicalisme réduit à la portion congrue, assagi par force, et, si l'on peut dire, domestiqué par l'étatisme. À la puissance de l'État on s'en remettait, de proche en proche, pour la centralisation de la production comme pour la répartition des produits. La prolongation, en période de paix, de ces méthodes de guerre, voilà ce qui, plus en effet que l'expansion de la doctrine marxiste, a ouvert les voies au socialisme, mais à un socialisme césarien.

Ainsi, par la faute de la guerre, Elle Halévy voyait prendre corps *la forme de politique économique qui l'inquiétait le plus, depuis longtemps. Je me souviens que bien avant la guerre, dans une de ces lettres qu'il m'écrivait régulièrement depuis notre sortie de l'École normale, il se demandait si le monde verrait s'installer une sorte de démocratie fédérale, à la manière suisse, ou un césarisme universalisé. La guerre a choisi : les Césars remportent.*

Pour faire triompher d'autres méthodes, pour démontrer du moins leur efficacité, n'aurait-on pu compter sur le sens pratique de l'Angleterre, de cette Angleterre si chère à Élie Halévy, où il allait chaque année, eût-on dit, reprendre courage et espoir ? Pays où les systèmes pèsent moins qu'ailleurs, plus attaché aux précédents qu'aux principes, prêt d'ailleurs à tenir compte des nécessités historiques en ménageant les transitions, habitué enfin à l'esprit de compromis et aux méthodes parlementaires, n'y verrait-on pas la liberté coexister avec l'organisation ?

Mais toutes les réformes de paix sociale essayées par l'Angleterre depuis la guerre, et qu'Élie Halévy, dans les articles que nous reproduisons ici, a étudiées avec le soin le plus minutieux, n'ont pas servi à instaurer un équilibre nouveau. Les méthodes parlementaires auxquelles se plient volontiers les représentants eux-mêmes du trade-unionisme anglais n'ont abouti à aucun changement durable de la structure économique. Le « socialisme de Guilde » a collectionné les échecs. Et Sidney Webb a le droit de rire, d'un rire méphistophélique, ce même Sidney Webb dont Élie Halévy, dès son arrivée en Angleterre, a senti les sympathies pour la conception hégélienne de l'État et les méthodes prussiennes de la bureaucratie organisatrice.

Le programme que cette conception et ces méthodes impliquent on est en train de l'appliquer, semble penser Élie Halévy, dans les pays où des hommes d'action ont compris que la structure moderne de l'État met à leur disposition des pouvoirs presque illimités, et où des sectes armées, des « faisceaux » ont mis la main sur l'usine aux lois, comme disait Jules Guesde, soit pour en arrêter le fonctionnement, soit pour le diriger à leur gré. Ici, en Russie, en partant du socialisme intégral on tend vers une sorte de nationalisme. Ailleurs — en Allemagne, en Italie — on tend vers une sorte de socialisme. Le résultat est le même en ce qui concerne les libertés. Elles sont écrasées. Et l'on en vient à se demander si le socialisme peut se réaliser autre-

ment qu'en les écrasant. Ainsi la contradiction qu'Élie Halévy dès longtemps sentait au cœur du socialisme entre le besoin de liberté et le besoin d'organisation ne se résoudrait sous nos yeux, la guerre aidant, que par une négation. Finis libertatis ?

*
* *

Le pessimisme de ces conclusions n'a pas manqué, à la Société française de Philosophie, d'étonner beaucoup des amis d'Élie Halévy. On lui fit remarquer aussitôt qu'il y a socialisme et socialisme, qu'en face de Saint-Simon se sont dressés chez nous et Fourier et Proudhon, que d'ailleurs les démocraties, ni en Amérique, ni en Angleterre, ni en France, n'ont encore dit leur dernier mot, qu'il leur est encore possible de mettre sur pied une organisation économique plus juste, sans être forcées pour autant, soit d'asservir les syndicats, soit de museler tout esprit critique.

Un monde de questions était soulevé. Pour essayer d'y voir clair, on avait décidé de prendre un nouveau rendez-vous ; de consacrer une autre séance de la Société à l'examen approfondi des thèses d'Élie Halévy...

En les offrant aujourd'hui à la discussion publique, nous ne remplissons pas seulement un pieux devoir envers la mémoire de l'ami qui nous a été enlevé : l'exemple qu'il nous a donné — celui de la réflexion la plus libre, la plus méthodique, la mieux informée qu'il soit — est un de ceux dont personne aux heures que nous traversons ne méconnaîtra le prix.

Célestin Bouglé.

SISMONDI [1]

Critique de l'optimisme industrialiste

Jean-Charles-Léonard Simonde (tel fut d'abord le nom de celui qui devait s'appeler plus tard Sismondi) naquit à Genève le 9 mai 1773. Genève, la vieille ville sainte de Calvin, humanisée par les

---
[1] Introduction aux Morceaux Choisis de *Sismondi* publiés dans la collection des *Réformateurs sociaux* (Alcan, Paris, 1933).

influences rivales et cependant conjuguées de Voltaire et de Rousseau, patrie du protestantisme libéral. Genève placée au point de rencontre du génie latin et du génie teutonique, foyer d'un bienfaisant cosmopolitisme moral et intellectuel, capitale future de la Société des Nations. La famille de Charles Simonde, dauphinoise par ses origines, s'était réfugiée à Genève au temps des guerres de religion. Son père Gédéon était ministre du culte calviniste. Il n'avait que quinze ans, lorsque, sans avoir achevé de recevoir l'instruction solide et froide qui était celle des Genevois de son temps, il fut obligé, par la ruine des siens, de gagner sa vie au plus tôt. Car, le banquier genevois Necker ayant été appelé par Louis XVI au secours des finances de la France, et ayant ouvert un gros emprunt auquel souscrivirent d'enthousiasme une foule de ses compatriotes, Gédéon fut du nombre, et perdit toute sa mise. Charles Simonde alla donc apprendre la banque à Lyon. Cependant la révolution éclatait à Paris, puis à Genève. De plus en plus à court d'argent, et fuyant la disette, la famille Simonde tout entière (une famille suisse est toujours prête à l'expatriation) passa en Angleterre. Charles apprit à parler l'anglais comme un Anglais, à aimer l'Angleterre comme une sorte de seconde patrie, à réfléchir (pour les adopter sans réserve) sur les principes du libéralisme politique, et du libéralisme économique aussi. En 1803, il publia un traité *De la richesse commerciale*, ou *principes d'économie politique appliqués à la législation du commerce*, ouvrage dépourvu d'originalité, simple vulgarisation des idées d'Adam Smith, mais qui fut très remarqué, à un moment où le traité de Jean-Baptiste Say n'avait pas encore paru, et où il répondait à un besoin dans les pays de langue française. Ajoutons que Genève était à cette date devenue une ville française malgré elle ; et par le détour de l'économie politique, Simonde s'attaquait au despotisme administratif de la France consulaire. Il faut citer les phrases finales du livre, où Simonde exprime avec vigueur les idées qu'il devait tant faire plus tard pour ébranler. « Les Législateurs de l'Europe craignent que les acheteurs ne manquent aux fabriques nationales ; et ils ne s'aperçoivent pas que les fabriques nationales ne sont point suffisantes pour pourvoir les acheteurs... Ils se précautionnent contre l'abondance, et c'est la disette qui les poursuit. Enfin ils ne savent point voir cette vérité consolante, savoir que quelque échec que doivent éprouver quelques-unes de nos manufactures, jamais le capital national ne chômera entre les mains de ses propriétaires, et que jamais il ne sera employé par eux autrement qu'à maintenir directement ou indirectement un travail productif, à répandre l'aisance parmi les ouvriers, et à réparer, par l'ouverture d'une nouvelle manufacture, la chute de celles que des circonstances contraires auront abattues. »

Le traité *De la richesse commerciale* n'était pas cependant le premier ouvrage qu'eût publié le jeune Simonde. Deux ans plus tôt, il avait fait paraître un *Tableau de l'agriculture toscane*. Pourquoi l'agriculture toscane ? C'est qu'après le voyage à Londres une nouvelle influence étrangère, l'influence italienne après l'influence anglaise, était venue pénétrer l'âme du Genevois. En 1792, la famille Simonde, ramenée de Londres à Genève par le mal du pays, dut faire de nouveau ses bagages, chassée par le régime de la Terreur. Elle passa les Alpes cette fois, acheta un domaine en Toscane. Simonde se prit de goût pour cette nouvelle patrie, y aima la simplicité des mœurs, l'heureux équilibre des fortunes. Il voulut chanter la félicité du métayer toscan, et le fit avec poésie. Il élabora une philosophie politique, faite de libéralisme à l'anglaise, de républicanisme genevois, et d'admiration pour ce qui subsistait en Italie, à l'en croire, du vieil esprit d'autonomie des communes libres du moyen âge. Toute sa famille devint à moitié italienne ; lui-même partagea désormais son temps entre les environs de Genève et les environs de Pcscia, et entreprit d'écrire une *Histoire des Républiques italiennes au Moyen Age,* dont le premier volume parut en 1804, et qui allait faire sa gloire. Il fut dorénavant, à ses propres yeux comme aux yeux de tout le public occidental, un patriote italien en même temps qu'un citoyen genevois. Il fit même, ou crut faire, au cours de ses recherches historiques, une importante découverte. Une des « sept premières familles de Florence », la famille de Sismondi, fuyant la ruine et la guerre civile, s'était, au XVe siècle, réfugiée en Dauphiné. Or c'est du. Dauphiné qu'un siècle plus tard la famille Simonde (qui s'appelait alors Symond) était partie pour s'établir à Genève. Point de doute, c'était la même famille. Charles Simond devint Simonde de Sismondi, S. de Sismondi, de Sismondi. On riait à Genève de voir l'honnête bourgeois revenir d'outre-monts affublé d'un titre pittoresque. Mais ces naïves supercheries finissent par réussir : il n'y faut que du temps. Combien de gens se doutent aujourd'hui que Sismondi ne portait pas ce nom-là en naissant ?

Revenu de Toscane à Genève, Charles Simonde (que nous appellerons désormais, comme tout le monde, Sismondi) se lia avec Mme de Staël, et devint, avec Benjamin Constant, un des familiers de Coppet. Allait-il après l'Angleterre et l'Italie, découvrir l'Allemagne ? La découverte ne semble guère avoir exercé d'action sur son esprit. Que Jean de Müller ait orienté ses recherches historiques, c'est possible ; mais il n'y a rien de spécifiquement « germanique » dans le génie de Jean de Müller. Quant au très germanique et très encombrant Schlegel, il l'abomine. Et si, dans le même temps où se poursuit la publication des seize volumes de sa monumentale *Histoire des Républiques italiennes,* il se plonge dans des recherches de littérature comparée, forme le projet d'étudier, dans deux ouvrages séparés, la littérature du Midi et la littérature du Nord, c'est seulement le second projet qu'il réalise : il demeure prisonnier du monde latin.

Il lui restait pourtant — si paradoxale que la chose puisse paraître au premier abord — à faire la découverte de la France. Sismondi n'aimait ni la France d'autrefois, celle de la Saint-Barthélemy et de la Révocation de l'Édit de Nantes, ni la France jacobine et impériale, toujours centralisatrice et despotique, qui venait de priver Genève de sa liberté. « Je n'ai jamais vu Paris, écrivait-il en 1809, mais je le déteste par avance, et de plus je le crains, car je ne voudrais pas qu'un peu de plaisir que j'y trouverais peut-être diminuât mon aversion pour la ville et ses habitants et la nation dont c'est la capitale. » Il devait pourtant bientôt faire, pour des raisons de librairie et d'édition, le voyage de Paris. Tout de suite les salons du faubourg Saint-Germain se le disputèrent et firent la conquête de ce grave Genevois qui aimait fort la société des dames. « Après cinq mois d'une existence si animée d'un festin continuel de l'esprit, écrit-il à peine de retour à Genève, je ne pense qu'à la société que j'ai quittée, je vis de souvenirs, et je comprends mieux que je n'eusse jamais fait ces regrets si vifs de mon illustre amie, qui lui faisait trouver un désert si triste dans son exil. » Mais est-ce seulement qu'« un peu de plaisir » avait amolli sa volonté de résistance ? En réalité cette réconciliation avec la culture française, dont le début fut si foudroyant, dont les suites devaient être si durables, tient à des raisons profondes, sur lesquelles il faut s'arrêter un instant si on veut comprendre la nature de la « conversion » qui s'opère dans son esprit vers cette époque.

Il vient à Paris au moment où les désastres de la Grande Armée commencent, et où les libéraux d'Occident s'aperçoivent, allant comme l'histoire elle-même d'un extrême à l'autre, qu'il leur faut non plus haïr dans la France un foyer d'arrogance guerrière, mais aimer en elle le dernier refuge de la liberté. Plus se précipitent les désastres, et plus Sismondi se sent français. « Il y a un homme pour lequel j'ai une forte aversion qui n'a point changé ; mais il n'y a pas un de ses adversaires pour lequel j'aie de l'affection et de l'estime » … « Je comprends la haine contre un monarque d'une ambition forcenée, mais elle n'égale pas le mépris pour des souverains imbéciles ; et je ne sais si l'indignation ou le chagrin l'emporte lorsque je vois tant de rois, tant de gouvernements se rétablir par le seul mérite de leur bêtise et de leur profonde incapacité. » Malgré tout, sa sympathie pour l'Angleterre persiste. Voulant rendre l'opinion britannique favorable aux libertés de son pays natal, il présente Genève au public anglais comme « une ville anglaise sur le continent…, le champion de la double liberté civile et religieuse, de la liberté anglaise, sage et forte, progressive et cependant conservatrice ». Il déclare ailleurs « n'estimer hautement » parmi les nations « que l'anglaise ». Elle lui semble « hors pair ». La France ne vient qu'après. Mais quand viennent les Cent-Jours, quand Sismondi se rallie, comme Benjamin Constant et presque avec le même éclat, à l'Empire napoléonien du Champ de Mai, comment pourrait-il ne pas être ébranlé dans son culte pour la civilisation britannique ? On peut se rendre compte de la profonde révolution qui s'opère à cette date dans bien des esprits libéraux quand on voit Jean-Baptiste Say, l'adepte des idées d'Adam Smith — le plus obstiné antinapoléonien des idéologues français — consacrer tout un petit livre à la dénonciation des vices de la société britannique : contraste entre une extrême richesse et une extrême pauvreté, déclin de l'instruction dans les classes populaires, de la culture chez les classes moyennes. Seulement Jean-Baptiste Say reste fidèle, malgré tout, à la doctrine d'Adam Smith, et attribue tant de maux au fait que les classes dirigeantes, en Angleterre, trahissant les traditions véritables de la nation, ont versé dans la politique de guerre et dans le protectionnisme agraire. Qu'on allège les dépenses militaires. Qu'on renonce à conquérir des colonies. Qu'on abaisse, qu'on supprime les droits à l'importation des céréales. Et de nouveau la prospérité régnera avec la liberté. Il appartenait à Sismondi, deux ans plus tard, d'aller plus loin que Jean-Baptiste Say dans sa critique de la société anglaise, de constater l'insuffisance des remèdes proposés par l'économie politique classique, la faiblesse théorique de cette économie politique.

L'*Encyclopædia Britannica* était une publication fameuse en Angleterre, devenue une sorte d'institution permanente, constamment mise à jour par des éditions successives. Pour l'instant, les éditeurs, sans faire les frais d'une refonte totale, décidèrent de se contenter d'un « supplément » en six volumes. Pour écrire l'article « Économie politique », ils s'adressèrent à l'auteur, toujours très populaire en Angleterre, de la *Richesse commerciale* : et Sismondi se mit à l'œuvre. Il revenait pour la première fois à l'économie politique après quinze ans au cours desquels il s'était occupé de sujets bien différents, et, confrontant ses idées vieilles de quinze ans et davantage avec les faits, constatait un désaccord profond entre celles-là et ceux-ci. Il écrivit bien l'article qui lui était commandé et dans l'esprit que désiraient ceux qui le lui commandaient. Mais il travailla en même temps à rédiger tout un traité, dont l'inspiration était différente, et qui, achevé à la fin de 1818, parut au début de 1819. Est-ce par contraste avec le sous-titre de son ouvrage de 1803 *(Principes d'économie politique appliqués à la législation du commerce)* ou avec le titre de l'ouvrage publié par Ricardo en 1817 *(Principes de l'économie politique et de l'impôt)* qu'il intitulait le sien *Nouveaux principes (Nouveaux principes d'économie politique, ou de la richesse dans ses rapports avec la population)* ? Sous la fausse apparence du libéralisme politique de l'Angleterre, il découvrait une constitution économique dont le vrai nom était non liberté mais servitude, et allait se trouver amené de la sorte à juger la civilisation anglaise comme jamais il n'aurait songé auparavant à le faire. « Une seule nation voit contraster sans cesse sa richesse apparente avec l'effroyable misère du dixième de sa population, réduite à vivre de la charité publique. Mais cette nation, si digne sous quelques rapports d'être imitée, si éblouissante même dans ses fautes, a séduit par son exemple tous les hommes d'État du continent. Et si ces réflexions ne peuvent plus lui être utiles à elle-même, du moins estimerai-je avoir servi l'humanité et mes compatriotes en montrant les dangers de la carrière qu'elle parcourt, et en établissant, par son expérience même, que faire reposer tout l'économie politique sur le principe d'une concurrence sans bornes, c'est autoriser les efforts de chacun contre la société, et sacrifier l'intérêt de l'humanité à l'action simultanée de toutes les cupidités industrielles. »

*
* *

Essayons de définir ces « nouveaux principes » sur lesquels se fonde l'économie politique de Sismondi ; et de les définir, pour commencer, par antithèse avec cette « orthodoxie » économique (selon l'expression dont il est l'inventeur), qu'il se proposait d'ébranler.

Il y avait d'abord, à la base de cette orthodoxie, une théorie, latente dans tout le grand ouvrage d'Adam Smith, énoncée en 1803, par Sismondi dans ces phrases finales de sa *Richesse commerciale* que nous avons citées plus haut, et à laquelle Jean-Baptiste Say et James Mill venaient de donner sa forme classique : c'est ce qu'on appelle la théorie des débouchés. Aux termes de cette théorie, les encombrements du marché, les phénomènes de mévente, sont des faits dépourvus de gravité profonde, des désordres fugitifs et partiels, destinés à s'effacer rapidement dans l'ordre de nouveau rétabli. Car les produits s'échangent contre les produits, tous les produits contre tous les produits. Chaque produit apporté sur le marché constitue par lui-même la demande d'un autre produit. Si parfois il y a surproduction générale, ce ne saurait jamais être surproduction générale d'une même marchandise. C'est en ce sens que sur un point du globe certains produits ne trouvent pas d'acheteurs, pendant que sur un autre point d'autres n'en trouvent pas non plus, parce que des droits de douane constituent des obstacles artificiels à la rencontre des uns avec les autres. Supprimez ces obstacles ; laissez toutes choses obéir à la loi naturelle des échanges. La liberté, c'est l'abondance, l'égalité, l'égalité dans l'abondance.

Ricardo incorporait en 1819 cette loi à sa doctrine. Mais il fondait en même temps cette doctrine sur une loi qu'Adam Smith n'avait pas connue : le principe malthusien de la population. Aux termes de ce « principe », si on le dépouille de son appareil pseudo-mathématique, le genre humain, qui va croissant sans cesse, exerce une pression constante sur les moyens de subsistance, étant donné que son habitat est une terre dont l'étendue et la fertilité sont limitées. Il en résulte, selon la doctrine de Ricardo dans le détail de laquelle nous n'avons pas à entrer ici, la division de la société en trois classes qui sont en lutte les unes avec les autres, dont la lutte, sous certains rapports, s'aggrave à mesure que le genre humain progresse et multiplie : propriétaires, capitalistes et travailleurs. Sismondi va-t-il retenir cet aspect pessimiste de l'économie politique ricardienne, l'opposer à l'optimisme de la théorie des débouchés ? D'autres le feront, mais non pas lui, qui n'a pas l'air de s'apercevoir qu'il serait possible de retourner Ricardo contre lui-même. Illusion étrange, mais commune à beaucoup de ses contemporains et dont il faut chercher chez Sismondi les raisons.

Sismondi avoue d'abord que ce qui le rebute chez les économistes de l'école moderne, ce qui le rebute à tel point que Ricardo lui est à peine lisible, c'est le simplisme abstrait de leurs spéculations. « Notre esprit répugne à admettre les abstractions qu'ils nous demandent ; mais cette répugnance même est un avertissement que nous nous éloignons de la vérité lorsque dans les sciences sociales, où tout se lie, nous nous efforçons d'isoler un principe et de ne voir que lui. » Adam Smith procédait tout autrement, en historien qui faisait sans cesse appel à l'expérience : et c'est pour quoi Sismondi ne se lasse pas de se donner pour un disciple d'Adam Smith, malgré d'inévitables dissidences, tandis qu'il se pose en adversaire irréductible des économistes qui, venus après Adam Smith, ont voulu transformer l'économie politique en une science de principes. Et s'il se plaît à insister sur le caractère complexe de l'objet de la science sociale, c'est qu'étant complexe, il est variable : on peut donc le faire varier à son gré, dans les limites de ce que l'expérience donne comme étant possible. Il pense donc échapper ainsi à ce qu'il considère comme le second vice de la doctrine ricardienne : son fatalisme. La science, entre les mains des économistes orthodoxes, « est tellement spéculative qu'elle semble se détacher de toute pratique ». Le système de Ricardo tend à prouver « que tout est égal et que rien ne fait de mal à rien ». Et fatalisme et simplisme sont peut-être liés ensemble. Aux yeux de l'économie politique orthodoxe, la division de la société en classes se construit en partant de certaines données simples ; il est naturel qu'elle soit simple aussi, et que l'apparition de trois classes séparées de propriétaires, de capitalistes et de salariés, offre le même caractère de nécessité qui appartient aux lois simples de la nature. Sismondi se place à un point de vue tout différent. Il ne conteste pas qu'une économie politique scientifique soit possible ; mais elle a pour point de départ, non pour point d'arrivée, ces distinctions de classes qui sont le produit, toujours changeant, infiniment complexe, de l'histoire. Etant donnée une certaine division de la société économique en classes, on peut établir, en partant de l'existence de ces classes, quelles lois nécessaires gouvernent la société qui en est composée, et établir aussi quel est l'effet de l'opération de ces lois sur le bonheur des individus qui en sont membres. Si l'effet est mauvais, on devra chercher comment il est possible, en se fondant sur l'expérience, de modifier des relations qui n'ont rien d'immuable. C'est l'art du politique, qui se fonde bien sur la science, mais sur une science moins abstraite, et pour cette raison même moins passive, que ne l'est celle des économistes à la mode.

Or, nous sommes membres d'une société dont la caractéristique, selon Sismondi, par opposition à toutes les formes antérieures de société, c'est sa division en deux classes. L'une de propriétaires, dont le revenu ne représente pas un travail ; l'autre de travailleurs, qui ne possèdent aucune propriété. L'une de capitalistes (et sous cette rubrique il faut inclure également le propriétaire d'un fonds de terre et celui d'un fonds industriel) ; l'autre de prolétaires. Le problème, pour l'économiste qui est placé en face d'un tel état de société, est double : théorique et pratique. Théoriquement, le problème est de savoir comment fonctionnent les lois de l'échange qui sont la base même de la science fondée par Adam Smith, quand elles s'y appliquent. Pratiquement, le problème est de savoir si l'opération de ces lois, abandonnée à elle-même en présence de cet état de société, est favorable aux intérêts du genre humain, et quelles réformes il est désirable et possible d'introduire dans les institutions de la cité, pour corriger les mauvais effets du laisser faire.

Cette division de la société en deux classes est elle de telle nature que la libre concurrence, les progrès de la libre concurrence, doivent l'atténuer constamment, et en corriger les mauvais effets ? Telle est bien la thèse soutenue par l'école orthodoxe. Supposons qu'un fabricant ait invente un procédé qui lui permet de produire à moindres frais sa marchandise, qu'arrivera-t-il selon l'école ? Il ne retirera de cette économie sur les frais de production qu'un bénéfice temporaire. Bien vite, la connaissance de son procédé se divulguera ; d'autres producteurs l'imiteront ; et pour tous indistinctement le coût de production d'une part, le prix de la marchandise d'autre part, s'abaissera. Mais les choses, selon Sismondi, se passeront tout autrement. Adopter le nouveau procédé cela implique, pour les fabricants, le sacrifice d'une masse de capital fixe et aussi d'habitudes acquises (par eux-mêmes et par leurs ouvriers), sacrifice auquel ils ne se résigneront qu'à la dernière extrémité. Il sera beaucoup plus facile au contraire à l'inventeur du procédé d'étendre l'application du procédé, d'agrandir son usine : c'est lui qui abaissera le prix de sa marchandise et, offrant une quantité capable de satisfaire une demande toujours plus étendue, ruinera ses concurrents. La concurrence, en résumé, au lieu de tendre finalement à rétablir l'égalité entre lui et ses concurrents, le rend maître du marché. Elle aboutit, par la production sur une grande échelle, par la division du travail, par les machines, à la concentration des fortunes entre un nombre d'individus de plus en plus restreint, à la concentration des travaux dans des manufactures toujours plus grandes.

Cette société fondée sur l'inégalité des fortunes, a-t-elle, à défaut d'être juste, l'avantage d'être stable ? Il n'en est rien, selon Sismondi ; et c'est le second point de sa démonstration, et peut-être le plus important. Diminuant le nombre des petits producteurs, des représentants de la classe moyenne, le régime de la concentration ne laisse subsister qu'un petit nombre d'individus très riches en face d'un grand nombre d'individus très pauvres. Or, par la production en grand, ces ouvriers produisent, à travail égal, une quantité toujours plus grande de produits. Qui les absorbera ? Les ouvriers ? Par l'effet de la nouvelle distribution de la richesse sociale, ils sont de plus en plus pauvres : leur pouvoir d'achat diminue. Les patrons ? Si les produits sont des objets de première nécessité, ils ne peuvent les consommer sans limites, étant très peu nombreux : seuls, les objets de luxe peuvent être achetés, consommés sans limite. Mais la caractéristique de la grande industrie, c'est justement de ne pas produire des objets de luxe, de produire des objets de qualité commune et d'utilité générale. Bref, l'effet de la grande industrie, c'est à la fois d'augmenter, dans la société, la faculté de production et de restreindre la faculté de consommation. La seule ressource des fabricants, pour écouler leurs produits, c'est de chercher des marchés étrangers que n'ait pas envahis encore le régime de la grande industrie. Après qu'un premier marché aura été saturé, ou bien que, le régime de la grande industrie s'y étant implanté, il aura cessé de devenir un marché pour l'exportation, une nouvelle crise de surproduction se manifestera, en attendant la découverte, à l'étranger, de quelque nouveau débouché. Et ainsi de suite jusqu'au jour où, le monde entier se trouvant envahi par les produits de la grande industrie, l'absurdité radicale du système apparaîtra comme évidente. Au rebours de ce que prétendait la « théorie des débouchés », l'engorgement est le trait caractéristique de l'ère économique présente, l'effet normal du régime de la grande industrie.

Voici donc en quoi consiste, selon Sismondi, le vice fondamental de l'économie politique orthodoxe. Elle se place non pas au point de vue de la société prise dans son ensemble et sa complexité, mais à celui du propriétaire qui s'enrichit par la vente des produits de ses terres et de ses usines. Bien qu'elle ait réfuté définitivement l'erreur du mercantilisme, elle constitue un mercantilisme d'un nouveau genre, ne considère que les intérêts du marchand, et pense avoir assuré par là les intérêts de la collectivité tout entière, ce qui serait vrai seulement si elle se composait tout entière de marchands. Elle n'est pas économie politique véritable, art d'aménager la cité dans l'intérêt général, mais art de l'enrichissement individuel, « chrématistique », selon le mot créé par Sismondi. D'où ses incohérences. Il est naturel que tout ce qui intéresse le propriétaire, ce soit l'accroissement du « produit net » du travail humain, alors que ce qui intéresse le genre humain, c'est l'accroissement du « produit brut ». Il est naturel que ce qui intéresse le propriétaire, ce soit, pour parler le langage de la science économique, la « valeur échangeable » des objets qu'il jette sur le marché, le prix auquel ils vont s'échanger contre d'autres objets, alors que ce qui importe à la société, c'est leur utilité, leur « valeur usuelle ». Les doctrinaires de la « théorie des débouchés » ne veulent envisager que des producteurs indépendants, échangeant les uns avec les autres, une fois satisfaite une partie de leurs besoins individuels, l'excédent de leurs productions, afin de satisfaire à d'autres besoins tout en satisfaisant aux besoins d'autres hommes. En quoi ils ne comprennent pas le caractère vrai de la société moderne, de cette société industrialisée dont ils se piquent d'être des interprètes : les chefs de la production ne travaillent, ou ne font travailler à leurs gages, que pour vendre. Le monde dont la théorie des débouchés est l'expression fidèle, c'est, sans que ses auteurs s'en rendent compte, le vieux monde, le monde désuet de la « richesse territoriale », où la production ne s'effectuait que pour un marché restreint et connu d'avance. Le monde moderne, c'est le monde de la « richesse commerciale », de la production effrénée et aveugle, pour un marché qui fuit, en quelque sorte, devant le marchand, dans la mesure où, mettant sous les ordres des chefs de la production un nombre toujours accru d'ouvriers pauvres, et constamment réduits au chômage, elle ferme normalement ses débouchés.

*
* *

À ces maux, quels remèdes ? Sera-ce ce qu'on devait appeler plus tard le remède « socialiste » ? Sismondi a connu les fondateurs du socialisme. Nous savons qu'il vit Robert Owen à Paris en 1818, c'est-à-dire au moment précis où les problèmes économiques l'occupaient de nouveau. Et ne peut-on conjecturer, ou bien qu'il désira le connaître parce qu'il avait été frappé par la lecture des pamphlets, déjà nombreux, dans lesquels Robert Owen affirmait la réalité de la surproduction industrielle, l'urgence d'une limitation légale de la journée de travail, et la nécessité de substituer à une société qui produit pour l'échange une société qui produit pour l'usage, ou bien même que ce fut la connaissance de ces écrits qui opéra la conversion de Sismondi, et le décida à essayer de fonder l'économie politique sur de « nouveaux principes » ? Puis la doctrine de Robert Owen prit plus de consistance ; et tout un groupe de disciples, s'inspirant de ces idées, préconisa la substitution à la société actuelle, fondée sur l'échange, d'une société « coopérative ». En France, par ailleurs, Fourier commença de trouver des admirateurs. Mais si Sismondi s'intéressa à la propagande des disciples de Robert Owen et de Fourier, ce fut dans la mesure seulement où il adhéra à leur critique de la société actuelle : jamais il ne s'accommoda des remèdes qu'ils préconisaient. Il était pour cela un historien trop prudent, trop persuadé de la complexité des choses humaines. « Qui serait, écrit-il, l'homme assez fort pour concevoir une organisation qui n'existe pas encore, pour voir l'avenir comme nous avons déjà tant de peine à voir le présent ? » Pour ce qui est des Saint-Simoniens, dont la propagande ne va point tarder à faire tant de bruit, est-il besoin de dire qu'ils n'auront jamais la sympathie de Sismondi ? Car il est un point sur lequel ces adversaires de la concurrence sont d'accord avec les théoriciens de la concurrence illimitée ; ils n'admettent pas l'existence d'un problème de la surproduction. Et pour l'optimisme, à ses yeux délirant, des uns comme des autres, Sismondi n'aura jamais que méfiance et dégoût.

Il ne veut pas d'une réglementation intégrale des conditions du travail. Bien que ni Fourier ni Saint-Simon ni leurs disciples ne soient au sens propre du mot des égalitaires, il songe surtout, dans ses critiques, à l'Owenisme qui est un égalitarisme. Or, il ne croit pas à la possibilité d'une égalisation absolue des fortunes sans des violences qui rendraient le nouveau régime odieux et précaire. Il se contente d'une inégalité modérée des conditions, pareille à celle qu'il observe dans certaines régions que l'industrialisme n'a pas encore envahies. Est-ce donc d'un retour en arrière, de ce qu'il faut appeler au sens philosophique de ce mot une « réaction », qu'il rêve ? On le croirait parfois. C'est ainsi que discutant la possibilité d'interventions gouvernementales pour remédier aux maux dont souffre la société moderne, il se heurte à l'objection courante des économistes orthodoxes : toute intervention de la loi dans le monde de la production est mauvaise, parce qu'elle tend à ralentir la production. Mais il répond : qu'importe, si le mal dont souffre la société moderne, c'est un excès de productivité ? Sa pensée se laisse cependant interpréter en un sens moins radicalement réactionnaire. Il déclare expressément n'être pas hostile au progrès du machinisme, à condition seulement qu'il aboutisse à la diminution de la peine des hommes, de tous les hommes, et non pas à l'opulence de quelques-uns, pendant que la foule peine et souffre. Il veut que les riches n'abusent pas de la force accrue que leur donne la possession des machines pour accroître leur profit en faisant pires les conditions d'existence des ouvriers qu'ils emploient. Il veut que, ce faisant, on protège les riches eux-mêmes contre l'étourderie de leur rapacité : car des ouvriers moins pauvres auront un pouvoir d'achat plus grand, et la société sera moins exposée à ces engorgements périodiques du marché qui sont pour tous, riches aussi bien que pauvres, une cause permanente d'insécurité. Il veut que l'accroissement, non point paralysé, mais réglé par la loi, de la production, suive le progrès de la consommation au lieu de la précéder à pas de géant, comme il arrive, pour le malheur général, dans l'état de société monstrueux qui est le nôtre.

Le législateur devra, en matière foncière, favoriser le développement de la petite propriété : et cela moins par des lois nouvelles que par l'abrogation des lois anciennes qui embarrassent ce développement. Il devra en faire autant dans l'ordre de la propriété mobilière. Placé en face d'un monde où un petit nombre de riches commandent à des armées de pauvres, il devra donner aux ouvriers la liberté de former des coalitions qui leur permettent, par l'union de leurs faiblesses individuelles, d'opposer quelque résistance à l'oppression du patronat. Il devra en outre, et par des lois positives cette fois, assurer la limitation de la durée de la journée de travail, l'interdiction du travail des enfants, le repos hebdomadaire, et tendre à l'organisation d'un nouveau régime industriel (inspiré, comme il le reconnaît presque à regret, de l'ancien régime corporatif) qui donne aux ouvriers « un droit à la garantie de ceux qui les emploient », les chefs d'exploitation étant obligés par la loi à protéger les ouvriers contre les risques de leur vie professionnelle, contre le chômage en particulier. Tous ces remèdes, c'est en hésitant, c'est sur un ton (l'extrême circonspection, que Sismondi les suggère à ses lecteurs. « Je l'avoue, écrit-il, après avoir indiqué où est à mes yeux la justice, je ne me sens pas la force de tracer les moyens d'exécution. » Mais s'il va jusqu'à considérer la tâche comme étant proprement « au-dessus des forces humaines », rendons-nous compte qu'il se heurte ici à une difficulté qui tient à l'essence de sa philosophie. Sa timidité est une timidité raisonnée.

Quand il avoue devoir se séparer des amis dont il partage les opinions politiques, rendons-nous compte qu'au fond de son cœur il reste toujours fidèle à leur libéralisme. Ces libéraux ne sont pas des anarchistes, ennemis de toutes les lois. Ils veulent des fois pour protéger l'individu contre les excès de pouvoir du souverain, que ce souverain soit un homme ou une foule. C'est dans le même esprit que Sismondi, ayant vu la servitude naître de la libre concurrence, veut qu'on restreigne la liberté, mais toujours avec prudence, et comme en tâtonnant, puisque c'est toujours en fin de compte pour sauver la liberté qu'on la restreint. Quand Sismondi veut que l'ouvrier ait droit à des « garanties » contre son employeur, n'emprunte-t-il point peut-être ce mot de « garantie » au langage du droit constitutionnel ? Et ne dévoile-t-il pas le fond de sa pensée quand il taxe d'« extra-constitutionnel » le pouvoir exercé par le capitaliste sur le prolétaire ?

Les *Nouveaux Principes d'Économie politique*, dont la première édition avait paru en 1819 eurent une seconde édition en 1827 ; et Sismondi plaçait en tête de cette seconde édition une préface triomphante. Car une nouvelle crise de surproduction venait d'éclater en Angleterre après quelques années d'accalmie ; et la France, qui commençait à s'industrialiser, venait, elle aussi, d'avoir sa première crise. Ainsi se vérifiaient ses pronostics. Les années de gloire allaient-elles donc venir pour lui ? Sûr de sa doctrine économique comme de sa doctrine politique, ayant atteint, en dépassant la cinquantaine, la plénitude de sa maturité, peut-être il l'espéra. Mais en réalité les années qui suivirent furent pour lui des années de déclin.

Il ne retrouva pas le succès de son *Histoire des Républiques italiennes du Moyen Age*. Les mornes volumes (plus de quarante en tout) de son *Histoire des Français* vinrent sombrer l'un après l'autre dans l'indifférence générale. Il s'intéressait bien à des causes pour lesquelles se passionnait l'opinion libérale : abolition de la traite et de l'esclavage, liberté de l'Italie. Mais les opinions hétérodoxes qu'il avait affirmées dans ses *Nouveaux. Principes* faisaient de lui un penseur excentrique, que tous regardaient de travers.

L'insurrection ouvrière de Lyon est, en 1834, écrasée dans le sang. Sismondi, à Genève, « fâche tout le monde contre lui » en déclarant « les massacres de gens inoffensifs par les modérés et les amis de Tordre, la chose la plus atroce de ces quarante-cinq années de révolution » : le voilà donc classé par la bourgeoisie genevoise parmi les jacobins. Mais les radicaux suisses réclament la transformation de la Suisse en une démocratie une et indivisible : et c'est assez pour rejeter Sismondi, ennemi de toute centralisation, fédéraliste impénitent, dans le clan des aristocrates. Malade, ayant fait par amour un mariage qui fut bon sans être — loin de là — délicieux, il finit ses jours en vieillard solitaire et hypocondriaque. Ses voisins racontent qu'en haine de la surproduction il donne la préférence, pour le labour de son champ, au journalier le plus lent et le plus vieux, et pour la réparation de sa maison, à l'ouvrier le moins en vogue. En France, à Paris qui le comprend ? Villermé, dans un mémoire sur l'état les classes ouvrières, ne cite pas son nom ; et Sismondi en conçoit quelque aigreur. De Villeneuve Largement, dans son *Économie politique chrétienne,* lui rend hommage : mais c'est un hommage dont Sismondi se passerait bien. Car Sismondi a sa manière à lui d'entendre le retour au moyen âge. Pour Sismondi, le moyen âge, c'est la faiblesse du pouvoir central, le fédéralisme, l'autonomie des villes. Pour Villeneuve, comme pour bien d'autres, c'est l'ordre, la hiérarchie, le « sacerdotalisme » que Sismondi déteste. En vue de définir une fois pour toutes l'ensemble de sa philosophie sociale, Sismondi a l'heureuse idée de réunir, et de publier, sous le titre d'*Études sur les Sciences sociales*, un vieux traité sur les constitutions politiques, qui, une quarantaine d'années plus tôt, n'avait pas trouvé d'éditeur, et toute une série d'extraits de ses ouvrages, opuscules et articles d'économie politique : l'ouvrage ne semble guère avoir attiré l'attention. « Je sors de ce monde, écrit-il peu de temps avant sa mort (il mourut le 25 juin 1842) sans avoir fait aucune impression, et rien ne se fera. »

« Sans avoir fait aucune impression. » Combien il exagère, si vraiment il exprime bien ici le fond de sa pensée ! Mais ne veut-il pas plutôt dire qu'il a exercé une influence autre que celle qu'il voulait, que son influence s'est exercée à contre-sens ? Car il se développe en France ce qu'on peut appeler un sismondisme de gauche, qui exploite son analyse critique du capitalisme pour la tourner au bénéfice du socialisme, alors que Sismondi est l'adversaire du socialisme autant que du capitalisme, ne voyant dans l'un et dans l'autre que l'envers et l'endroit d'une même forme de société centralisante et oppressive. Quand Proudhon déclare que la propriété, « c'est le vol », qu'elle est en d'autres termes identique à son contraire et constitue une notion contradictoire, qu'elle est non seulement « injuste » mais « impossible », c'est de Sismondi que constamment il s'inspire sans le dire, sans peut-être en avoir toujours conscience. Quand Louis Blanc explique que « la concurrence est pour le peuple un système d'extermination et pour la bourgeoisie une cause sans cesse agissante d'appauvrissement et de ruine », ce n'est que du sismondisme dramatisé. Or, comment admettre que Sismondi n'ait lu ni le *Mémoire sur la propriété* ni l'*Organisation du travail*, et n'ait pas été alarmé de voir ses dénonciations de l'industrialisme aboutir au triomphe soit de l'anarchisme niveleur soit (pis encore) du robespierrisme égalitaire ?

Sismondi est mort ; et voici qu'arrive de Cologne à Paris, avec le dessein de se mettre à l'école des socialistes français, un jeune philosophe de la gauche hégélienne, un jeune révolutionnaire, qui s'appelle Karl Marx. La tâche qu'il s'est assignée, c'est d'appliquer à la réalité économique et sociale, pour lui faire en quelque sorte prendre pied par terre, cette grande philosophie qui explique le développement de l'univers comme un jeu dialectique de contradictions sans cesse résolues, sans cesse renaissantes. Le sismondisme lui donne la clef du problème qui l'occupe. La société actuelle court à sa ruine, conduit droit au communisme qui en est à la fois la négation et la suite nécessaire, en raison du caractère déséquilibré, contradictoire, de sa structure matérielle. On peut soutenir sans paradoxe que le sismondisme, considéré dans sa partie critique, sert de base au *Manifeste communiste,* publié un peu plus de cinq ans après la mort de Sismondi. Pourquoi ne pas admettre que Sismondi pressentait avec terreur cette interprétation révolutionnaire de sa doctrine, et était consterné de voir que « rien ne dût se faire » pour empêcher la société d'aller où elle devait fatalement aller si elle était abandonnée à elle-même, c'est-à-dire, aux yeux de Sismondi, vers une catastrophe ?

*
* *

Près d'un siècle s'est écoulé depuis la publication des *Nouveaux Principes*, près d'un siècle depuis la mort de Sismondi. Une crise économique sans précédent dans l'histoire moderne travaille le genre humain. Elle répond au schéma tracé par Sismondi. C'est une crise de surproduction mondiale, agricole aussi bien qu'industrielle, un engorgement de tous les marchés. Les amis de la paix rendent la guerre responsable de tant de maux, et ils n'ont pas tout à fait tort ; mais la relation n'est pas aussi directe qu'ils le croient entre la guerre et les souffrances économiques qui ont suivi. Car la guerre, prise en elle-même, détruit des capitaux, ralentit la production ; elle devrait avoir pour effet, elle a pour effet direct, la sous-production, la disette. Insistera-t-on, et fera-t-on observer que la guerre, par la création de nationalités nouvelles, par l'intensification des sentiments nationaux, a multiplié les Barrières douanières, en a relevé la hauteur, et n'a provoqué l'engorgement de tous les marchés que par les entraves apportées aux échanges ? Ainsi se vérifierait la vieille théorie des débouchés, la thèse de J. B. Say et de Ricardo. Mais ne faut-il pas dire plutôt que, si tous les peuples s'entourent de barrières douanières renforcées, c'est parce que, souffrant chacun chez lui d'une pléthore de produits de toute espèce, ils ne veulent pas aggraver un mal interne par l'invasion des produits étrangers ? que si, la guerre est cause des maux dont nous souffrons, c'est d'une manière indirecte, c'est parce que, l'art de la guerre ayant été industrialisé comme les arts de la paix, la dernière grande guerre a eu cet effet nouveau, dans l'histoire militaire du genre humain, de tendre à la surindustrialisation des nations belligérantes, et de précipiter la venue d'une crise qui, par le progrès normal de la technique industrielle, n'aurait éclaté qu'un demi-siècle, un siècle plus tard ? Les peuples surindustrialisés, comment faire soit pour les ramener en arrière, selon le plan de Sismondi, soit pour les pousser en avant vers un régime nouveau dont les marxistes occidentaux semblent trouver l'organisation difficile ? Quelle que doive être l'issue de nos souffrances, voilà, semble-t-il, comment se pose le problème : c'est Sismondi, non Jean-Baptiste Say qui l'a, pour la première fois, il y a plus d'un siècle, formulé.

LA DOCTRINE ÉCONOMIQUE SAINT-SIMONIENNE

1. — La doctrine économique de Saint-Simon [1]

Le XIXe siècle est écoulé ; on commence à le comprendre. On ne connaissait pas, il y a vingt ans, comme on les connaît aujourd'hui, l'origine de deux grands mouvements d'opinion — positiviste et socialiste — qui ont agité le siècle tout entier. Littré passait alors pour le grand homme du positivisme. Puis Auguste Comte a été

[1] Étude publiée dans la *Revue du Mois* (Paris, 1908).

réhabilité. Après quoi le problème nouveau s'est posé de savoir s'il ne faut pas, dans l'histoire des origines du positivisme, remonter, par delà Auguste Comte, jusqu'à l'initiateur véritable, Saint-Simon. En ce qui concerne le socialisme, le nom de Karl Marx paraissait résumer tout le socialisme doctrinal : Proudhon même était oublié. Or les véritables inventeurs du socialisme marxiste, ce sont tous les théoriciens, morts avant le milieu du siècle, dont Karl Marx sut absorber les doctrines diverses dans l'unité d'un seul système. L'attention des historiens s'est donc portée de nouveau sur les socialistes français contemporains de Louis-Philippe, et, en dernière instance, sur les membres de l'école saint-simonienne. Nous voici donc ramenés, une fois de plus, jusqu'au grand précurseur. Pour connaître à leur source le positivisme et le socialisme, il faut étudier l'école où, pour la première fois, les deux mots furent prononcés ; il faut remonter jusqu'à ces premières années du siècle, où, suivant l'expression de Saint-Simon lui-même, « la Révolution avait fait entrer les Français en verve sous le rapport de la politique ».

Ce n'est pas le positivisme saint-simonien qui fera l'objet de notre étude ; c'est à propos de l'économie industrielle selon Saint-Simon et les saint-simoniens, que nous croyons pouvoir apporter, sur bien des points de détail, une précision nouvelle aux résultats déjà obtenus depuis cinq ou six ans, par un assez grand nombre de chercheurs. Saint-Simon no commence véritablement à écrire et à exercer une influence qu'à partir de 1814 ; or, à cette date, la doctrine sociale de Saint-Simon ne diffère guère du libéralisme des économistes classiques. Il meurt en 1825 ; et cinq années après sa mort, lorsqu'éclate la Révolution de juillet, une école saint-simonienne s'est constituée, qui prêche un socialisme intégral. Nous reviendrons peut-être une autre fois sur l'histoire du saint-simonisme après la mort de Saint-Simon. Nous nous bornerons aujourd'hui à l'étude des modifications insensiblement subies, depuis 1814 jusqu'en 1825, par la pensée de Saint-Simon, ainsi que des causes qui déterminèrent ces modifications.

En 1812, les armées de Napoléon évacuent la Russie. En 1813, elles évacuent l'Allemagne. En 1814, elles luttent sur le sol même de la France contre les armées de la coalition européenne. L'Empereur abdique. En 1815, après une nouvelle et dernière convulsion, c'en est fait pour la France du rêve d'une monarchie universelle. L'Angleterre l'a définitivement emporté sur la France, la puissance libre sur la puissance forte, la puissance commerçante sur la puissance militaire : « Carthage » sur « home ». Pendant que le continent se ruinait par la guerre, elle accroissait son industrie, son commerce, sa marine marchande. Le moment a fini par venir où l'appauvrissement de l'Europe a dépassé les vœux des marchands anglais ; les continentaux sont devenus trop misérables pour acheter leurs produits. Les Anglais ont besoin, pour continuer d'être les fournisseurs de l'Europe, que celle-ci s'enrichisse de nouveau suffisamment pour offrir un marché aux producteurs anglais. Il faut que l'ère du négoce et de la liberté succède à l'ère de la conquête et du despotisme : c'est la banqueroute de la guerre.

Telle est du moins la morale que tirent des événements un certain nombre de publicistes français. Benjamin Constant, dès 1813, avait fait imprimer à Hanovre son traité *De l'esprit de conquête et de l'usurpation, dans leurs rapports avec la civilisation*. Après la fin de l'Empire, trois hommes aspirent à prendre la direction du libéralisme pacifique. Ce sont d'abord deux jeunes avocats, Charles Comte et Dunoyer, qui se font journalistes, et fondent ensemble, pour la propagation de leurs idées, une publication périodique dont le titre est le *Censeur*. C'est ensuite le comte Henri de Saint-Simon, plus âgé, mais qui n'a pas encore réussi à satisfaire les ambitions littéraires et scientifiques dont il est dévoré. Il s'est enrichi par d'heureuses spéculations, il s'est ruiné de nouveau. Il a accablé l'Empereur et l'institut de mémoires où il proposait de constituer une « encyclopédie nouvelle », d'organiser définitivement, sur la base « positive » de l'expérience, l'ensemble du savoir humain, de fonder une science unique, qui comprendrait, outre la mécanique » et la physique, la « physiologie », la science de l'homme individuel et social. Désormais son attention se porte exclusivement sur des questions d'ordre moral et politique, et pendant trois années, de 1814 à 1817, Charles Comte, Dunoyer et Saint-Simon professent la même philosophie sociale, préconisent la même politique. Tantôt c'est l'un, tantôt c'est l'autre qui précède, de sorte qu'il est souvent difficile de démêler des influences qui s'entrecroisent.

En 1814, Saint-Simon, assisté d'Augustin Thierry, un jeune professeur d'histoire qu'il vient de prendre pour secrétaire, publie un traité intitulé *De la réorganisation de la société européenne, ou de la nécessité et des moyens de rassembler les peuples de l'Europe en un seul corps politique en conservant à chacun son indépendance nationale*. Le problème est, comme le dit le titre, de rétablir l'ordre dans l'Europe « désorganisée » [1] depuis le temps de la Réforme, et de constituer un système de paix internationale, analogue à celui qui existait au moyen âge lorsque l'opinion publique en Europe tenait pour légitime l'arbitrage exercé par le pape entre les souverains, mais reposant sur des principes nouveaux, mieux adaptés aux temps nouveaux. Il faut pour cela, d'abord, que l'Europe entière soit politiquement *homogène*, et que toutes les nations possèdent les mêmes institutions. Il faut, en second lieu, que ces institutions soient « organisées... de telle sorte que chaque question d'intérêt public soit traitée de la manière la plus approfondie et la plus complète [2] », que le régime adopté soit un régime libéral, un régime mixte, composé de trois pouvoirs, à la manière anglaise : Saint-Simon offre l'Angleterre et sa constitution en modèle à l'Europe entière. « Séparée du continent par la mer, elle cessa d'avoir rien de commun avec ceux qui l'habitent, en se créant une religion nationale et un gouvernement différent de tous les gouvernements de l'Europe. Sa constitution fut fondée, non plus sur des préjugés et des coutumes, mais sur ce qui est de tous les temps et de tous les lieux, sur ce qui doit être la base de toute constitution, la liberté et le bonheur du peuple [3]. » L'Europe aurait trouvé son organisation définitive, « si toutes les nations qu'elle renferme, étant gouvernées chacune par un parlement, reconnaissaient la suprématie d'un parlement général placé au-dessus de tous les gouvernements nationaux et investi du pouvoir de juger leurs différends [4]. » Le prélude nécessaire à cette organisation européenne, c'est l'alliance et la fédération des deux nations qui, dans l'Europe occidentale, ont déjà conquis leur liberté constitutionnelle : la France et l'Angleterre. « Les maux commenceront à devenir moindres, les troubles à s'apaiser, les guerres à s'éteindre » : réalisation véritable de cet âge d'or que « l'imagination des poètes a placé au berceau de l'espèce humaine, parmi l'ignorance et la grossièreté des premiers temps »,

---
1 *Œuvres* de Saint-Simon, 1868-1875, vol. I, p. 162.
2 *Ibid.*, vol. I, p. 183.
3 *Ibid.*, pp. 163-164.
4 *Ibid.*, p. 197.

mais qu'il faut placer « au-devant... dans la perfection de l'ordre social [1]. »

Bref, la politique positive, selon Saint-Simon et Augustin Thierry, c'est la politique parlementaire. Tel est le point de vue auquel se placent également les rédacteurs du *Censeur* ; et Charles Comte développe des idées très voisines de celles que Saint-Simon vient d'exposer, dans un article qu'il insère dans le troisième volume de son recueil, *Sur la situation de l'Europe, sur les causes de ses guerres, et sur les moyens d'y mettre fin* [2]. À n'en pas douter il s'inspire de Saint-Simon. Il est moins optimiste, n'annonce pas la venue de l'âge d'or, redoute, en dépit de ses vœux pacifiques, des guerres prochaines. Il est moins systématique, et se défend d'entrer dans le détail, quant à « la forme que l'on doit donner » au gouvernement parlementaire, et quant au « mécanisme de sa constitution ».

Il a moins confiance que Saint-Simon dans l'Angleterre pour prendre l'initiative de la fédération européenne. Il est convaincu cependant qu'une alliance de la France, de l'Angleterre, — et il ajoute : de l'Espagne — serait un bienfait pour la civilisation générale. Il ajoute, comme Saint-Simon, que « cette alliance ne peut être durable et avantageuse... qu'autant qu'elle serait fondée sur une confédération qui aurait pour base la justice, l'égalité, la modération et le partage des avantages du commerce et des colonies [3]. » Il expose enfin, comme Saint-Simon, les grands traits « de l'organisation d'une confédération de peuples libres ». « Il n'y a que des peuples libres qui puissent se réunir en confédération : il faut encore qu'ils aient des constitutions analogues pour qu'ils puissent procéder, d'une manière uniforme, à la création du gouvernement central qui doit les tenir réunis. » Ce gouvernement central « doit être représentatif et de même nature que les gouvernements particuliers de chaque État confédéré... Il doit être placé de manière à n'avoir d'autres vues que l'intérêt général de la confédération [4]. » Et il lui assigne les mêmes fonctions que lui assignait Saint-Simon : « S'occuper des grands travaux d'une utilité générale, établir les grandes communications, ouvrir des canaux, couper des isthmes,

---

1 *Œuvres* de Saint-Simon, vol. I, pp. 247-248.
2 Le Censeur, ou examen des actes et des ouvrages qui tendent à détruire ou à consolider la constitution de l'État, vol. III, pp. 1, sq.
3 *Ibid.,* pp. 26-27.
4 *Ibid.,* p. 28.

jeter des colonies au milieu des peuples barbares, pour hâter la civilisation et étendre les relations du commerce [1]. »

Saint-Simon et les rédacteurs du *Censeur* s'occupent de science politique : c'est un effet de la grande commotion sociale de 1814. Ils ne s'occupent encore, ni lui ni les autres, de science économique. Ils sont d'accord pour réclamer un régime de libre discussion ; le libre-échange n'est pas encore l'objet explicite de leurs revendications. Sans doute la transition est facile du libéralisme politique au libéralisme économique. Saint-Simon formule, dans sa publication de 1814, le principe même qui fonde les théories des économistes classiques, le principe de l'identité des intérêts, et en affirme l'importance. « Moins on contrarie, nous dit-il, les intérêts des autres en travaillant aux siens propres, moins on éprouve de résistance de leur part, plus facilement on arrive au but. Ainsi cette maxime tant répétée : *On ne peut être vraiment heureux qu'en cherchant son bonheur dans le bonheur d'autrui*, est aussi certaine, aussi positive que celle-ci : *un corps lancé dans une certaine direction est arrêté ou retardé dans sa course, s'il rencontre en chemin d'autres corps lancés dans une direction contraire* [2]. » Charles Comte, de son côté, dans le *Censeur*, oppose l'intérêt des nations, qui est de s'enrichir par l'échange, à l'intérêt des gouvernements, qui est de s'enrichir par la guerre. Dunoyer rattache même « l'origine des idées qui forment aujourd'hui la base de l'opinion » à l'époque « où les lettres, l'industrie et le commerce ont pris naissance en Europe ». « L'amour de la paix et de la liberté a... dû naître en Europe en même temps que les lumières et le commerce ; et plus les lumières ont fait de progrès, plus le commerce a agrandi et multiplié ses relations, plus ils ont ajouté ensemble au bonheur et à la prospérité des peuples, plus ce sentiment a dû se développer, s'étendre et s'affirmir [3]. » Et le *Censeur* consacre une étude critique très développée, très minutieuse, au *Traité d'économie politique* de J.-B. Say, dont la deuxième édition a paru en 1814 [4]. Mais c'est seulement de 1817 que l'on doit dater la conversion simultanée des rédacteurs du *Censeur* et de Saint-Simon aux doctrines du libéralisme économique. Tous se désintéressent alors des problèmes de droit constitutionnel, et s'in-

---
1 *Ibid.*, p. 30.
2 *Œuvres*, vol. I, p. 238.
3 Vol. VI, p. 143.
4 Vol. VII, pp. 43, sqq.

La doctrine économique Saint-Simonienne

téressent à d'autres questions sociales, qui leur paraissent présenter un caractère plus positif.

Après deux années employées au rétablissement de l'ordre matériel, le problème se pose pour le gouvernement français, comme aussi pour le gouvernement anglais, de réorganiser les finances publiques, dérangées par vingt ans de guerres. Voici donc les hommes d'État obligés, dans les deux pays, de s'entendre avec les banquiers, de consulter les intérêts des négociants et des chefs d'entreprises. L'économie politique, en conséquence, devient à la mode. C'est l'année où, en Angleterre, Ricardo publie ses *Principes de l'économie politique et de l'impôt*. En France, Charles Comte, toujours assisté de Dunoyer, reprend, sous le titre nouveau du *Censeur européen*, la publication du *Censeur*, interrompue depuis deux ans. Saint-Simon, en collaboration avec son secrétaire Augustin Thierry, avec Saint-Aubin et Chaptal, entreprend une publication du même genre, intitulée *L'Industrie,* qui mérite les éloges des rédacteurs du *Censeur*. « Nous avons déjà eu l'occasion, écrivent-ils, de remarquer combien l'économie politique devait avoir d'influence sur le progrès des idées relatives à la politique, et combien cette science était propre à étendre les vues des publicistes. Voici un exemple qui fera sentir la vérité de cette observation. En 1815, M. le comte de Saint-Simon avait annoncé un ouvrage intitulé : *Le Défenseur des propriétaires nationaux*, se renfermant ainsi dans la défense d'un article de la Charte. Aujourd'hui M. de Saint-Simon s'élève à des idées beaucoup plus générales [1]. » Saint-Simon, Augustin Thierry, Charles Comte, Dunoyer, découvrent en même temps que la politique positive, c'est l'économie politique, telle qu'Adam Smith et J.-B. Say en ont posé les principes.

C'est en termes presque identiques qu'Augustin Thierry dans *L'Industrie* [2], puis Dunoyer dans le *Censeur européen* [3], critiquent la

---

1 *Censeur Européen*, vol. II, p. 371.
2 *L'Industrie littéraire et scientifique liguée avec l'industrie commerciale et manufacturière*, tome I, seconde partie, Politique, par Augustin Thierry, fils adoptif de Henri Saint-Simon, janvier 1817. *(Œuvres* de Saint-Simon, vol. II, pp. 17, sq.). Les rédacteurs du *Censeur Européen*, en signalant la publication nouvelle (vol. I, pp. 380-381), font des réserves sur la première partie, qui est de Saint-Aubin, et à laquelle ils reprochent de « renfermer quelques idées de couleur un peu ministérielle ». Ils louent sans restriction la seconde, « écrite avec indépendance et souvent avec force ».
3 Vol. I, pp. 93, sq. Du système de l'équilibre européen. — Vol. II, pp. 67, sqq. Considérations sur l'état présent de l'Europe, sur les dangers de cet état, et les

théorie de l'équilibre européen, fondé sur la rivalité de puissances militaires également fortes, et opposent à cette théorie la théorie de l'identité des intérêts commerciaux de toutes les nations. D'où une définition nouvelle du libéralisme : « Un régime constitutionnel, écrit Augustin Thierry, un régime libéral dans le vrai sens de ce mot, n'est autre chose... qu'un régime fondé sur l'industrie, *commercial government,* comme l'appelle un auteur anglais [1]. « Les deux publications ne se lassent pas de mettre en lumière le conflit, à travers l'Europe entière, de deux classes : l'une militaire et féodale, l'autre industrieuse : la « classe », la « nation » des « industrieux » [2], ou des « industriels » : Saint-Simon invente ce substantif nouveau, qui fait fortune [3].

Cette opposition, Dunoyer l'explique dans le *Censeur, européen,* par une théorie historique. Ces deux classes qui se heurtent, et sont contemporaines l'une de l'autre, correspondent à deux conceptions de l'organisation sociale, qui expriment les besoins de deux époques successives dans l'histoire. « Le premier moyen dont l'homme s'avise pour satisfaire ses besoins c'est de prendre ; ravir a été la première industrie, ça a été aussi le premier objet des associations humaines, et l'histoire ne fait guère connaître de sociétés qui n'aient été d'abord formées pour la guerre et le pillage [4]. » Telle est, selon Dunoyer, la forme primitive des gouvernements organisés, qui suppose la guerre perpétuelle. « Le premier besoin de l'homme, écrit de même Charles Comte [5], est .de pourvoir à sa subsistance, et il ne peut y pourvoir, ainsi que nous l'avons vu précédemment, qu'au moyen des produits spontanés de la nature, au moyen de ce qu'il ravit à ses semblables, ou au moyen des produits de son industrie. » Le premier moyen ne suppose aucune organisation politique, et ne procure aucune richesse. Le second moyen convient aux peuples dont l'organisation est barbare. Il divise la
moyens d'en sortir.
1 *Ibid.,* p. 108.
2 *Censeur Européen,* vol. I, p. 115 ; vol. II, pp. 35, 76. — Saint-Simon, *Œuvres,* vol. I, pp. 131, 198, 203, 205.
3 *Œuvres,* vol. II, pp. 58, 60. Enfantin *(Producteur,* vol. V, p. 98) revendique pour Saint-Simon l'honneur d'avoir créé le mot.
4 *Censeur Européen,* vol. I, p. 93.
5 De l'organisation sociale considérée dans ses rapports avec les moyens subsistance des peuples : Censeur Européen, vol. II, p. 1.

société en maîtres et en esclaves, implique l'obéissance passive de ceux-ci à ceux-là, corrompt les uns et les autres. Le troisième moyen est « celui qui convient le plus à l'homme, parce qu'il fournit abondamment à ses besoins et qu'il est le seul qui puisse le maintenir dans un état de paix, et donner à ses facultés tout le développement dont elles sont susceptibles ». Et Charles Comte trace à grands traits, en se fondant sur ces principes, tout un tableau de l'histoire de la civilisation européenne, depuis les origines de la cité romaine jusqu'à nos jours.

Or Augustin Thierry venait d'exposer, au premier tome de *L'Industrie*, une théorie très voisine de celle-là. « L'homme, nous dit-il, dans l'état sauvage ou primitif, a beaucoup à démêler avec les hommes et peu avec les choses... Dans un état plus avancé avec une plus grande capacité d'observation et de jugement, l'homme se met plus en relation avec les choses... La première tendance à l'opposition et à l'hostilité se conserve encore, mais l'intérêt se modifie. Le vainqueur sait se contenir ; il fait trêve à ses ravages, il épargne les fruits de la terre, il réserve l'esclave qu'il exploitera pour lui ; il s'entoure, autant qu'il peut, de machines à nourrir l'homme... Le caractère des peuples de l'antiquité est essentiellement militaire. Ce qu'il y avait de travail paisible était rejeté hors de la nation et abandonné aux esclaves... Cet ordre de choses devait finir avec l'état moral qui l'avait produit et qui le maintenait.... La révolution se fit dans le XIIe siècle. Par l'affranchissement général des communes dans toute l'Europe, l'industrie paisible, qui, chez les anciens, était hors de l'État, entra dans l'État, et en devint une partie active, de passive qu'elle était d'abord [1]. » Cependant Saint-Simon déclarera expressément, l'année suivante — à une époque où il avait, en vérité, rompu avec Augustin Thierry — qu'il a emprunté à Charles Comte la distinction, désormais fondamentale dans sa philosophie sociale, entre deux régimes irréductiblement distincts, l'un « militaire ou gouvernemental », l'autre « libéral et industriel [2]. » De Saint-Simon la distinction s'est transmise à Auguste Comte, d'Auguste Comte à Buckle, de Buckle à Herbert Spencer, qui lui a conféré un caractère d'universelle popularité.

L'histoire, interprétée par la science économique, nous enseigne

---
1 *Œuvres* de Saint-Simon, vol, II, pp. 34, sqq.
2 *Industrie*, vol. IV ; *Œuvres*, vol. III, p. 157.

donc en quel sens nous devons, en quel sens nous pouvons avec des chances de succès, diriger notre activité pratique. Au stade de développement où l'humanité est parvenue, nous sommes en droit de considérer une nation, comme n'étant pas autre chose « qu'une grande société d'industrie [1]. » « La Société recueille de la *richesse, des valeurs produites,* en proportion de ses capitaux et de son industrie... La part ou le revenu de chacun individuellement se mesure au taux des capitaux ou des services industriels qu'il a mis en commun [2]. » Cet état de choses n'est cependant encore réalisé que partiellement. Il nous faut lutter pour en achever la réalisation. « On peut, écrit Dunoyer, dans leur état actuel, comparer les peuples à des essaims mi-partie de frelons et d'abeilles, essaims dans lesquels les abeilles consentent à distiller des torrents de miel pour les frelons, dans l'espoir d'en conserver au moins quelques rayons pour elles. Malheureusement il ne leur en reste pas même toujours une faible partie [3]. » Saint-Simon, l'année suivante, dans son *Politique,* reprendra, pour l'amplifier, la parabole des abeilles et des frelons [4]. « Nous l'avons déjà dit vingt fois, écrit Dunoyer [5], nous le répéterons mille fois encore. L'objet de l'homme n'est point le gouvernement, le gouvernement ne doit être à ses yeux qu'une chose très secondaire, nous dirons presque très subalterne, Son objet, c'est l'industrie, c'est le travail, c'est la production de toutes les choses nécessaires à son bonheur. Dans un État bien ordonné, le gouvernement ne doit être qu'une dépendance de la production, qu'une commission chargée par les producteurs, qui la paient pour cela, de veiller à la sûreté de leurs personnes et de leurs biens pendant qu'ils travaillent. Dans un État bien ordonné, il faut que le plus grand nombre possible d'individus travaillent, et que le plus petit nombre possible gouvernent. Le comble de la perfection serait que tout le monde travaillât et que personne ne gouvernât. » Saint-Simon et Augustin Thierry venaient de s'exprimer presque

---

1 *L'Industrie*, t. I, 2ᵉ partie, par Augustin Thierry ; Œuvres de Saint-Simon, vol. II, pp. 68-69.
2 *Ibid.,* p. 68.
3 *Censeur Européen*, vol. II, p. 102.
4 *Politique*, onzième livraison. *De la querelle des abeilles et des frelons,* avril 1819 ; Œuvres, vol. III, p. 211. M. G. Dumas signale l'emprunt fait sur ce point par Auguste Comte à Saint-Simon. Mais Saint-Simon lui-même, comme on voit, s'inspire de Dunoyer. (Voir G. Dumas, *Psychologie de deux Messies Positivistes*, p. 263.)
5 *Censeur Européen*, vol. II, p. 102.

dans les mêmes termes. « Tout par l'industrie, tout pour elle... La société tout entière repose sur l'industrie... L'état de choses le plus favorable à l'industrie est donc pour cela le plus favorable à la société [1]... La société a besoin d'être gouvernée le moins possible, et pour cela il n'est qu'un moyen, c'est d'en venir à être gouverné au meilleur marché possible [2]. » Et un lieu plus tard : « La politique est... pour me résumer en deux mots, la science de la production [3]. »

Cette société nouvelle, positive et industrielle, sera-t-elle donc une société affranchie de toute discipline intellectuelle, puisqu'elle constitue une société « libérale » par excellence, fondée, semble-t-il, sur de libres conventions d'intérêts et non sur l'adhésion à une croyance commune ? La doctrine de Saint-Simon répugne à cette conclusion. Le problème a toujours été pour lui, depuis le temps lointain où il écrivait ses chimériques *Lettres d'un habitant de Genève*, de découvrir pour la société européenne, désorganisée par la Révolution, un nouveau principe d'ordre. Nous l'avons vu exprimer, en 1814, cette même conviction. « Le XVIIIe siècle », écrit-il encore dans le prospectus de *L'Industrie*, « n'a fait que détruire ; nous ne continuerons point son ouvrage : ce que nous entreprenons, au contraire, c'est de jeter les fondements d'une construction nouvelle [4]. » Aussi bien les rédacteurs du *Censeur* eux-mêmes, si hostiles à l'idée d'autorité, ne se sont-ils pas quelquefois exprimés de manière & suggérer à Saint-Simon certains procédés capables de mettre un lien entre sa philosophie organisatrice et le libéralisme économique auquel il vient de se convertir ? Dunoyer, parlant de la lutte engagée par la « Nation des industrieux » contre l'« ancienne aristocratie », ajoutait, dans un langage qui sera bientôt celui de Saint-Simon et de ses disciples ; « Il ne faut pas perdre de vue que ses membres sont encore épars et en quelque sorte sans liaison, qu'ils ont peu de moyens de communiquer et de se défendre ; en un mot, qu'elle n'est point organisée tandis qu'en général ses ennemis le sont [5]. » « Par quels moyens, demandait-il, la Nation des industrieux pourra-t-elle faire sortir l'Europe de l'état de

---
1 *L'Industrie,* prospectus, avril 1817 : *Œuvres* de Saint-Simon, vol. II. pp 12-13.
2 *Ibid.*, p. 132.
3 *Ibid.*, p. 188.
4 *Œuvres*, vol. II, p. 13.
5 *Censeur Européen*, vol. II, p. 77

crise où nous la voyons et la conduire sans secousses au but où elle aspire ? » Charles Comte, de son côté, affirmait l'existence d'une « hiérarchie » nouvelle, différente par son principe de l'ancienne « hiérarchie militaire », et cependant réelle, et qui consiste dans la « subordination naturelle » des ouvriers à « celui qui possède la plus grande capacité et les capitaux les plus considérables », en d'autres termes, d'« une aristocratie d'agriculteurs, de manufacturiers, de commerçants [1]. »

Jusqu'ici, par conséquent, nul conflit d'opinion entre les rédacteurs de *L'Industrie* et ceux du *Censeur européen*. Ce sont des amis, presque des collaborateurs. S'il leur arrive de faire des découvertes, comment s'y prendre pour affirmer avec certitude si c'est aux uns ou aux autres qu'il faut en attribuer l'honneur ? Du fait qu'une théorie ou une formule nouvelle apparaît pour la première fois dans l'une ou l'autre des deux publications, on ne peut rien conclure. Saint-Simon n'est pas un lecteur, ni un professeur : c'est un causeur. Comment deviner si, au hasard d'une conversation, l'innovation a été suggérée par un des rédacteurs du *Censeur* à l'un de ceux de *L'Industrie*, ou réciproquement ? Il est un point cependant par où Saint-Simon se sépare nettement des hommes du *Censeur*, et c'est par le rôle important qu'il attribue, lui-même homme de lettres et philosophe, aux hommes de lettres et aux savants dans l'œuvre de la réorganisation sociale.

Charles Comte et Dunoyer manifestent, en effet, à l'égard des « savants » et des « érudits », une vive méfiance, et les considèrent comme « les gens les moins propres à bien gouverner, leurs idées et leurs intérêts étant dirigés vers un genre de spéculations étrangères aux affaires de l'État [2]. » Saint-Simon réclame, au contraire, pour faire » triompher le nouveau principe d'organisation, « la ligue de l'industrie littéraire et de l'industrie manufacturière [3] » : c'est dans l'acceptation collective d'une conception nouvelle de l'univers et de la société qu'il veut trouver la base d'une nouvelle organisation sociale, et de la sorte consommer et abolir à la fois l'œuvre révolutionnaire du XVIIIe siècle. Il critique la théorie, chère aux « philosophes du XVIIIe siècle », de la liberté illimitée de conscience :

1 *Censeur Européen,* vol. II, pp. 49, sq. ; 57, sq.
2 *Censeur Européen,* vol. II, p. 60.
3 Œuvres, vol. II, p. 137. Le titre primitif de L'Industrie était L'Industrie littéraire et scientifique liguée avec l'industrie commerciale et manufacturière, p. 617.

« Les philosophes du XIXe siècle feront sentir la nécessité de soumettre tous les enfants à l'étude du même code de morale terrestre, puisque la similitude des idées morales positives est le seul lien qui puisse unir les hommes en société, et qu'en définitive le perfectionnement de l'état social n'est autre chose que le perfectionnement du système de morale positive [1]. »

Qu'il y ait une différence quelconque entre ces idées et celles qu'on défend au bureau du *Censeur*, peut-être se refuse-t-il à le croire. Mais des querelles s'élèvent entre lui et son secrétaire Augustin Thierry. C'est Augustin Thierry qui lui a fait découvrir le libéralisme politique, puis le libéralisme économique, et qui s'inquiète de voir reparaître, dans ses discours, une conception autoritaire de l'organisation sociale. « Je ne conçois pas, déclare un jour Saint-Simon, d'association sans le gouvernement de quelqu'un. — Et moi, répond Augustin Thierry, je ne conçois pas d'association sans liberté. » Saint-Simon rompt avec Augustin Thierry, probablement vers la fin de juillet 1817 [2] et choisit, pour le remplacer dans ses fonctions de secrétaire, un autre jeune homme, Auguste Comte [3],

---

[1] *L'Industrie,* prospectus du troisième volume ; commencement de juin 1817 ; *Œuvres,* vol. II, p. 215.

[2] GUIGNIAUT, *Notice historique sur la vie et les travaux d'Augustin Thierry,* Paris, 1863, p. 50. Un ancien secrétaire de Saint-Simon raconte comme il suit les circonstances de la brouille avec Augustin Thierry : « ...C'est cette obscurité de ses idées [de Saint-Simon], son incertitude du principe auquel il devait les rattacher qui amenèrent le départ de M. Augustin Thierry. Le jeune savant, qui, depuis, s'est placé si haut par ses *Lettres sur l'Histoire de France* et sa *Conquête de l'Angleterre par les Normands,* tourmenté jusques aux larmes par les pressantes et continuelles instances de M. de Saint-Simon pour obtenir sa collaboration, aima mieux le quitter que de travailler à ce qu'il ne pouvait comprendre. Après cela je puis avouer sans honte que j'ai reculé moi aussi devant la proposition que m'a faite plus d'une fois M. de Saint-Simon de mettre la main à l'œuvre... Plus heureux que nous, M. Auguste Comte est arrivé sans doute auprès du publiciste à une époque où celui-ci était parvenu à mieux éclaircir ses idées et à les rendre plus intelligibles. Ni le savoir, ni le talent ne manquaient du reste à l'élève pour faire honneur au maître... » (*Notice sur Saint-Simon et sa doctrine, et sur quelques autres ouvrages qui en seraient le développement,* par son ancien secrétaire — Bibliothèque de la Ville de Paris. C'est M. Alfred Péreire qui nous a signalé ce curieux manuscrit, et nous en a communiqué une copie).

[3] *Lettres à Valat,* 17 avril 1818 : « J'ai été pendant trois mois écrivain politique dans le dernier goût, c'est-à-dire, comme tu penses bien, dans le genre libéral : Je travaillais avec Saint-Simon... Malheureusement, cela n'a pas duré, et le père Simon... a éprouvé des revers tels... qu'il a fallu cesser les relations pécuniaires au bout de trois mois... J'ai commencé à faire le publiciste au mois d'août ». — M. B. Weill (*Saint-Si-*

depuis deux ans sorti de l'École Polytechnique, et qui bat le pavé de Paris sans argent et sans place.

Quel a été le rôle joué par Auguste Comte dans la formation ultérieure du système de Saint-Simon ? Faut-il admettre que ce garçon de dix-huit ans ait exercé une influence profonde sur la pensée de celui qui le faisait travailler à ses gages ? Il est bien vrai que, vers le moment où Auguste Comte devient le secrétaire de Saint-Simon, la doctrine de celui-ci subit des modifications fort sensibles. Mais faut-il en rendre Auguste Comte responsable ? C'est précisément parce qu'Augustin Thierry ne voulait pas le suivre dans cette direction nouvelle, que Saint-Simon venait de rompre avec son premier secrétaire. Tout ce que l'on peut dire, c'est qu'Auguste Comte entra sans difficulté dans les vues de son maître. « J'ai appris, écrivait-il quelques mois plus tard, par cette liaison de travail et d'amitié avec un des hommes qui voient le plus loin en politique philosophique, une foule de choses que j'aurais en vain cherchées dans les livres, et mon esprit a fait plus de chemin depuis six mois que dure notre liaison qu'il n'en aurait fait en trois ans si j'avais été seul. Ainsi cette besogne m'a formé le jugement sur les sciences politiques, et, par contrecoup, elle a agrandi mes idées sur toutes les autres sciences, de sorte que je me trouve avoir acquis plus de philosophie dans la tête, un coup d'œil plus juste, plus élevé [1]. » Ajoutons qu'il devait y avoir, chez le secrétaire entrant, un sentiment instinctif de jalousie intellectuelle à l'égard du secrétaire sortant : Auguste Comte devait se sentir naturellement porté à approuver, chez Saint-Simon, toutes les idées par lesquelles Saint-Simon se séparait d'Augustin Thierry.

C'est Auguste Comte qui se charge, au mois de septembre 1817, de rédiger la « troisième considération » du sixième article de *L'Industrie* « sur la morale », de développer la partie philosophique du système social de Saint-Simon, de démontrer la nécessité qu'il y a de remonter aux principes et de fonder la « politique » sur la « mo-

---

mon et son œuvre, p. 93) écrit que l'influence de Saint-Simon est encore sensible dans un article de Thierry publié par le *Censeur Européen* en 1817 (t. II, pp. 107 et suiv.). Effectivement Thierry n'avait pas encore rompu avec Saint-Simon quand parut le volume II du *Censeur Européen* : le troisième volume fut saisi le 6 juin, alors que l'impression n'en était pas encore terminée.
1 *Lettres à Valat*, 17 avril 1818 ; p. 37.

rale » ; car « il n'y a point de société possible sans idées morales communes [1]. » Il faut donc rompre avec la « morale théologique », fonder une morale « terrestre », « positive », « industrielle », et, en décidant que « nul ne pourra être ordonné prêtre s'il n'a prouvé, par un examen préalable, qu'il est au courant des principales connaissances acquises dans les sciences positives[2] », préparer à la société future un clergé non plus de théologiens, mais de « philosophes » ou de savants.

Cette déclaration de guerre au christianisme émeut les souscripteurs du recueil, riches banquiers, gros négociants. Ils désavouent l'ouvrage, et Saint-Simon décide, par prudence, de renoncer à traiter les questions de principes pour revenir aux problèmes de politique appliquée. Auguste Comte, dans deux lettres datées des premiers mois de 1818, lui reproche cette décision, l'exhorte à revenir aux questions de principes. En faut-il conclure qu'il y eût, sur ce point, conflit entre le maître et son secrétaire, ou que celui-ci eût pris déjà la direction intellectuelle de celui-là ? En réalité, il semble bien que les deux lettres d'Auguste Comte aient été écrites de connivence avec Saint-Simon pour être publiées et préparer le public à une nouvelle exposition des principes qui avaient fait scandale en octobre 1817 [3]. D'ailleurs, la morale générale sur laquelle, suivant l'auteur des deux lettres, la politique de Saint-Simon doit se fonder, ne semble pas beaucoup différer de ce que les Anglais appellent la « morale utilitaire », dont Bentham est le théoricien, dont Ricardo est un adepte, et qui peut avoir exercé une influence directe sur la formation du système de Saint-Simon [4]. Nul désaccord, par conséquent, avec les économistes de l'école libérale. « Vous savez mieux que personne, Monsieur, écrit Auguste Comte

---

1 *Œuvres* de Saint-Simon, vol. III, p. 32.
2 *Œuvres* de Saint-Simon, vol. III, p. 41.
3 Les deux lettres, déjà reproduites dans la *Revue Occidentale* septembre 1882, l'ont été de nouveau, d'après le texte original, par M. Alfred Péreire, *Des premiers rapports entre Saint-Simon et Auguste Comte d'après des documents originaux* (*Revue historique*, vol. XCI, 1906). Nous nous rallions entièrement à la thèse soutenue par M. Péreire, si ce n'est sur un point. Nous ne reconnaissons pas le style d'Auguste Comte dans le prospectus du second volume de *L'Industrie* ; aussi bien il s'en fallait de deux mois, lorsque ce prospectus parut (fin mai et commencement de juin 1817), qu'Auguste Comte fût en relations avec Saint-Simon.
4 Bentham est cité dans *L'Industrie*, tome II, article sixième ; *Œuvres* de Saint-Simon, vol. III, p. 13.

à son maître, puisque c'est vous qui l'avez dit nettement le premier, que la seule politique raisonnable, c'est l'économie politique. Or l'économie politique n'est point encore, à proprement parler, une science, et pour le devenir, il lui manque une base... lui en donner une est, à mon avis, ce qu'on peut faire aujourd'hui de plus important pour les progrès de cette science. Or ce but me semble rempli par votre idée Fondamentale : *la propriété est l'institution la plus importante de toutes, et elle doit être instituée de la manière la plus favorable à la production.* Toutes les vérités acquises en économie politique me semblent pouvoir se rattacher à cette belle idée, et par là elle fournit les moyens de faire enfin la véritable science politique fondée sur les observations économiques. Quel beau travail ce serait, Monsieur, que celui de l'arrangement de cet ensemble, de la formation de la politique positive. » Pendant toute l'année qui suit, Auguste Comte, dans les lettres qu'il adresse à son ami Valat, ne cesse de lui présenter Saint-Simon sous l'aspect d'un grand libéral [1]. La meilleure lecture qu'il puisse lui recommander de faire, en matière de science sociale, c'est le traité de Jean-Baptiste Say [2].

Il faut attendre jusqu'en 1819 pour voir s'accuser, dans les écrits de Saint-Simon et d'Auguste Comte, le caractère « organisateur » de leur politique. Or, c'est l'année précisément où Joseph de Maistre publia son traité *Du Pape*, et Auguste Comte nous ait que cet ouvrage « exerça une salutaire influence » sur « le développement normal de sa pensée politique ». Les écrits de l'école théocratique lui facilitèrent, nous dit-il, « dans ses travaux historiques, une saine appréciation générale du moyen âge », et « fixèrent davantage son attention directe sur des conditions d'ordre éminemment applicables à l'état social actuel, quoique conçues pour un autre état [3] ». Cette influence est incontestable ; et les appréciations portées par Saint-Simon, tant sur la Réforme du XVIe siècle que sur la Révolution du XVIIIe siècle, sont certainement plus sévères dans les écrits de 1819 que dans ceux de 1817 [4]. Plus encore que Joseph de Maistre,

---

1 Voir notamment la *Lettre* du 15 mai 1818, pp. 51-52.
2 *Ibid.*, p. 55, et *lettre* du 15 juin 1818, p. 63.
3 Cours de Philosophie positive, vol. IV, 1839, p. 184.
4 Cf. les jugements favorables portés par Saint-Simon sur Luther, dans le tome II de *L'Industrie*, troisième considération (*Œuvres*, vol. III, p. 38) ; et sur les révolutions d'Amérique et de France, *ibid.*, Objet de l'entreprise (*Œuvres*, vol. II, pp. 133-134),

de Ronald, dont Auguste Comte ne mentionne pas le nom, semble avoir inspiré la philosophie saint-simonienne de l'histoire [1]. Il avait publié, en 1817, un *Essai analytique sur les lois naturelles de l'ordre social,* où il résumait les principes de son grand ouvrage de philosophie politique, vieux déjà de vingt années. C'est en historien, en philosophe expérimental, qu'il s'attachait à justifier la théocratie du moyen âge. Dans la révolution religieuse et politique des deux derniers siècles, il faisait voir « une crise terrible et salutaire », après laquelle l'Europe allait retrouver « l'unité religieuse et politique [2] ». Il définissait les principes de cette double révolution en des termes que Saint-Simon et Auguste Comte lui ont presque textuellement empruntés. « Comme tout dans l'univers, écrivait-il, est être ou néant, l'algèbre a ses quantités négatives ou impossibles... de même dans le monde social ou moral, où tout est *bien* ou *mal,* on trouve des rapports faux qui divisent les êtres à la place des rapports vrais qui les unissent. On trouve par exemple des tyrans à la place du pouvoir, des satellites à la place du ministère, des esclaves à la place des sujets, et l'on a en dernier résultat une société *négative*, si l'on peut le dire, constituée pour le désordre et la destruction, à la place d'une société *positive*, constituée pour l'ordre et la conservation, et l'on prouve la nécessité de celle-ci par l'impossibilité de celle-là [3]. » Ce jeu de mots sur le sens du mot *positif* allait séduire l'inventeur de la philosophie positive « Croyez-vous en bonne foi, Messieurs, écrit Saint-Simon dans son *Système industriel*, que la critique des idées théologiques et féodales, faite, ou du moins terminée par les philosophes du XVIIIe siècle, puisse tenir lieu d'une doctrine ?...

---

avec le ton sévère du jugement porté dans le *Système Industriel* sur la Réforme et la Révolution.

1 En revanche l'*Organisateur,* en novembre 1819, cite De Ronald, et non De Maistre ; *Œuvres* de Saint-Simon, vol. IV, p. 29 : La suprématie des papes a cessé d'exister puisqu'elle n'a plus été reconnue, et les idées qui étaient prépondérantes au moyen âge ont été remplacées par d'autres idées moins erronées. Aussi MM. de Ronald et de Chateaubriand, quoique très estimés pour leurs vertus et considérés comme des hommes de beaucoup de talent et d'instruction, sont généralement regardés comme des extravagants, parce qu'ils s'efforcent de ramener un ordre de choses dont le progrès des lumières a fait justice. — Cf. *Catéchisme des industriels ; Œuvres,* vol. VIII, p. 172. Les écrivains dans la direction rétrograde, tels que MM. de Maistre, Ronald, La Mennais, etc..

2 De Ronald, *Œuvres,* vol. 1, 1836, p. 29.

3 *Ibid.,* pp. 10-11.

La société ne vit point d'idées négatives, mais d'idées positives [1]. »

Dans la mesure que nous venons de dire, le témoignage d'Auguste Comte parait fondé. Gardons-nous néanmoins de lui attribuer une valeur excessive : la tendance d'Auguste Comte est trop manifeste à constater scrupuleusement toutes les influences qu'il a subies, à l'exception de celle qui fut véritablement décisive : à savoir, celle de Saint-Simon. Voilà longtemps que Saint-Simon, sans avoir lu les théocrates, opposait sa philosophie organisatrice à la critique du XVIIIᵉ siècle. Vers 1816 et 1817 — peut-être sous l'influence d'Augustin Thierry, de Charles Comte, de Dunoyer — il avait été, dans la voie du libéralisme, aussi loin qu'il alla jamais. Mais il venait justement de rompre avec Augustin Thierry, parce Sue le libéralisme intransigeant de celui-ci ne s'accommodait pas es doctrines de Saint-Simon sur l'importance des notions d'autorité et de discipline en politique. D'ailleurs, pour constituer celle philosophie « positive » de l'histoire, il fallait des connaissances historiques ; et ces connaissances faisaient défaut tant au maître qu'à son nouveau secrétaire. Augustin Thierry était historien de profession : mais justement il se dérobait. Les écrits de Joseph de Maistre et de Ronald fournirent à Auguste Comte une théorie explicative du catholicisme de l'âge féodal, dont il avait besoin pour remplir le programme tracé par Saint-Simon. Il avait l'esprit vigoureux, apte à la spéculation et à la généralisation. Convenons qu'il s'acquitta de la tâche qu'un autre lui assignait en véritable inventeur.

La société industrielle, nous dit Auguste Comte dans la nouvelle publication de Saint-Simon à laquelle il collabore, *l'Organisateur*, devra posséder, si elle doit ressembler à la société féodale en tant que tune et l'autre sont des sociétés « organiques », un pouvoir spirituel et un pouvoir temporel. Mais ces deux pouvoirs différeront de l'ancien pouvoir spirituel et de l'ancien pouvoir temporel par leur principe et par leur forme. À vrai dire, il n'y aura pas là deux nouveaux pouvoirs, mais deux « capacités » prenant la place de deux « pouvoirs ». C'est « l'action des principes » qui naît pour se substituer à « l'action des hommes », « la raison pour remplacer la volonté [2]. »

Au point de vue spirituel, ou intellectuel, la « capacité scientifique

---

1 Système Industriel ; Œuvres, vol. VI, p. 51.
2 *L'Organisateur*, huitième lettre ; Œuvres, vol, IV, pp. 85-86.

La doctrine économique Saint-Simonienne

positive » remplacera l'ancien pouvoir ecclésiastique. Les savants vont jouer, dans la société, un rôle analogue à celui que jouaient les théologiens. Leurs opinions vont obtenir, comme au Xe siècle les dogmes théologiques, l'adhésion de tous les esprits, non parce que la force a imposé cette adhésion, mais parce que ces dogmes sont l'objet de la confiance spontanée du genre humain, non parce qu'une révélation mystérieuse les a communiquées à ceux qui les enseignent, mais parce que tout le monde sait que les affirmations des savants sont toujours susceptibles de vérification expérimentale, et sont unanimement acceptées par les hommes qui ont acquis la capacité nécessaire pour en juger. Or l'organisation du pouvoir temporel doit être, dans toute société, calquée sur l'organisation du pouvoir spirituel. Ici encore, il y aura des chefs : ceux qui auront pris la direction effective de l'industrie prouveront, par ce fait même, leur capacité « administrative ». C'est par rapport à eux que la société industrielle sera hiérarchiquement organisée.

La société industrielle est une société corporative et l'histoire de ses progrès, depuis le moment où les communes furent affranchies au moyen âge, c'est l'histoire d'une corporation. Saint-Simon avait déjà invité les industriels, avant qu'Auguste Comte ne devînt son secrétaire, à combiner leurs efforts avec ceux des littérateurs, à constituer la ligue de ce qu'il appela un peu plus tard la ligue de l'« industrie pratique » avec l'« industrie théorique », et à former de la sorte une vaste corporation antigouvernementale [1]. Déjà, sous l'influence de l'historien Augustin Thierry, il avait affirmé l'importance, dans les progrès de la société occidentale, de l'affranchissement des communes. Mais la théorie prend toute son ampleur et toute sa précision à partir du moment où c'est Auguste Comte qui la développe, dans la neuvième lettre de *L'Organisateur* [2]. Elle est dès lors fixée, et c'est sous la même forme que nous la trouvons ultérieurement exposée dans le *Système industriel* de 1820 [3], dans le *Catéchisme des industriels* de 1822 [4]. Saint-Simon et Auguste Comte nous racontent « la formation de la corporation des industriels [5]. » Ils montrent les procédés qu'elle employa, dès le moyen

---
1 *L'Industrie ; Œuvres*, vol. III, pp. 60, sq.
2 *Œuvres* de Saint-Simon, vol. IV, pp. 111, sq.
3 *Œuvres*, vol. V, VI, VII.
4 *Œuvres,* vol. VIII, IX, X.
5 Catéchisme des Industriels ; Œuvres, vol. VIII, p. 24.

âge, pour accroître son influence, à savoir non pas la force, mais le contrat, « les combinaisons qui conciliaient les intérêts des parties contractantes ». Elle acheva son organisation vers le XVIIe siècle, lorsque les « corporations séparées » des cultivateurs, des fabricants et des négociants se lièrent financièrement et politiquement par l'organisation du crédit. Alors, naquit une corporation nouvelle, la corporation des banquiers, intermédiaires entre les vendeurs et les acheteurs d'une part, et d'autre part entre les industriels en général et les gouvernants. Ils représentent, vis-à-vis des gouvernements, l'ensemble des intérêts de la classe industrielle. Leur industrie est une industrie « générale » ou généralisante : ils sont « les agents généraux de l'industrie [1] ». Il ne reste plus maintenant à cette société industrielle, qui vient d'achever son organisation corporative, que d'affirmer sa prédominance sur le système gouvernemental, survivance des temps féodaux, et bientôt de prendre la place d'un système d'où toute vie se sera retirée.

Il y aura donc dans la société industrielle, comme autrefois dans la société féodale, comme dans toute société organisée, une hiérarchie de fonctions. Mais cette hiérarchie différera de l'ancienne hiérarchie autant que l'autorité exercée par les savants sur l'opinion diffère de l'autorité exercée jadis par les théologiens. Auguste Comte énonce le premier la formule par laquelle, dans l'école, on va caractériser cette différence : la société nouvelle, nous dit-il, ne sera pas *gouvernée,* elle sera *administrée.* Saint-Simon, en 1818, écrivait que « la capacité nécessaire pour faire un bon budget est lu capacité administrative, d'où il résulte que la capacité administrative est la première capacité en politique [2]. » Mais c'est Auguste Comte qui donne, en 1819, sa pleine vigueur philosophique à la formule. Il définit, avec plus de rigueur que n'avait fait Saint-Simon, les deux principes distincts sur lesquels reposent |es deux régimes sociaux, dont l'un est en voie de décadence, l'autre au contraire en voie de progrès constant : le régime militaire et le régime industriel. Dans le second, le but est d'agir, non sur les hommes, mais sur la nature, « pour la modifier autant que possible de la manière la plus avantageuse à l'espèce humaine ». La seule action permise sur les hommes, c'est l'action strictement nécessaire, « pour les détermi-

[1] *Système Industriel, Œuvres,* vol. V, p. 47. — V. déjà dans *L'Industrie (Œuvres,* vol. III, p. 113) sur l'importance du rôle joué par les banquiers dans la Société moderne.
[2] *Le Politique,* 1818 ; *Œuvres,* vol. III, p. 201.

ner à concourir à cette action générale sur les choses »[1].

Si d'ailleurs les communes ont peu à peu, depuis leur émancipation, développé les arts et les métiers, en d'autres termes les moyens dont l'homme dispose pour agir sur la nature, c'est que c'était pour les membres de la classe en question, le seul moyen de s'affranchir en s'enrichissant, Dans une société complètement industrialisée, il n'y aurait plus de gouvernants, c'est-à-dire d'hommes qui, dans leur intérêt, imposeraient à d'autres le devoir de l'obéissance passive, mais seulement des administrateurs qui exerceraient, dans l'association industrielle, la fonction de direction, comme les y autorise leur capacité. « Dans l'ancien système, le peuple était *enrégimenté* par rapport à ses chefs ; dans le nouveau, il est *combiné* avec eux. De la part des chefs militaires, il y avait *commandement*, de la part des chefs industriels, il n'y a plus que *direction*. Dans le premier le peuple était *sujet*, dans le second il est *sociétaire*[2] ». Il n'y aura pas de distinction entre deux classes, l'une composée d'oisifs, l'autre composée de travailleurs, les oisifs, sans apporter dans l'association une capacité ou une mise, se faisant rémunérer par les travailleurs auxquels ils commandent, maîtres par rapport à des esclaves. Il y aura cependant toujours une hiérarchie, mais dans laquelle chacun sera classé et rémunéré selon sa capacité et sa mise ; où tous auront donc, à quelque place qu'ils se trouvent, le sentiment qu'ils sont associés en vue d'une tâche commune, à savoir la production. « L'espèce humaine a été destinée, par son organisation, à vivre en société ; elle a été appelée à vivre sous le régime *gouvernemental*. Elle a été destinée à passer du régime gouvernemental ou militaire au régime *administratif* ou *industriel*[3] ».

Deux faits importants ne se sont-ils pas cependant produits à la fin du XVIIIe siècle — la Révolution française et la suppression des corporations — dont la théorie de Saint-Simon et d'Auguste

---

1 *L'Organisateur*, 1819 ; *Œuvres*, vol. IV, p. 121.
2 *Organisateur*, neuvième lettre ; *Œuvres* de Saint-Simon, vol. IV, p. 150.
3 *Catéchisme des Industriels* ; *Œuvres*, vol. VIII, p. 87. Bientôt Auguste Comte n'hésitera même pas à employer le terme de « gouvernement » pour désigner la direction systématique de la société qu'il réclame. V. *Système de politique positive*, 1824, p. 11 : Le gouvernement qui, dans tout état de choses régulier, est la tête de la société, le guide et l'agent de l'action générale... — et, *Considérations sur le pouvoir spirituel* (*Producteur*, vol. II, p. 316) : Quoiqu'il puisse être utile, et même en certains cas nécessaire de considérer l'idée de *société* abstraction faite de celle de *gouvernement*, il est universellement reconnu que ces deux idées sont en réalité, inséparables.

Comte ne rend pas compte, et auxquels les historiens libéraux sont pourtant d'accord pour attacher une importance extrême ? Si l'on veut, absolument, assigner une origine à la Révolution française, il faut, selon Saint-Simon, la dater du jour où ont commencé l'affranchissement des communes, et la culture des sciences d'observation dans l'Europe occidentale. Voilà la cause positive de la décadence de la société féodale, et la Révolution de 1789, crise de dissolution violente des anciennes institutions, n'est qu'un effet superficiel de cette cause profonde. La suppression des corporations ne doit donc être considérée que comme un fait transitoire, un accident dans l'histoire des progrès accomplis, depuis le moyen âge jusqu'à nos jours, par l'organisation industrielle. De là une interprétation nouvelle de la crise révolutionnaire. Cette interprétation, conforme aux principes depuis longtemps posés par Saint-Simon, explique la séduction qu'exercèrent en 1815 sur Saint-Simon et Auguste Comte les théories historiques de Joseph de Maistre et de Bonald. Elle détermine une rupture franche entre Saint-Simon et les libéraux proprement dits. En 1817, pour Saint-Simon, ami de Comte et Dunoyer, l'économie politique, c'était la « science de la liberté [1] ». Maintenant, pour opposer formellement sa doctrine au « libéralisme » de Dunoyer, Saint-Simon va proposer le nom nouveau d'« industrialisme [2] ». Enfin cette interprétation a été l'origine de la fameuse théorie un peu plus tard imaginée par Auguste Comte pour établir la loi des progrès de l'esprit humain, de la « loi des trois états ». Une fois de plus s'accuse l'influence des idées de Saint-Simon sur la formation du système d'Auguste Comte.

C'est en 1818, dans les derniers cahiers de *L'Industrie*, que Saint-Simon commence à attaquer non plus seulement, d'accord avec les hommes du *Censeur,* les nobles et les militaires, mais, par-dessus le marché, les « légistes », maîtres de l'administration de la justice, tout-puissants dans le Parlement, et dont l'action est souvent nuisible au progrès de l'industrie. Assurément « c'est au corps des légistes que nous sommes principalement redevables de la destruction du *despotisme militaire ;* ce sont les légistes qui ont soustrait les contestations qui s'élèvent entre les citoyens à des jugements arbitraires ; ce sont eux qui ont établi l'entière liberté des plaidoiries,

---

1 L'Industrie ; Œuvres, vol. II, p. 213.
2 *Catéchisme des Industriels,* deuxième appendice ; *Œuvres,* vol. VIII, pp. 178, sqq.

et certes, ils ont mérité par ces travaux une place honorable dans l'histoire des progrès de l'esprit humain [1] ». Mais si l'institution de l'« ordre judiciaire » a été temporairement très utile, « aujourd'hui elle est nuisible ». À la méthode des tribunaux civils qui consiste dans le respect de certaines règles juridiques et de certaines notions de droit abstrait, Saint-Simon oppose la méthode des tribunaux de commerce, qui vise à la conciliation des intérêts par l'arbitrage. À une philosophie juridique il oppose une philosophie économique ; il veut mettre en évidence « la supériorité des principes de l'*économie politique* sur ceux du *droit civil* [2] ». Dans la troisième lettre de l'*Organisateur*, qui est de Saint-Simon, il est question non plus des « légistes », mais des « métaphysiciens », c'est-à-dire « des personnes qui, étant soumises à d'aveugles croyances et n'ayant que des connaissances superficielles, veulent raisonner sur les faits généraux [3] ». Aussi bien Saint-Simon considère les uns et les autres comme appartenant à la même classe sociale : les métaphysiciens, nous dit-il, « ont fait leur séminaire aux écoles de droit ». Enfin le *Système industriel* expose tout au long le rôle joué, selon Saint-Simon, par les légistes et les métaphysiciens dans l'histoire de la société moderne.

Le passage du régime féodal et théologique au régime industriel et positif n'a pu s'accomplir que graduellement, au spirituel comme au temporel. Deux classes, dérivées de l'ancien système d'organisation sociale, et cependant distinctes de lui, ont constitué, au sein de la société, « ce que j'appelle par abstraction, nous dit Saint-Simon, un système intermédiaire et transitif [4]. Ces classes ont été au temporel celle des légistes et au spirituel celle des métaphysiciens, qui se sont étroitement combinées dans leur action politique, comme la féodalité et la théologie, comme l'industrie et les sciences d'observation. Le principe sur lequel se fondent les légistes pour détruire l'ancienne société, envisagée dans son organisation temporelle, c'est le principe de la souveraineté du peuple. Le principe sur lequel se fondent les métaphysiciens pour détruire les anciennes croyances, c'est le principe de la liberté de conscience. Principes utiles dans la mesure où ils ont ruiné un régime social devenu ca-

---

1 *L'Industrie* ; *Œuvres*, vol. III, pp. 124-125.
2 *Ibid.*, p 126.
3 *Œuvres*, vol. IV, p. 40.
4 *Œuvres*, vol. V, p. 7.

duc. Principes stériles, dans la mesure où, purement négatifs, ils ne peuvent jouer le rôle de principes constitutifs dans l'organisation de la société nouvelle. En 1822, dans le troisième cahier du *Catéchisme des industriels*, Auguste Comte généralise la théorie, et développe, pour la première fois, la loi suivant laquelle l'intelligence humaine a successivement passé par trois états : l'état théologique ou fictif, dans lequel « des idées surnaturelles servent à lier le petit nombre d'observations isolées dont la science se compose alors » ; l'état métaphysique ou abstrait, dans lequel c'est à des « abstractions personnifiées » que l'esprit recourt pour établir des relations entre les faits ; enfin, « l'état scientifique et positif », « ce mode définitif de toute science quelconque [1] ». Simple extension, à l'histoire générale des progrès de la pensée humaine, d'une théorie par laquelle Saint-Simon avait cherché à rendre compte des transformations subies par la société occidentale, au cours des trois derniers siècles.

Nous connaissons la courbe du progrès humain. Quelles mesures prendre maintenant pour passer de la théorie à l'application, pour « faciliter et éclairer la marche nécessaire des choses [2] », hâter la transition du régime militaire au régime industriel, et « terminer la révolution » ? Il faut, nous dit Saint-Simon, déféodaliser, industrialiser la constitution politique des nations, et en particulier de la France. Mais pour cela, encore une fois, que faut-il faire ?

Il faut d'abord changer la loi des élections. Les industriels occupent trop peu de place dans le corps électoral, tel qu'il est actuellement constitué, pour que la Chambre des Députés, la « Chambre des Communes », puisse être considérée comme représentant véritablement les intérêts des producteurs. La France, en faisant la Révolution, a obtenu ce résultat, que les gouvernants soient désignés par l'élection, non par la naissance. Mais qui furent les électeurs ? Ce ne furent pas les industriels. Ce furent les « riches oisifs », les « bourgeois », c'est-à-dire « les militaires qui n'étaient pas nobles, les légistes qui étaient roturiers, les rentiers qui n'étaient pas privilégiés [3] ». M. de Villèle, en faisant de la patente une contribution directe, a déjà travaillé à industrialiser le corps électoral : dorénavant tous ceux qui paient la patente, à partir d'une certaine somme,

---

[1] *Œuvres*, vol. IX, pp. 75-76.
[2] *L'Industrie* ; *Œuvres*, vol. II, p. 166.
[3] *Catéchisme des Industriels* ; *Œuvres*, vol. VIII, p. 11.

sont devenus électeurs. Pourquoi ne pas prendre une mesure analogue en faveur des fermiers ? Pourquoi ne pas décider que l'impôt foncier sera payé désormais par le cultivateur qui exploite la terre, et non par le propriétaire oisif qui prélève le fermage ? Le fermier, l'industriel agricole, devenant contribuable, deviendra électeur [1]. Par des mesures de ce genre, on réussira, en modifiant la composition du corps électoral, à changer les préoccupations dont sont animés les membres du corps élu : ils feront désormais, pense Saint-Simon, la politique de l'industrie et non plus la politique du libéralisme abstrait. Observons cependant que jusqu'ici les revendications de l'industrialiste ne diffèrent guère de celles du simple libéral.

Mais Saint-Simon demande davantage. Il faut, à l'en croire, modifier profondément le caractère de la constitution politique, renoncer au principe électif, et, par voie d'« ordonnance », de décret, dirions-nous aujourd'hui, donner le pouvoir à des commissions qui seront constituées par les éléments dirigeants du monde industriel, qui représenteront, en d'autres termes, les degrés supérieurs de la hiérarchie industrielle, telle qu'elle existe effectivement et sans intervention du gouvernement. Une chambre d'*invention* par exemple, pourra être composée d'ingénieurs et d'artistes ; une chambre *d'examen* comprendra des physiciens et des mathématiciens ; une chambre *d'exécution* aura pour membres les principaux chefs des maisons industrielles, en nombre proportionnel à l'importance de chaque branche d'industrie [2]. Et voilà le modèle d'une constitution idéale où se trouve, en quelque sorte, transposée au mode industriel, la théorie gouvernementale de la division des trois pouvoirs. — Moins ambitieusement, on peut proposer l'établissement d'une chambre de l'industrie, composée des plus considérables parmi les cultivateurs, les négociants, les fabricants, les banquiers ; le ministre des Finances sera choisi parmi les membres de ce conseil, et établira le projet de budget d'accord avec ses collègues. Un conseil d'industriels et de savants, conçu sur le même plan, sera attaché au ministère de l'intérieur ; un conseil maritime, au ministère de la Marine [3]. — Voici enfin une réforme plus restreinte, à laquelle Saint-Simon finit par s'arrêter. Que l'on se

1 *L'Industrie,* mai ou juin 1818 ; *Œuvres,* vol. III, p. 90, sq.
2 *L'Organisateur,* Sixième lettre, décembre 1819 ; *Œuvres,* vol. IV pp. 50, sq.
3 *Système industriel,* 1821 ; *Œuvres,* vol. V, pp. 106, sq.

borne, sans rien changer à la composition du conseil des ministres, à créer « une commission supérieure des finances, composée des industriels les plus importants ». « Le roi peut superposer cette commission à son conseil des ministres. Il peut réunir cette commission tous les ans, la charger de faire le projet de budget, et la charger également du soin d'examiner si les ministres ont employé convenablement les crédits qui leur auront été accordés par le budget précédent, et s'ils ne les ont point dépassés [1]. » En suggérant ces mesures réformatrices, Saint-Simon n'est ni aussi utopique ni aussi novateur qu'il peut le paraître à première vue. Il s'inspire d'une série de mesures prises depuis le Consulat, sinon pour réorganiser les maîtrises et les jurandes, dont la nouvelle société industrielle ne veut plus, tout au moins pour adapter aux nouvelles conditions d'existence tout ce que cette société pourra supporter en fait d'organisation. C'est ainsi que Napoléon et Louis XVIII avaient créé un certain nombre de commissions consultatives permanentes, chambres de commerce, chambres consultatives des manufactures, fabriques, arts et métiers, conseil général du commerce, conseil général des manufactures. Ces institutions, non plus politiques et gouvernementales, mais économiques et administratives, expression aussi adéquate que possible de la hiérarchie réelle des fonctions industrielles, ont certainement servi de modèle aux institutions que réclame Saint-Simon [2]. Les réformes qu'il réclame tendent non pas à fabriquer une nouvelle formule de gouvernement, mais à abolir, autant que possible, toutes les institutions gouvernementales, à les vider en quelque sorte de tout contenu, pour leur substituer l'organisation effective et spontanée de la société industrielle. En attendant de réaliser ce programme intégralement, il faut s'attacher à subordonner autant que possible la politique à l'industrie. M. de Villèle a été le véritable initiateur de l'industrialisme lorsqu'on 1819, pour établir le budget et fixer les conditions de l'emprunt, il a fait appel à une commission extraparlementaire où siégaient, nommés par le gouvernement, tous les grands banquiers de Paris [3]. Cette démarche inspire certainement Saint-Si-

---

1 Catéchisme des Industriels, 1822 ; Œuvres, vol. VIII, p. 67.
2 V. des projets assez voisins de ceux de Saint-Simon chez son contemporain F.-E. Fodéré, *Essai historique et moral sur la pauvreté des nations, la population, la mendicité, les hôpitaux et les enfants trouvés*, 1825, pp. 287-288, 320-321.
3 Catéchisme des Industriels ; Œuvres, vol. VIII, pp. 30-31.

mon, comme elle a attiré son attention sur le rôle important joué par les banques et les banquiers à la tête de la société industrielle. Voilà, en tout cas, les seules réformes constitutionnelles qui soient utiles. Toutes celles qui ne se fondent que sur des arguments de juristes sont vaines. Et pourquoi ? C'est, nous dit Saint-Simon, que la chose importante, ce n'est pas la constitution des pouvoirs gouvernementaux, c'est la constitution, ou, ce qui revient au même, c'est la distribution de la propriété. Le véritable but que l'on devrait poursuivre, en travaillant à industrialiser la constitution, ce serait donc d'opérer un transfert de propriété, favorable à l'augmentation de la production.

Voici donc un point sur lequel il semble enfin que la politique industrielle de Saint-Simon s'oppose nettement à la politique des économistes libéraux. Ceux-ci n'ont jamais pensé qu'il rentrât dans les attributions de ceux qui dirigent la société d'intervenir dans la constitution de la propriété. Il faut faire attention, cependant, à la manière dont Saint-Simon fait l'application de ce principe.

Il demande la réduction indéfinie des fonctions militaires et gouvernementales, de plus en plus inutiles au fur et à mesure des progrès accomplis par le genre humain et, du même coup, la réduction indéfinie des traitements qui sont attachés à l'exercice de ces fonctions : ainsi de la richesse serait enlevée à ceux qui gouvernent sans rien faire et restituée à ceux qui la produisent. Mais les économistes libéraux ont-ils jamais dit autre chose ? Saint-Simon fait observer encore que la notion de propriété n'est pas une notion simple, et que les juristes ne la définissent pas de la même manière, suivant qu'il s'agit de biens mobiliers ou de biens immobiliers. Si un capitaliste avance des fonds à un industriel, celui-ci exerce, sur les fonds dont il n'a que la jouissance temporaire et conditionnelle, des droits légaux qui équivalent à ceux d'un véritable propriétaire. Il en va tout autrement lorsqu'un propriétaire foncier loue une terre à un cultivateur : celui-ci devra, pendant le temps que durera pour lui la jouissance du fonds, se soumettre à un contrôle perpétuel et gênant du propriétaire oisif. Mettre en ces matières le producteur agricole sur le même pied que le producteur des manufactures, ce sera encore, si l'on veut, opérer un transfert de propriété, exercé aux dépens du propriétaire au sol [1]. Mais les économistes libéraux

---

1 *L'Industrie* ; *Œuvres,* vol. III, pp. 84, sq.

ne sont-ils pas d'accord avec Saint-Simon pour réclamer cette mobilisation de la propriété territoriale ?

Reste le projet d'« éducation publique générale » qu'il charge la « Chambre d'examen » de rédiger, dans le nouveau système politique dont il trace le plan. Encore beaucoup d'économistes de l'école libérale étaient-ils disposés à admettre que l'État intervînt pour distribuer équitablement à tous les enfants un minimum d'instruction supposé nécessaire. Reste donc seulement, en dernière analyse, l'article IV du plan de réformes qu'il propose au roi en 1826, et qui est rédigé comme il suit : « Le premier article du budget des dépenses aura pour objet d'assurer l'existence des prolétaires, en procurant du travail aux valides et des secours aux invalides. » Cette double affirmation du droit à l'existence et du droit au travail peut être considérée comme constituant, chez Saint-Simon, le premier germe du futur « socialisme » saint-simonien. Cependant, jusqu'à ses derniers jours, Saint-Simon semble persister à considérer Adam Smith et J.-B. Say comme ses maîtres. Faut-il ne pas l'en croire ? Peut-on opposer une phrase isolée à ces allégations formelles ? Ce n'est pas ainsi, en réalité, que nous voudrions poser le problème que soulève l'interprétation de la doctrine sociale de Saint-Simon. Nous considérons que cette doctrine tout entière, à l'insu peut-être de Saint-Simon lui-même, repose sur un principe contraire à celui de l'économie politique, classique. Elle ne constitue pas assurément un socialisme explicite, mais elle renferme, à l'état latent, les éléments du socialisme qui va se développer dans l'école, au lendemain même de la mort du maître.

La société industrielle, telle que la conçoit Saint-Simon, est une hiérarchie de fonctions. Les uns y travaillent sous la direction des autres, qui sont « les chefs de l'industrie [1] ». Chacun des membres de cette hiérarchie est rétribué selon son rang ; et chacun occupe le rang que lui assigne sa capacité. Mais comment, en vertu de quel principe et de quelle règle, se fait le choix des plus capables ? Est-ce l'élection, ou la concurrence, ou la cooptation qui désigne les chefs de la hiérarchie, depuis les rangs les plus infimes jusqu'aux plus élevés ? C'est ce qu'il faut comprendre, si l'on veut comprendre aussi le véritable caractère de l'économie industrielle selon Saint-Simon.

Ce n'est certainement pas à l'élection que Saint-Simon propose

---

1 Organisateur : Œuvres, vol. IV, p. 50.

de recourir, pour désigner les directeurs de l'organisation économique. Le seul ouvrage où il semble vouloir faire une place, dans son système de réformes, au principe électif, c'est le premier fragment des *Opinions littéraires, philosophiques et industrielles,* publié seulement après sa mort. Quelle importance faut-il attacher aux observations qu'il y présente ? Il invoque l'exemple de ce qui se passe dans une société d'actionnaires, et conclut : « Le principe fondamental d'une gestion administrative est que les intérêts des administrés doivent être dirigés de manière à faire prospérer le plus possible le capital de la société, et à obtenir l'approbation et 'appui de la majorité des sociétaires [1] ». Mais qui sont, dans l'espèce, ces sociétaires dont l'industriel a besoin d'obtenir l'appui ? Ce ne sont pas les ouvriers qu'il dirige : ce sont les capitalistes qui lui avancent leurs fonds, c'est-à-dire, en fin de compte, non des travailleurs, mais des oisifs. On ne saurait donc se fonder sur cette analogie, présentée d'ailleurs en passant, et si peu rigoureuse, pour supposer que la doctrine sociale de Saint-Simon aurait, sur le tard, évolué dans le sens démocratique. Dans le même ouvrage, Saint-Simon demande, à la classe des prolétaires étant aussi avancée en civilisation fondamentale que celle des propriétaires, que la loi les admette comme sociétaires » [2]. Cela ne revient-il pas à dire que, dans la nouvelle société, ils seront capables d'exercer le droit de suffrage ? Mais faisons attention que Saint-Simon se borne à reproduire ici, presque textuellement, une opinion auparavant présentée par Auguste Comte dans l'*Organisateur,* et qu'Auguste Comte, dans le passage dont nous voulons parler, ne songeait nullement à une organisation démocratique de la société. Il ne voulait parler que de l'organisation industrielle telle qu'elle existe actuellement, où les chefs *dirigent* sans *commander*, et traitent, nous disait Auguste Comte, leurs ouvriers en *sociétaires*, non en *sujets*. De sorte qu'Auguste Comte pouvait conclure quelques pages plus loin, sans se contredire, que pour l'établissement définitif du nouveau système, « le peuple a été éliminé de la question : c'est pour le peuple que la question se résoudra, mais il y restera extérieur et passif [3] ». Saint-Simon pense exactement de même : il n'est pas démocrate pour cette raison « positive » que l'idéal démocratique

---

1 *Opinions,* etc., p. 129.
2 *Opinions*, etc., pp. 95, sq.
3 *Œuvres* de Saint-Simon, vol. IV, p. 158.

n'est pas conforme aux faits, tels que nous les fournit l'observation de la société industrielle.

S'il arrive en France, et plus encore en Angleterre, que les ouvriers se laissent séduire par la prédication démocratique, c'est la faute des métaphysiciens et des légistes, inventeurs de la théorie de la souveraineté du peuple, dont l'utilité, toute « négative », fut de servir à détruire la théorie féodale du droit divin. C'est la faute aussi des chefs de l'industrie, qui se laissent trop séduire par le prestige de la classe gouvernante. « Ils n'éprouvent point le sentiment de la supériorité de leur classe ; presque tous désirent en sortir pour passer dans la classe des nobles [1]. » Malgré tout ils restent les chefs naturels des ouvriers ; et, comme ils possèdent la capacité nécessaire pour diriger ceux-ci, ceux-ci de leur côté sont instinctivement portés à exécuter leurs instructions. Pareillement, il est naturel qu'ils soient différemment rétribués, puisque leurs tâches sont différentes. Cette inégalité constitue « l'égalité industrielle », par opposition à « l'égalité turque » — ou jacobine — qui implique « l'égale admissibilité à l'exercice du pouvoir arbitraire [2] ». La société industrielle, telle que la définit Saint-Simon, n'est donc point démocratique. Or, le socialisme moderne est une doctrine essentiellement démocratique. Il faudrait donc conclure que la doctrine sociale de Saint-Simon n'est pas un socialisme, si d'autre part elle ne s'opposait point, par des traits aussi essentiels, à la doctrine sociale d'Adam Smith et de J.-B. Say.

Adam Smith, J.-B. Say et toute leur école se placent au point de vue du consommateur. Ils considèrent le monde économique comme étant constitué essentiellement par un public de consommateurs, auxquels les producteurs viennent offrir leurs produits, et qui se fournissent auprès de celui des concurrents dont ils obtiennent au moindre prix la plus grande quantité et la meilleure qualité des objets dont ils ont besoin. Il ne faut pas objecter que les consommateurs sont en même temps des producteurs ; car il résulte du mécanisme de l'échange que nul — ou peu s'en faut —- n'est producteur et consommateur sous le même rapport. Les marchandises que chacun produit, il ne les consomme pas. Celles qu'il consomme, il les a presque toujours achetées à d'autres producteurs. Tous les

---
1 Catéchisme des Industriels ; Œuvres, vol. VIII, p. 55.
2 Système industriel ; Œuvres, vol. VI, p. 17.

La doctrine économique Saint-Simonienne

hommes sont d'ailleurs consommateurs ; de sorte que l'intérêt des consommateurs, c'est l'intérêt du genre humain tout entier. Si l'intérêt général se trouve lésé, c'est quand un groupe de producteurs, favorisé par un monopole, impose un prix factice, pour les marchandises qu'il fournit à l'universalité des consommateurs.

Or, c'est à peine si, dans les écrits de Saint-Simon, on rencontre deux ou trois fois l'expression de son adhésion formelle à cette conception de l'économie industrielle [1] ; encore est-ce exclusivement dans les ouvrages qu'il publia lorsqu'il travaillait de concert avec les publicistes libéraux et en collaboration avec Augustin Thierry. En réalité, sa manière de concevoir les phénomènes économiques est tout autre ; ce n'est pas, comme les économistes classiques, au point de vue du consommateur, c'est au point de vue du producteur qu'il se place. Il considère le genre humain comme composé, en très grande majorité, de producteurs, associés en vue de collaborer à l'accroissement de la richesse sociale, et rémunérés chacun selon son travail, ou plus exactement, selon sa « mise sociale » : capital avancé et travail fourni. Saint-Simon réserve la dénomination de « consommateurs » à ceux qui, dans la société, ne cumulent pas les qualités de consommateurs et de producteurs, mais qui, sans produire, consomment le produit du travail des autres. S'il arrive que, dans la société économique, l'intérêt général se trouve lésé, c'est quand le groupe des consommateurs, définis comme on vient de voir, ou, si l'on veut, des non-producteurs, prélève une dîme sur le produit du travail des producteurs, c'est-à-dire de l'immense majorité des individus qui composent l'espèce [2].

Qu'est-ce donc que le régime gouvernemental, ou militaire ? C'est un régime où les consommateurs exploitent les producteurs. Qu'est-ce au contraire que le régime industriel ? C'est un régime où les producteurs ont secoué le joug des consommateurs, et repris, pour leur compte, l'administration de la société industrielle. En vertu de quel principe enfin s'effectue, dans cette administration, la distribution des rangs ? Ce n'est, nous l'avons vu, ni l'élection, ni la concurrence, entendue comme l'entendent les économistes classiques, qui confèrent la jouissance des fonctions sociales et des traitements qui s'y trouvent attachés ; c'est plutôt, semble-t-il, ce

---

1 V. notamment *L'Industrie,* vol. II, « Objet de l'entreprise » (*Œuvres,* vol. II, p. 131.)
2 V. notamment *L'Industrie* ; *Œuvres,* vol. VIII, pp. 83-84.

61

que l'on pourrait appeler une sorte de cooptation administrative, c'est-à-dire une concurrence encore, mais entendue en un sens nouveau. On peut concevoir en effet deux sortes de concurrence : l'une en vertu de laquelle le consommateur choisit son fournisseur, et l'autre en vertu de laquelle le fournisseur choisit ses employés. Or, dans la société industrielle telle que Saint-Simon la conçoit, c'est la deuxième sorte de concurrence qui rend compte de la distribution des rangs et des récompenses. Ceux qui occupent des rangs inférieurs dans la société se font concurrence les uns aux autres pour obtenir que leurs chefs les distinguent, et leur donnent l'avancement auquel ils aspirent. Au sommet de la hiérarchie administrative se trouvent les banquiers. Un industriel réussit, selon Saint-Simon, non pas exactement dans la mesure où il satisfait, mieux que ses rivaux, les besoins des consommateurs, mais dans la mesure où il sait, mieux que les autres, obtenir la confiance, le « crédit des banquiers ». Les sommes que ceux-ci consentent à lui avancer sont à la fois la récompense de ses aptitudes, et le moyen pour lui de les rendre productives, dans l'intérêt du genre humain.

Ainsi se trouvera réalisée, dans la société industrielle, la conciliation de l'intérêt de tous avec l'intérêt de chacun. Mais ce ne sera pas en vertu du même principe que dans la théorie des économistes classiques. Le principe d'identification des intérêts, selon Adam Smith, c'était le principe de la concurrence commerciale ; suivant Saint-Simon, c'est le principe de l'émulation professionnelle. D'ailleurs Saint-Simon ne pense pas qu'il suffise, pour réaliser l'harmonie des intérêts, de faire appel à l'égoïsme des individus. Sur ce point encore, son « positivisme » s'oppose à l'utilitarisme de Bentham et de l'école anglaise. Il affirme avec insistance dans ses derniers ouvrages, dans son *Système industriel*, dans son *Catéchisme des industriels*, et surtout dans son *Nouveau Christianisme,* que la politique doit s'achever par une morale, une religion. Charles X monte sur le trône : les philosophes de l'école théocratique font maintenant partie des conseils du gouvernement. Dans l'opposition libérale, les protestants et les demi-protestants sont nombreux : Benjamin Constant, le duc de Broglie, Guizot, J.-B. Say, Victor Cousin lui-même, s'il n'est pas protestant, propage en France les idées métaphysiques du luthéranisme allemand. Entre le catholicisme réactionnaire et l'individualisme protestant, Saint-Simon s'érige en arbitre. C'est à la morale positive et industrielle, et à elle seule, qu'il appartient dorénavant de réaliser le précepte chrétien : *Aimez-vous les uns les autres.*

Ce précepte, il arrive sans doute à Saint-Simon de l'interpréter à la manière d'Helvétius et de Bentham. Pourquoi les hommes ne savent-ils pas réaliser l'harmonie de leurs intérêts ? C'est par ignorance de leurs véritables intérêts. « Le code de la morale chrétienne, écrit Saint-Simon, a lié tous les hommes par leurs sentiments, mais il n'a point traité la question de leurs intérêts... L'ancienne doctrine avait fondé la morale sur des croyances ; la nouvelle doit lui donner pour base la démonstration que tout ce qui est utile à l'espèce est utile à l'individu, et, réciproquement, que tout ce qui est utile à l'individu l'est aussi à l'espèce [1]. » Mais il s'exprime encore autrement. Il déplore que « la décadence des doctrines générales anciennes » ait rendu les individus incapables de désintéressement, « laissé développer l'égoïsme, qui envahit de jour en jour la Société, et qui s'oppose éminemment à la formation des nouvelles doctrines. Il saut donc mettre en jeu la philanthropie pour le combattre et pour le terrasser [2] ». C'est donc non sur l'égoïsme réfléchi, mais sur « la force du sentiment moral » qu'il compte pour terminer la crise que traverse le genre humain. « La vérité, à cet égard, vérité qui a été constatée par la marche de la civilisation, c'est que la passion du bien public agit avec beaucoup plus d'efficacité pour opérer les améliorations politiques que celle de l'égoïsme des classes auxquelles ces changements doivent être le plus profitables. En un mot, l'expérience a prouvé que les plus intéressés à .l'établissement d'un nouvel ordre de choses ne sont pas ceux qui travaillent avec le plus d'ardeur à le constituer [3]. » Nous voilà aussi loin que possible d'Helvétius et de Bentham. La condition de l'harmonie des intérêts, c'est que chacun des membres de la société, non seulement sache connaître son intérêt, mais soit capable de s'élever jusqu'à la considération de l'intérêt général. Le mobile humain fondamental, dans la théorie des économistes classiques, c'est la désir de s'enrichir, tempéré par la crainte d'être condamné. Dans la théorie de Saint-Simon, c'est le désir de s'enrichir, tempéré par l'enthousiasme social.

---

1 Système industriel ; Œuvres, vol. V, p. 177.
2 Système industriel ; Œuvres, vol. V, p. 21.
3 Système industriel ; Œuvres, vol VI, p. 120.

Dans l'histoire des origines du socialisme moderne, nous devons faire une place à part au socialisme saint-simonien ; il présente ce caractère singulier d'être sorti de l'économie politique libérale, et d'en être sorti par une évolution insensible. C'est à peine si Saint-Simon paraît avoir conscience qu'il enseigne une doctrine différente de celle qu'enseigne à côté de lui J.-B. Say. Lui-même ne tire pas toutes les conséquences des principes qu'il énonce. Il veut que toute la richesse sociale soit distribuée entre ceux qui l'ont produite, au détriment des oisifs. Après quoi, il définit l'« égalité industrielle » comme consistant « en ce que chacun retire de la société des bénéfices exactement proportionnés à sa mise sociale, c'est-à-dire à sa capacité positive, à l'emploi utile qu'il fait de ses moyens, parmi lesquels il faut comprendre, bien entendu, ses capitaux [1] ». Mais comment considérer un capital comme faisant partie de la « capacité positive » d'un individu ? Et le capitaliste qui, sans travailler, exige un intérêt de son capital, comment ne pas le considérer lui aussi comme un oisif qui prélève une dîme sur le produit du travail d'autrui ? Que ce prélèvement ne réponde pas au principe de l'« égalité industrielle », c'est ce qui paraît plus évident encore, lorsque ce capital n'a pas été produit par le travail de celui qui en a la jouissance, lorsqu'il lui a été transmis par héritage. « Le système industriel, écrit Saint-Simon, est fondé sur le principe de l'égalité parfaite ; il s'oppose à l'établissement de tout droit de naissance et de toute espèce de privilège [2]. » Comment alors peut-il écrire, sans se contredire, « que la richesse, est, en général, une preuve de capacité chez les *industriels*, même dans le cas où ils ont hérité de la fortune qu'ils possèdent [3] » ? Voilà les problèmes que Saint-Simon laisse à ses disciples le soin de résoudre. L'essentiel est que sa doctrine sociale les pose déjà, et constitue déjà un socialisme, en ce sens qu'elle considère comme possible et comme se réalisant graduellement une organisation centralisée du travail industriel et une distribution concertée de la richesse sociale.

Le mot « socialisme » n'est pas prononcé. Il s'en faut de dix ans qu'il devienne courant, lorsque Saint-Simon meurt en 1825. Mais le maître vient à peine de mourir, il n'est pas encore mort, que déjà ses disciples dénoncent, en termes caractéristiques, l'« esprit d'in-

1 Système industriel ; Œuvres, vol. VI, p. 17.
2 Catéchisme des industriels ; Œuvres, vol. VIII, p. 61.
3 Système industriel ; Œuvres, vol. V, p. 49.

dividualité » et l'« individualisme [1] » ; et Saint-Simon et ses élèves ne font-ils pas de l'adjectif « social » un emploi qui fait pressentir déjà l'apparition du substantif correspondant. « Les industriels, écrit Saint-Simon, sentent bien qu'ils sont les plus capables de diriger les intérêts pécuniaires de la nation, mais ils ne mettent point cette idée en avant dans la crainte de troubler momentanément la tranquillité ; ils attendent patiemment que l'opinion se forme à ce sujet, et qu'une doctrine *vraiment sociale,* les appelle au timon des affaires [2]. » Et Enfantin, qui vient d'adhérer à la doctrine de Saint-Simon, qui va contribuer, plus que personne, à la transformer en un socialisme intégral, écrit un mois à peine après la mort de son maître. « Nous montrerons comment il arrive que la production soit toujours plus réellement dirigée par les producteurs, sans nous occuper de rechercher ce que feront ceux-ci, lorsque l'influence administrative qui sera un jour dans leurs mains sera superposée à l'influence gouvernementale qui est dans les mains des oisifs ; mais il n'en sera pas moins démontré que *lorsque l'administration de la production sera sociale,* sera complètement dépendante de la volonté des plus habiles producteurs, quels que soient les moyens administratifs qu'ils emploieront, ils seront toujours aussi favorables que possible au bien-être de la production [3]. »

2. — La doctrine économique des saint-simoniens

Si les observations que nous avons présentées dans l'article précédent sont exactes, il faut admettre que les principes essentiels du « socialisme » saint-simonien de 1830 se trouvent déjà dans la doctrine de Saint-Simon lui-même ; c'est à lui que Bazard et Enfantin, grands prêtres de la « religion saint-simonienne » doivent la notion de « l'association universelle sous le point de vue de l'industrie, état dans lequel les différentes nations réparties sur la sur-

---

[1] Auguste Comte, *lettre à Valat,* 30 mars 1825 (pp. 164-165). La décadence inévitable des doctrines religieuses a laissé sans appui la partie . généreuse du cœur humain, et tout s'est réduit à la plus abjecte individualité... L'esprit d'individualité a pénétré dans toutes les classes. — » Cf. *Producteur,* vol. II, p. 56 (article de Gondinet). — Individualisme : Producteur, vol . II, p. 162 (article de Rouen) ; vol. III, pp. 389, 403. — Individualiste : *Producteur*, vol. IV, p. 298 (article de Rouen).
[2] Catéchisme des Industriels, Œuvres, vol. VIII, pp 11-12.
[3] Lettre à Thérèse Nugues, 18 août 1825.

face du globe ne doivent plus se présenter que comme les membres d'un vaste atelier, travaillant, sous une impulsion commune, à l'accomplissement d'un but commun [1] ». Cela ne veut pas dire que l'opinion contraire, généralement accréditée, ne s'explique par de très fortes considérations. En effet, tant que Saint-Simon vécut, il y eut, dans le public qui lisait ses manifestes et ses opuscules, un malentendu sur la doctrine. Saint-Simon avait beau insister sur la distance qui séparait son industrialisme du libéralisme courant, les libéraux persistaient à le regarder comme un des leurs. N'avaient-ils pas pour ennemis communs les fonctionnaires gouvernementaux, dont ils étaient d'accord pour demander que l'on réduisît le nombre et que l'on rognât les traitements ? Saint-Simon dénonçait d'une façon générale les « riches-oisifs » : mais il suffisait d'entendre par là, comme il faisait lui-même chaque fois qu'il passait des principes à l'application, soit les propriétaires fonciers, soit les détenteurs de rentes d'État, pour que de nouveau l'accord parût complet entre Saint-Simon et les publicistes libéraux. Ne continuait-il pas lui-même à tenir Adam Smith et J.-B. Say, les fondateurs du libéralisme économique, pour ses maîtres ? Le malentendu persista jusqu'à la mort de Saint-Simon. Mais lorsqu'il mourut en 1825, il était difficile que le malentendu se prolongeât.

Les disciples de Saint-Simon lurent les *Nouveaux principes d'Économie politique* de Sismondi. Ils lurent les articles par lesquels, dans la *Revue encyclopédique*, Sismondi défendait, contre J. B. Say, son hérésie économique [2]. Sismondi avait fait, en 1818, le voyage d'Angleterre, causé et discuté avec Ricardo, visité les centres manufacturiers, constaté la misère des classes laborieuses, et observé une des crises qui, périodiquement, rendaient cet état de misère intolérable. Il avait cherché à se rendre compte des causes de ces crises, à expliquer comment l'invention des machines qui venaient de multiplier prodigieusement le rendement du travail humain, avait eu cependant pour effet de rendre plus précaire qu'auparavant l'existence de la grande majorité des travailleurs. Il avait développé, en s'inspirant des écrits de Robert Owen, la théorie de la concen-

---

1 *Exposition de la Doctrine,* Première année, 1re éd., p, 107.
2 *Revue Encyclopédique,* vol. XXII, pp. 264-399 ; 1824 et *Économie politique. Sur la balance des consommations avec les productions,* par Sismondi. Réponse de J.-B. Say, vol. XXIII, pp. 18, sq. ; juillet 1824. — V. dans le même numéro, pp. 67, sq, un article signé S. (Sismondi) sur l'*inquiry* de William Thomson.

tration industrielle. L'effet de la concurrence commerciale n'est pas, à l'en croire, de rétablir constamment l'équilibre des richesses après des oscillations passagères, et de tendre finalement à l'égalisation des conditions économiques. L'effet nécessaire de la concurrence, c'est d'avantager les plus forts aux dépens des plus faibles, et par suite d'aggraver constamment l'inégalité des fortunes.

Pour réussir, dans une société commerçante et progressive, il faut être en état de modifier rapidement, au fur et à mesure des inventions nouvelles, son outillage industriel ; et, pour être en état de faire ce sacrifice de capitaux, il faut d'abord être riche. D'où la concentration des travaux : un nombre toujours plus petit d'entreprises toujours plus grandes. D'où la concentration des fortunes : un nombre toujours plus petit d'individus toujours plus riches, en face d'un nombre toujours plus grand de misérables. D'où encore l'impossibilité où se trouvent les manufacturiers d'écouler leurs produits dans les pays où ils ont été fabriqués. Qui les absorberait ? Les riches ? Ils sont très riches en effet, mais ils sont très peu nombreux ; et d'ailleurs les produits de la grande industrie ne sont pas des objets de luxe, ce sont des objets d'utilité commune et de consommation populaire. Les ouvriers seront-ils donc les acheteurs ? Ils sont très nombreux, en effet, mais très mal payés, et hors d'état de racheter, avec leurs salaires le produit de leur propre travail. D'où enfin la nécessité pour les fabricants de chercher des débouchés à l'étranger. Mais il est inévitable que chaque nouveau marché se trouve bientôt saturé de marchandises à son tour et que l'engorgement se reproduise. Les économistes ont donc tort, selon Sismondi, de nier, comme ils font généralement, en se fondant sur des arguments *a priori*, la possibilité d'une surproduction économique. Les pays industriellement les plus avancés produisent trop ; et Sismondi, sans indiquer très nettement quel remède il propose d'apporter au mal, se montre disposé à croire que l'État pourrait intervenir pour limiter la production, et éviter que l'accroissement de la productivité du travail devançât l'accroissement des besoins.

Au moment où Sismondi écrivait, la France n'avait pas encore éprouvé les crises dont souffre l'Angleterre ; et Saint-Simon s'en réjouissait. Si les chefs de l'industrie n'étaient pas, comme en Angleterre, en lutte avec leurs ouvriers, c'était, pensait-il, un signe que la France était destinée à réaliser avant l'Angleterre ce régime industriel fondé sur l'établissement pacifique, entre tous les degrés de la hiérarchie, de rapports de solidarité spontanée. Mais, s'il n'avait pas encore éclaté de conflits sérieux entre les patrons français et leurs ouvriers, n'était-ce pas simplement parce que l'industrie française, épuisée par vingt ans de révolution et de guerre, n'avait pris encore, aux approches de 1820, qu'un très médiocre développement ? Si elle venait à se développer, n'était-il pas à prévoir qu'elle devrait traverser les mêmes crises dont avait souffert l'industrie anglaise ? En 1826, la crise se produisit : et Sismondi, publiant la deuxième édition de ses *Nouveaux principes*, put se vanter d'avoir été prophète. Ainsi se pose, vers cette date, pour les disciples de Saint-Simon, un problème économique nouveau, qu'ils doivent essayer de résoudre conformément aux principes posés par leur maître [1]. Peuvent-ils admettre, avec Sismondi, qu'il y aura jamais excès de production ? Saint-Simon a assigné pour but unique à la société la production, et la production la plus intense. Lorsqu'après sa mort ses disciples fondent une revue pour propager ses idées, cette revue s'appelle *Le Producteur*. Peuvent-ils d'autre part admettre, avec J.-B. Say, que les phénomènes de surproduction dénoncés par Sismondi sont purement illusoires, et que tout produit doit nécessairement trouver son débouché sous le régime de la libre concurrence ? Aux yeux de Saint-Simon, la société industrielle tend à sa perfection, dans la mesure où elle s'organise ; et clic sera parfaitement organique le jour où tous les membres de la société, dans toutes les branches de l'industrie, travailleront de concert à la poursuite d'un but commun. Comment admettre alors que l'équilibre de la production et de la consommation puisse s'établir par le simple jeu de la concurrence aveugle que les individus se font les uns aux autres, sans une entente préalable des producteurs ? Il est donc nécessaire, si les principes de la philosophie économique de Saint-Simon sont vrais, que les saint-simoniens adoptent une attitude intermédiaire entre celle de Sismondi et celle de J.-B. Say.

Les disciples de Saint-Simon lurent encore, un peu plus tard, les ouvrages de Fourier. Ce fou n'avait encore que peu de disciples et peu de lecteurs. Les saint-simoniens furent les premiers à lui donner quelque crédit, en attendant le jour où la dispersion de leur

---

1 V. *Le Producteur,* vol. V., p. 94, sq. l'article signé P. E. (Prosper Enfantin), sur les *Nouveaux principes* de Sismondi.

« église » devait fournir à l'école fouriériste quelques-uns des plus intelligents et des plus actifs parmi s3s adeptes. Ils trouvèrent chez Fourier tout à la fois un système social et un système de l'univers : et l'exemple de Fourier les détermina peut-être en partie ù transformer la philosophie « positive » de Saint-Simon on un panthéisme métaphysique [1]. Ils trouvèrent chez Fourier une critique de la concurrence, qui n'était pas sans avoir de lointaines analogies avec la critique de Robert Owen et de Sismondi : la concurrence aboutit à la constitution de monopoles commerciaux, le commerçant s'interposant entre le producteur et le consommateur pour s'enrichir aux dépens de l'un et de l'autre. « Féodalité commerciale », dit Fourier ; et il est fort probable que cette expression fouriériste n'a pas été sans influer sur les saint-simoniens, lorsqu'ils comparèrent les progrès de la concentration industrielle aux progrès accomplis, vers le XIe siècle de notre ère, par la féodalité militaire. Les saint-simoniens trouvèrent encore chez Fourier toute une psychologie très compliquée, beaucoup plus compliquée que la psychologie rudimentaire des économistes orthodoxes ; cinq passions passives, quatre passions actives et trois passions distributives, les plus importantes de toutes pour qui veut comprendre le mécanisme de la société économique. Or, parmi ces trois passions « distributives », l'une était de nature à retenir l'attention des saint-simoniens : la *composite* est une « espèce de fougue aveugle », nous dit Fourier, c'est cet enthousiasme, mélange de passions diverses, qui s'empare des individus par le fait même qu'ils sont réunis, qu'ils constituent une foule. C'est donc, en fin e compte, ce zèle qui, dans la doctrine saint-simonienne, dirige en vue d'un but commun les efforts de tous les membres de la société industrielle et transforme en émulation leur rivalité. C'est la « composite » qui doit inspirer les soldats des « armées industrielles [2] » que Fourier envoie à la conquête économique du monde entier, pour dessécher les mers, fertiliser les déserts, et faire régner enfin, à la surface de la terre, un éternel printemps : nous retrouverons, chez les saint-simoniens de 1830, les « armées industrielles » de Fourier.

Enfin et surtout les disciples de Saint-Simon trouvèrent, chez

---

1 Sur les emprunts du Saint-Simonisme à Fourier, v. II. Bourgin, *Fourier, Contribution à l'étude du socialisme français,* 1905, pp. 416, sq.
2 Théorie des quatre mouvements, pp. 263-267, Théorie de l'unité universelle, pp. 95-97.

Fourier, la solution du problème posé par la polémique qu'avaient engagée dans la *Revue encyclopédique* Sismondi et J.-B. Say. Il faut toujours approuver, disait J.-B. Say, un accroissement de la productivité industrielle : car il est impossible qu'un produit, une fois jeté sur le marché, ne finisse par se distribuer, par trouver un consommateur. Il faut condamner, répliquait Sismondi, un accroissement de la production qui n'est pas précédé, comme cela peut arriver, comme cela arrive en effet, d'une meilleure distribution. Fourier renverse le problème. La thèse qu'il soutient, c'est que la condition nécessaire d'un accroissement de la production, c'est une meilleure distribution des tâches et des richesses entre les travailleurs. Sous le régime de la concurrence, il y a dispersion, incohérence, aveuglement des efforts individuels. Il faut une organisation systématique, où chacun trouve son plaisir à exécuter une tâche qui lui convient, et reçoive une rémunération équitable de la tâche une fois accomplie pour qu'il y ait, comme dit Fourier « quadruple produit ».

Se fonder sur les principes énoncés par Saint-Simon pour instituer la critique de la concurrence, telle est l'œuvre à laquelle s'attachèrent ses disciples, au lendemain même de sa mort. C'étaient entre autres Olinde Rodrigues, employé d'une maison de banque, et qui, depuis deux ans, faisait vivre Saint-Simon de ses subsides ; Saint-Amand Bazard conspirateur fameux, fondateur de sociétés secrètes, dégoûté maintenant de la phraséologie politique et révolutionnaire ; Prosper Enfantin surtout, employé comme Olinde Rodrigues dans une maison de banque, et qui contribua plus que les autres au développement de la doctrine économique, en attendant le jour où il allait transformer le saint-simonisme en un dogme métaphysique, et le compliquer d'une organisation ecclésiastique et rituelle. [1] Ils fondèrent une publication hebdomadaire d'abord, puis mensuelle, *Le Producteur* ; et les attaques contre le régime de la concurrence redeviennent de plus en plus âpres, de numéro en numéro, à mesure que la contradiction devient plus évidente, aux yeux des saint-simoniens, entre les formules courantes de l'économie politique classique et les idées maîtresses de l'économie politique dont Saint-Simon vient de définir les principes. D'abord, on laisse passer des articles dont les auteurs dé-

---

1 Sur le groupe Saint-Simonien, voir S. Charléty, *Histoire du Saint-Simonisme*, 1896.

clarent « désirer la concurrence, puissant motif de perfection », se bornant seulement à ajouter qu'ils ne se refusent pas « à voir les maux *passagers* dont elle est cause [1] ». On rend hommage à Adam Smith, qui contribua le premier à faire prédominer, dans les vues des gouvernements, le point de vue commercial et industriel sur le point de vue politique et militaire [2]. Mais Adam Smith n'a-t-il pas fait reposer sa philosophie économique tout entière sur la notion de concurrence ? Bientôt on commence à exprimer le regret que les économistes, après avoir fondé « cette science nouvelle et parvenue presque à son origine à l'état positif », aient essayé de la « subordonner à la politique critique », de la « réduire aux étroites proportions de l'individualisme [3] ». Ce sont, pour l'instant, des contemporains, les anciens amis de Saint-Simon, Charles Comte et Dunoyer, que l'on rend responsables de cette confusion. Mais on finit par s'en prendre à Adam Smith lui-même.

Adam Smith a fondé l'économie politique comme science positive : seulement il était le contemporain de Voltaire, de Rousseau et des légistes qui firent les révolutions d'Amérique et de France. Il ne pouvait pas ne pas être un individualiste, il ne pouvait pas éviter d'écrire sous l'empire des « idées critiques », qui étaient alors en vogue. Or on sait quelle valeur l'école saint-simonienne attache aux idées critiques : une « valeur négative [4] », une « valeur de destruction [5] ». Quels qu'eussent été les bienfaits accomplis au moyen âge par les corporations, il était utile, au XVIIIe siècle, que ce qu'il y avait en elles d'exclusif et d'étroit fût détruit. Le vrai rôle de la doctrine de la libre concurrence a été d'élargir le cercle à l'intérieur duquel s'opèrent les échanges, et de permettre à l'homme de concevoir une grande république mercantile, comprenant l'espèce tout entière, à la place des anciens marchés locaux, provinciaux ou nationaux. Mais l'erreur est de croire que la concurrence soit, ou doive être à jamais la loi suivant laquelle, sur ce vaste marché, les produits de l'industrie humaine s'échangent les uns contre les autres. « Et qui donc dirigera ? Personne : chacun connaît si bien où

---

1 *Producteur*, I, 149. — Cf. I, 436 (article d'Artaud).
2 Producteur, I, 344 (article d'Ad. Blanqui)
3 *Producteur*, II,164, Examen d'un nouvel ouvrage de M. Dunoyer, ancien rédacteur du *Censeur Européen* (article de P.-J. Rouen)].
4 *Exp. de la Doctrine*, I, 75 ; II, 5.
5 Exp. de la Doctrine, I, 127.

marche l'humanité, vers quel point elle se dirige, qu'on n'a pas besoin de conseils généraux, de règles générales de conduite : l'ordre naît *naturellement* du désordre, l'union de l'anarchie, l'association de l'égoïsme... Voilà le système critique tout entier [1] ».

Les marchandises, selon les apologistes du régime de la concurrence, s'échangent naturellement les unes contre les autres, lorsque leur coût de production est égal ; il en résulte, semble-t-il, que le mécanisme de la libre concurrence attribue nécessairement à chacune une valeur exactement proportionnée au travail qu'il a fourni, la rémunération exacte de ses peines. Mais cette théorie de la valeur qui est celle de Ricardo, et à laquelle se ramène celle de J.-B. Say, est-elle d'une application générale ? On conçoit, réplique Enfantin, qu'elle s'applique dans le cas où deux producteurs apportent simultanément sur un même marché, pour les échanger l'un contre l'autre, les « produits matériels » de leurs industries. Alors « il est évident que le débat contradictoire de l'offre et de la demande détermine le prix des objets en présence, et que ce prix doit (lorsqu'il n'y a pas privilège, monopole) se rapprocher constamment des frais de production ». Mais que se passera-t-il lorsque les deux individus en présence se trouvent être, le premier un capitaliste, propriétaire d'une marchandise qui est le produit achevé d'un travail passé, et le second un travailleur « qui n'apporte, pour l'échange, que la promesse d'un travail futur ». Alors il doit arriver que le propriétaire jouisse, vis-à-vis du travailleur, d'un véritable privilège, constitué par le droit de propriété qu'il exerce sur son capital. Il est en son pouvoir de payer à l'ouvrier un salaire très inférieur à la valeur du produit de son travail. « Hue fait-on quand on achète le service d'un ouvrier ? On l'entretient pour qu'il soit le lendemain ce qu'il était la veille, un producteur. On lui donne même de quoi être meilleur Producteur ; on s'efforce également, en renouvelant le capital, de accroître par d'heureuses combinaisons industrielles ; mais faut-il que cet accroissement passe dans les mains du propriétaire oisif du capital employé, ou bien doit-on désirer qu'il reste dans les mains de celui qui saurait le consommer d'une manière reproductive ? Et, pour suivre la comparaison entre le capital et l'ouvrier, vaudrait-il mieux que

---
[1] *Producteur*, III, 406. Considérations sur l'organisation féodale et l'organisation industrielle (article de Prosper Enfantin).

le prix des services de l'ouvrier passât dans les mains d'un maître qui le louerait, que de rester à l'ouvrier même ? » Ricardo a raison, contre l'opinion de J.-B. Say, d'établir que le fermage, la rente foncière, n'est pas la récompense d'un travail productif. Mais il a tort de croire que la différence de qualité des terres soit la cause suffisante de l'existence du fermage. « Le fermage n'existerait pas là où chaque propriétaire, cultivant son champ, vivrait du produit de ce champ ». Il n'existerait pas davantage « dans une communauté » où « tous les produits seraient versés dans les magasins communs, pour être divisés ensuite suivant le besoin de chacun ». Tout dépend de la constitution du droit de propriété ; et la partie la plus importante de l'économie politique est celle qui traite de la distribution des richesses, « *La part du propriétaire foncier, celle du capitaliste, celle de l'ouvrier*, exercent en effet sur le bien-être social, une influence bien grande, puisque souvent les capacités des entrepreneurs d'industrie ne produisent rien, parce qu'elles sont écrasées par le luxe des classes oisives, résultant de la hausse de l'intérêt et des fermages, ou par la misère des travailleurs, qui s'épuisent pour entretenir ce luxe et cette dissipation.[1] ».

Les apologistes de la concurrence recourent encore à un autre argument pour la justifier. Ils ne se contentent pas de dire qu'elle fixe la valeur des marchandises à leur coût de production. Ils ajoutent qu'elle fixe cette valeur au moindre coût de production des marchandises qui sont apportées sur un même marché. Ils en concluent que la concurrence a des effets avantageux pour tous les consommateurs, en d'autres termes pour les membres de la société que l'on considère, puisqu'ils peuvent se procurer à meilleur compte les choses qui leur sont utiles ou agréables. Mais, répond Enfantin[2], c'est oublier que la concurrence qui a lieu entre les chefs d'entreprise peut entraîner la baisse des prix de deux manières bien différentes » Ou bien en effet ils perfectionnent les procédés industriels, adoptent des machines dont la productivité est plus grande : ils réussissent « à faire plus de produits ou des produits meilleurs, *dans le même temps et avec les mêmes forces* ». Il y a, dans ce premier cas, bénéfice pour l'humanité entière. Ou bien, au contraire, ils réussissent à vendre à meilleur marché les produits de leur in-

1 *Producteur,* I, 214, sqq. Considérations sur la baisse progressive du loyer des objets mobiliers et immobiliers (l'article non signé est d'Enfantin).
2 *Producteur,* III, 385, sqq. De la concurrence dans les entreprises industrielles.

dustrie, et à remporter sur leurs concurrents la victoire, en abaissant les salaires qu'ils paient à leurs ouvriers. Dans ce cas, il y a bénéfice pour les acheteurs du produit, mais non pour les ouvriers qui en sont les premiers vendeurs, et qui trouveront plus difficile de se procurer, avec le prix de leur travail, les moyens nécessaires à leur subsistance.

Bref, la concurrence est bonne quand elle est « dans les choses » ; elle est funeste truand elle a lieu « entre les personnes ». La baisse des prix dont elle est cause est favorable d'une manière absolue à ceux qui sont consommateurs sans être producteurs. Elle n'est favorable aux producteurs que dans la mesure où la baisse des prix des marchandises qu'ils achètent n'est pas compensée par la baisse des salaires. Pour établir que la concurrence est, sans restriction, utile à l'espèce, il faudrait établir qu'elle est nécessairement un moyen de stimuler le perfectionnement des procédés industriels. Nous voyons qu'il n'en est rien. Le régime de la concurrence conduit non pas à la division des travaux et des revenus selon les capacités, mais à la séparation de deux classes, l'une oisive, l'autre laborieuse, les oisifs ayant la faculté de tirer parti de la concurrence au détriment des travailleurs. Ainsi l'antagonisme de tous contre tout entraîne nécessairement l'asservissement de la majorité par la minorité, et le régime de la liberté commerciale, sous lequel nous vivons, perpétue certains vices qui étaient propres à l'organisation économique du régime féodal. Il faut une nouvelle organisation sociale et religieuse, un « nouveau christianisme », pour achever l'œuvre commencée par l'église chrétienne, l'abolition de l'esclavage et l'affranchissement des travailleurs.

Il faut donc opérer une révolution dans la conception de la science économique. Il n'est pas possible de la considérer comme se réduisant à la théorie de la libre concurrence, comme étant purement et simplement, selon l'expression employée par Saint-Simon en 1817, la « science de la liberté » : nous avons vu que la libre concurrence n'était ni le meilleur moyen, ni le seul moyen concevable d'organiser le progrès industriel. La libre concurrence aurait pour effet, à en croire les économistes libéraux, d'établir la « division du travail » la plus favorable aux intérêts du genre humain : nous avons vu dans quelle mesure restreinte cette proposition était admissible ; et, dans la mesure même où elle est admissible, nous avons vu que l'équilibre final s'établit seulement au prix de crises et de convulsions douloureuses. L'objet de la science économique ne pourrait-il être d'apprendre à éviter ces crises ? Si nous savons quel est le résultat que le régime de la concurrence tend, lentement et péniblement, à établir, pourquoi ne pas viser directement le résultat désiré, dont nous avons acquis la connaissance ? Pourquoi ne pas considérer la « division du travail », spontanée et instinctive, qui se réalise dans l'échange, comme une forme particulière et grossière d'un phénomène plus général, la « combinaison des efforts » en vue d'un but connu à l'avance : l'exploitation du globe habité. Voilà le véritable objet de l'économie politique [1].

Si on fait abstraction des sciences auxiliaires dont elle suppose l'acquisition préalable, et notamment de la technologie, la science économique, la « théorie de l'industrie » étudie « les rapports qui lient tous les membres d'une Société sous le point de vue de la production matérielle ». Ces rapports ont pour fin, d'abord, d'« accroître directement la puissance productive par de plus grandes lumières et une meilleure combinaison des efforts » : lorsqu'elle les considère à ce point de vue, l'économie politique s'efforce de décrire « l'action combinée des industriels pour diviser scientifiquement le travail — travail des agriculteurs, des manufacturiers et des commerçants — suivant les aptitudes ou les localités ». En second lieu, les rapports économiques qui lient entre eux les individus ont pour fin « le partage des produits du travail humain » : étudiant la répartition qui se fait, entre les producteurs, du produit de l'industrie sociale, l'économie politique doit étudier successivement la position des travailleurs considérés dan : leurs relations réciproques, « les relations des directeurs des travaux et des ouvriers », et les rapports qui existent entre les producteurs et les consommateurs oisifs, c'est-à-dire « le fermage, les baux de location, le prêt à intérêt, ou mieux encore *les avantages attachés à la location des places et des instruments* nécessaires à la production [2] ». Cette division des matières ne diffère pas essentiellement de la distinction, couramment

---

[1] *Producteur,* III, 67. Considérations sur l'organisation féodale et l'organisation industrielle (article d'Enfantin).

[2] *Producteur,* IV, 384-385. Considérations sur les progrès de l'économie politique dans ses rapports avec l'organisation sociale, premier article (article d'Enfantin). — Cf. *ibid.,* III, 547 : De la nécessité d'une nouvelle doctrine générale (article de Saint-Amand Bazard).

établie par les économistes entre la théorie de la production et la théorie de la distribution des richesses. Mais tandis que l'économie politique, telle que la conçoit J.-B. Say, tend à considérer ces rapports comme naturels et immuables, Enfantin et les saint-simoniens les définissent comme des rapports sociaux et variables. Bref, le champ de la science économique se trouve étendu, parce que la méthode de la science économique est changée : de la méthode saint-simonienne en économie politique, on peut dire, pour employer deux termes qui n'appartiennent pas à la terminologie de l'école, qu'elle est une méthode sociale et une méthode historique.

C'est d'abord, disons-nous, une méthode sociale : et voici ce qu'il faut entendre par là. Après avoir isolé une série de faits homogènes, objet particulier de son étude, l'économiste ne doit pas croire que cette série comprend tous les faits sociaux sans exception, ni que cette série peut être considérée comme une série complètement indépendante des autres séries de faits sociaux. Les physiocrates ne tombaient pas encore dans cette erreur : ils avaient à la fois une économie politique et une politique générale, et mettaient celle-là dans la dépendance de celle-ci. « Ils prenaient leur point de départ dans une idée générale qu'ils se formaient d'un type d'ordre social vers lequel devaient concourir tous les travaux, et, partant de cette base, ils traitaient la science des richesses de manière à la faire concorder avec la conception toute conjecturale du *droit naturel* ; ils envisageaient l'économie politique en philosophes [1]. » C'est à Adam Smith et à ses successeurs qu'il faut s'en prendre si l'économie politique a été réduite aux proportions d'une science spéciale, dont l'objet se trouve isolé de l'ensemble des rapports sociaux. « Ils ont voulu poser les bases de l'organisation sociale *a posteriori*, en commençant par les plus petits faits, depuis la division du travail, considérée même dans un individu isolé, jusqu'à la liberté du commerce entre les peuples... Ils entrent en matière par des points de détail, tels que la définition des, mots *valeur, prix, production*, qui n'exigent aucune idée primitive sur la composition ou l'organisation des sociétés [2]. » Comment s'étonner d'ailleurs qu'il en ait été ainsi ? Les économistes de l'école d'Adam Smith appartiennent tous à une époque critique et révolutionnaire de la pensée humaine. Or

---
[1] *Producteur*, IV, 386.
[2] *Producteur*, IV, 387-388.

c'est le propre des époques critiques de favoriser la dispersion des efforts, la spécialisation des sciences. La science économique ne pourra présenter un caractère organique, comme la société dont elle prendra la direction, tant que les économistes ne comprendront pas l'impossibilité d'opérer une séparation entre la connaissance des phénomènes économiques et la connaissance de l'ensemble des institutions politiques et juridiques.

La méthode, en économie politique, devra être en outre historique. N'entendons pas ici par histoire « une collection de faits sans enchaînement fondé sur une conception de l'humanité, c'est-à-dire de faits classés suivant l'ordre chronologique ou d'après la position géographique des peuples »[1], mais bien « la série des développements de l'espèce humaine », la théorie du progrès général des sociétés. C'est une erreur commune à tous ceux qui depuis un demi-siècle, au moment où écrivent les saint-simoniens ont travaillé à constituer la science positive des phénomènes économiques, aux physiocrates comme à Adam Smith et à ses disciples, d'avoir cru que les lois auxquelles l'observation nous montre que ces phénomènes obéissent, étaient des lois éternelles. Leur méthode était, à cet égard, comme il convenait au temps où ils écrivaient, « métaphysique » ou « ontologique ». Les physiocrates croyaient à un *ordre naturel des sociétés*, œuvre de la providence, et dont ils croyaient démontrer l'existence « par des considérations puisées dans l'observation de l'individu abstrait »[2] : en réalité la définition de cet ordre naturel leur était suggérée par le spectacle du milieu économiquement ambiant. Ils écrivent à un moment où, en dépit des progrès de l'esprit critique, le régime féodal est encore debout : et voilà pourquoi ils assignent aux propriétaires fonciers la prédominance politique et le principal rôle dans la « société naturelle » dont ils tracent le tableau. Adam Smith écrit un peu plus tard : en conséquence, c'est de la société plus pleinement parvenue à l'état critique, qu'il se fait le théoricien ; il essaie d'expliquer tous les phénomènes économiques, et même tous les phénomènes sociaux, par le principe de la libre concurrence. En réalité, tous les faits sociaux, et les faits économiques en particulier, sont variables : ce qui

---

1 *Producteur*, IV, 383.
2 *Producteur*, IV, 379.

ne veut pas dire qu'ils ne soient régis par aucune loi. Mais les lois qui les régissent sont des lois de « progrès », de « progression », de « développement », [1] ou, selon le mot qui commence à paraître, en 1829, dans la langue des Saint-Simoniens, et dont ils ont fait l'emprunt au philosophe Ballanche, d'« évolution » [2]. Étant donné que toutes les séries de phénomènes sociaux sont évolutives, le problème est de déterminer les relations fixes qui existent entre ces variations elles-mêmes. Expliquer scientifiquement un certain ordre de phénomènes sociaux — les phénomènes économiques par exemple — c'est rattacher la loi de variation de la série que ces phénomènes constituent par leur succession à la loi de variation d'une où plusieurs autres séries. « C'est par l'étude de l'histoire considérée comme la série des développements *de l'espèce humaine* que l'on peut arriver à concevoir la direction dans laquelle s'avancent les sociétés ; c'est alors que l'on aperçoit le lien qui doit joindre le présent à l'avenir, et que la science peut hâter la marche de l'humanité vers le but dont elle se rapproche sans cesse [3] ».

Il faudrait donc, pour achever l'organisation de la science écono-

---

1 *Exposition de la Doctrine*, II, 72 : la loi providentielle du progrès ; — I, 111 : loi de progression ; — I, 43, 45 ; II, 58 : loi de développement.

2 *Exposition de la Doctrine*, I, 137-138 : La doctrine de Saint-Simon, ne veut pas opérer un bouleversement, une révolution, c'est une *transformation,* une *évolution,* qu'elle vient prédire et accomplir, c'est une nouvelle *éducation,* une *régénération* définitive qu'elle apporte au monde... L'humanité *sait* qu'elle a éprouvé des évolutions progressives... elle connaît la loi de ces crises qui l'ont sans cesse modifiée. — Cf. II, 8, 88. — Ce terme, nouveau alors dans son acception scientifique, Hasard semble bien l'avoir emprunté aux « Essais de palingénésie sociale » de Ballanche, qui venaient de paraître alors (v. notamment au IIIᵉ volume des œuvres, pp. 11, 201). Ballanche est cité *Exposition de la Doctrine,* vol. II, p. 34 ; et nous savons que les Saint-Simoniens le lurent beaucoup vers 1829 (v. Hippolyte Carnot, *Sur le Saint-Simonisme,* travaux de l'Académie des sciences morales et politiques. 1887, p. 125). Les emprunts à la *Palingénésie* sont nombreux dans le *Système de la Méditerranée,* publié par Michel Chevalier dans le *Globe* du 31 janvier 1832 (le mot même de « palingénésie » se trouve dans l'étude). Or Ballanche a emprunté le mot d'« évolution », comme le titre de son livre, à la *Palingénésie philosophique* de Charles Bonnet, v. notamment Part, III, chap. IV, *Préformation et évolution des êtres organisés,* « Tout a été préformé dès le commencement, écrit Ch. Bonnet..., ce que nous nommons improprement une génération n'est que le principe d'un développement qui rendra visible et palpable ce qui était auparavant invisible et impalpable. » Le système de Bonnet est un développement de la philosophie de Leibniz. Le mot d'« évolution » aurait donc, en dernière instance, une origine leibnizienne.

3 *Producteur*, IV, 380.

mique, connaître la loi générale à laquelle l'évolution de la société est soumise, et placer la loi d'évolution des phénomènes économiques sous la dépendance de cette loi générale. C'est à Saint-Simon que les Saint-Simoniens empruntent leur définition du progrès : ils reprennent la théorie suivant laquelle la société industrielle tend constamment à acquérir la prédominance sur la société militaire. Mais ils complètent la théorie et l'expriment sous une forme nouvelle qui acquiert son plus haut degré de précision doctrinale dans la suite de conférences faites en 1829 par Saint-Amand Bazard et publiées sous le titre d'*Exposition de ta doctrine de Saint-Simon* [1]. Les associations humaines commencent par être composées d'un petit nombre de membres. Elles entrent donc en conflit les unes avec les autres et l'antagonisme est le principe d'existence de ces sociétés primitives. Cet antagonisme se répercute sur l'organisation interne de chacune. Une classe supérieure y vit aux dépens d'une classe inférieure, réduite en esclavage et « exploitée » par la première : l'« exploitation de l'homme par l'homme », voilà en quoi consiste l'organisation économique de ces sociétés. Peu à peu les groupements humains deviennent plus vastes, et composés d'un plus grand nombre d'individus. Les conflits deviennent plus rares entre ces sociétés, dans la mesure où, comprenant chacune une fraction plus importante du genre humain, elles deviennent, par là même, moins nombreuses. L'antagonisme cesse d'être la condition fondamentale de leur existence, soit que l'on considère les relations de chacune avec les sociétés voisines, soit que l'on considère son organisation interne : ainsi se révèle peu à peu, par le cours nécessaire de l'histoire, la destination finale du genre humain, qui est « l'exploitation du globe terrestre par les hommes associés » [2] ?

1 Première année, quatrième séance, 1re éd., pp. 77, sq.
2 *Exposition de la Doctrine*, 1, 83. On peut suivre dans le *Producteur,* et particulièrement dans les articles d'Enfantin, l'élaboration progressive de la formule. V. notamment, I, 555 : ...les institutions qui consacraient la puissance de l'homme sur l'homme ont été le pas nécessaire pour arriver de la barbarie nu degré de civilisation où nous sommes. — III, 67 : ...l'empire de l'homme sur l'homme était un pas que les sociétés devaient faire nécessairement pour sortir de l'état primitif de barbarie qui divisait les peuples et s'opposait à leurs progrès. ». Quelques pages plus loin (p. 73). Enfantin assigne pour but à la société « l'exploitation du globe que nous habitons..., l'exploitation la plus complète du globe que nous habitons. » — Mais, dans les écrits primitifs de l'école, on trouve déjà des ébauches de la formule : Aug. Thierry, dans le *Censeur Européen*, II, 128, écrivait : « des sujets à exploiter ou des ennemis à piller ». Cf. de Montévran, *Histoire critique et raisonnée de la situation de l'Angleterre*,

Cette loi du progrès doit-elle s'expliquer par l'opération de causes physiques et mécaniques ? doit-elle être considérée comme un cas particulier de la loi générale d'évolution du système solaire, qui s'explique elle-même par la loi newtonienne de l'attraction moléculaire ? Telle était la conception que Saint-Simon s'était faite d'abord de la science positive des sociétés : mais il y avait renoncé depuis 1815. Fallait-il donc considérer cette loi comme un simple « fait général », dégagé par l'observation des faits particuliers de l'histoire, et servant à prévoir des faits nouveaux, principe d'explication lui-même inexplicable [1] ? Tel était le point de vue auquel se plaçait Saint-Simon, dans ses dernières années d'existence, lorsqu'il collaborait avec Aug. Comte. Maintenant les saint-simoniens, les membres de l'« Église saint-simonienne » penchent pour une interprétation finaliste, métaphysique et religieuse, du progrès. C'est, à les en croire, l'amour de l'ordre et de l'unité, inné à l'homme, immanent à la nature, qui explique la naissance et le développement de la société et de la science elle-même.

Les saint-simoniens voulurent fonder non pas seulement une économique nouvelle, mais une nouvelle philosophie de l'histoire, une nouvelle métaphysique, une nouvelle religion, une nouvelle organisation ecclésiastique. C'étaient trop d'affaires. On comprend pourquoi ils n'eurent pas le temps d'écrire un traité d'économie politique, conforme à leurs principes, qu'il fût possible d'opposer aux traités classiques de J.-B. Say et de Ricardo. Sur deux points, cependant, ils ont, dépassant l'enseignement de Saint-Simon, essayé de définir la loi d'évolution à laquelle obéissent les phénomènes économiques. Sur ces deux points, leurs conclusions s'opposent à celles des économistes libéraux. Ils ne se proposent cependant que de pousser plus avant la critique, commencée par les libéraux, des institutions féodales, ou, plus exactement, de faire voir comment,

---

1819, vol, I, pp. 310-311 ; l'Irlande, qu'on nous passe le terme, a été plus utilement *exploitée* au profit de la Grande-Bretagne ; et il devient démontré que... l'Irlande n'est qu'une colonie de la Grande-Bretagne, qui à la première occasion, échappera au joug... — Le mot « exploité » est souligné dans le texte : c'est un néologisme à cette date.

1 Sur ce changement de point de vue, et la distinction qui y correspond, dans la langue Saint-Simonienne, entre le point de vue *astronomique* et le point de vue *physiologique*. V. les paroles de Saint-Simon, citées par O. Rodrigues, *Producteur*, III, 105-106 ; Cf., IV » 68 69 (article de Buchez), et 118 (article de SAINT-AMAND BAZARD).

La doctrine économique Saint-Simonienne

par la marche fatale des choses, deux survivances du régime féodal tendent à disparaître sous nos yeux.

La période actuelle de l'histoire du genre humain est, nous disent les saint-simoniens, une période critique ; elle doit donc ressembler, sous beaucoup de rapports, à la dernière période critique par laquelle Je monde occidental a passé, à la période gréco-romaine. Les révolutionnaires d'aujourd'hui, qui s'assignent pour but de restaurer la liberté et l'égalité, entendues à la manière des républiques anciennes, oublient que l'âge gréco-romain a été un âge de dissolution des croyances, d'anarchie intellectuelle et, par suite, d'anarchie politique et économique. Les philosophes entreprirent alors la critique du polythéisme qui avait servi de base spirituelle aux grandes civilisations orientales ; et toute la civilisation antique reposait sur l'antagonisme des intérêts, sur l'institution de l'esclavage. La philosophie critique s'enorgueillit aujourd'hui d'avoir discrédité la religion catholique et le monothéisme chrétien ; mais une civilisation qui se fonde sur le principe de la liberté illimitée de la conscience est, à ce titre, une civilisation à laquelle tout principe d'ordre fait défaut. Au principe philosophique de la liberté de conscience correspond le principe économique de la libre concurrence ; et la lutte de tous contre tous perpétue certaines formes, atténuées assurément mais cependant réelles, de l'institution militaire ou féodale par excellence, de l'institution servile. « Il suffit de jeter un coup d'œil sur ce qui se passe autour de nous pour reconnaître que *l'ouvrier*, sauf l'intensité, est exploité *matériellement) intellectuellement* et *moralement,* comme l'était autrefois l'*esclave*. Il est évident en effet qu'il peut à peine subvenir par son travail à ses propres besoins, et qu'il ne dépend pas de lui de travailler [1]. » Il ne possède, en d'autres termes, comme on dira bientôt, ni le droit à l'existence ni le droit au travail. Les institutions économiques auxquelles il faut imputer cet asservissement véritable auquel l'ouvrier de notre temps est soumis, c'est le prêt à intérêt,' et c'est l'héritage.

Enfantin, dans le *Producteur* [2], s'attacha à la critique de l'intérêt. Un homme, par son travail, a amassé vingt mille sacs de blé : nous pouvons concevoir qu'il vive, même pendant cent ans, en consom-

1 Exposition de la Doctrine, I, 105.
2 *Producteur,* I, 241, sq. ; 555, sqq. Considérations sur la baisse progressive du loyer des objets mobiliers et immobiliers. — Cf. 11, 32 ; 11, 124. — V. encore un exposé de cette théorie dans les *Leçons sur l'Industrie* de I, Péreire, 1832.

mant annuellement deux cents sacs de blé. Mais il arrive que, par l'institution du prêt à intérêt, il peut, son capital de vingt mille sacs restant intact, obtenir, dans un pays comme l'Angleterre où l'intérêt est à 3 p. 100, une rente de six cents sacs, en France, où l'intérêt est à 4 p. 100, une rente de mille sacs, et dans un pays comme la Russie méridionale où l'intérêt est à 20 p. 100, une rente annuelle de quatre mille sacs. La société lui reconnaît donc un droit non pas seulement à l'usage du produit de son travail passé, mais encore à l'usage d'une portion de ce que produit actuellement le travail d'autrui. Est-ce juste ? Pour répondre à la question, il faut, si l'on veut, se placer au point de vue saint-simonien, observer le cours des 'choses, et déterminer si le mouvement naturel de l'histoire tend à fortifier ou à affaiblir ce privilège.

Or c'est un fait reconnu par tous les économistes que la décroissance régulière du taux de l'intérêt, dans la mesure où progresse la civilisation. Quelle est la cause de cette décroissance ? Est-ce une diminution de la productivité du capital ? En aucune façon : car la décroissance de l'intérêt accompagne l'accroissement des richesses, qui a lui-même pour cause le perfectionnement des procédés industriels, en d'autres termes l'accroissement de la productivité des capitaux. En réalité la décroissance de l'intérêt se rattache à un fait plus général, qui domine le progrès social tout entier, à savoir la meilleure combinaison des efforts, l'association plus parfaite des travailleurs. Si ce sont les travailleurs qui se font concurrence pour obtenir que les propriétaires de capitaux leur consentent des avances de fonds, ceux-ci pourront exiger un intérêt d'autant plus fort que les travailleurs seront plus isolés les uns par rapport aux autres, et se feront, par suite, une plus âpre concurrence. Mais supposez que les travailleurs apprennent à s'associer, que les banquiers deviennent en quelque sorte les syndics de leur association, leurs représentants chargés de débattre avec les capitalistes les conditions auxquelles se feront les avances de fonds, les positions se trouveront renversées entre les travailleurs et les capitalistes oisifs : ce sont ceux-ci qui maintenant se feront concurrence pour obtenir que les travailleurs consentent à faire valoir leurs capitaux. L'intérêt du capital s'abaissera donc, en raison du progrès accompli par l'industrie banquière, en d'autres termes, par l'organisation de l'association des travailleurs ; et la classe oi-

La doctrine économique Saint-Simonienne

sive décroîtra constamment en importance politique, par rapport à la classe laborieuse. Veut-on que cette décroissance du taux de l'intérêt ait une limite ? Mais quelle sera donc cette limite ? Les économistes considèrent l'intérêt d'un capital comme se composant de deux parties : « l'une est la prime d'assurance qui garantit la solvabilité de l'emprunteur, l'autre est la part que le propriétaire prélève réellement sur les produits annuels obtenus par le travail de l'emprunteur ». Quand e deuxième élément sera complètement annulé — et rien n'empêche de concevoir la chose comme possible — l'intérêt se trouvera réduit à une simple prime d'assurance et on pourra dire que le crédit est devenu gratuit : chaque travailleur recevra l'avance des capitaux dont il a besoin comme producteur, en raison directe du « crédit » qu'il offre, de la confiance qu'il inspire, de sa capacité industrielle. Les travailleurs cesseront d'être à la discrétion des capitalistes, ce sont les capitalistes qui se trouveront à la discrétion des travailleurs. Ce ne sont plus les oisifs qui dicteront aux travailleurs les conditions du travail ; ce sont les travailleurs qui dicteront aux oisifs les conditions du repos.

Enfantin, dans le *Producteur*, n'avait abordé qu'en passant, par des allusions rapides et vagues, le problème de l'héritage [1]. Ce fut Bazard, dans l'*Exposition de la Doctrine*, qui aborda de front le problème, et fixa ce qui allait être, à partir de ce moment, le point fondamental du « socialisme » Saint-Simonien. Nous vivons, nous dit-il, dans une société d'où les privilèges de la naissance ont disparu, sauf un seul : celui qui est attaché à la propriété. La distinction du maître et de l'esclave a disparu de notre langage ; mais, par le fait que la propriété est restée héréditaire, cette distinction se perpétue sous un nom nouveau dans la réalité des faits. Elle devient la distinction du « bourgeois » et du « prolétaire ». C'est seulement après 1830 que le mot de « bourgeois » commence, semble-t-il, à être employé par les saint-simoniens en consens défini [2]. Mais déjà l'*Exposition de la Doctrine* déclare que l'hérédité de la propriété entre les mains d'une classe entraîne pour une autre classe, « l'hérédité de la misère » ; et explique par cette hérédité de la misère,

---

1 V. notamment *Producteur* I, 566 ; II, 257 (articles d'Enfantin).
2 *Globe* 7 mars, 14 mars, 21 mars 1831. — V. cependant déjà *Exp. de la Doctrine*, p. 254 : « ...ces chaudes convictions de commande qui font prendre trop fréquemment pour un citoyen dévoué un bourgeois égoïste ».

« l'existence dans la société d'une classe de prolétaires [1] ». Les économistes libéraux se refusent à attaquer la propriété héréditaire, en se fondant sur la prétendue inviolabilité du droit de propriété. Or, il est bien vrai qu'en un sens on ne conçoit pas de société où il n'y ait pas de propriété, où chaque instrument de travail ne soit pas à la disposition d'une personne déterminée. La question est de savoir si le droit de propriété n'est pas, comme tous les faits sociaux, un fait variable, et s'il n'est pas possible de définir scientifiquement la loi suivant laquelle il varie.

Il est évident que le droit de propriété varie quant à la nature des objets sur lesquels on considère qu'il peut porter. L'homme est d'abord considéré comme pouvant être, sans restriction, la propriété de l'homme : puis des restrictions de plus en plus nombreuses sont apportées à l'exercice du droit de propriété de l'homme sur l'homme, jusqu'au jour où l'opinion et la loi se trouvent d'accord pour déclarer que l'homme ne peut pas être la propriété de l'homme. Il est évident pareillement que le droit de propriété varie quant au mode de transmission des objets sur lesquels il est exercé. Tour à tour l'individu est tenu pour libre de léguer ses biens à qui il veut, obligé de les laisser à ses enfants mâles et parmi ceux-là exclusivement au fils aîné, obligé enfin de les partager également entre tous ses enfants, sans distinction d'âge ni de sexe. Est-il nécessaire que ce droit soit toujours enfermé dans les limites de la famille ? Comment expliquer plutôt que cette transmission familiale apparaisse aujourd'hui comme nécessaire ?

Qu'est-ce que la propriété ? C'est le droit de disposer des instruments de travail, « des richesses qui ne sont pas destinées à être immédiatement consommées », et dont on peut tirer un revenu, de ce que les économistes appellent le *fonds de production*. À la jouissance de ce droit correspond l'obligation d'exercer une fonction sociale. C'est au propriétaire qu'il appartient de distribuer les instruments de travail de manière à les rendre aussi productifs que possible. Le revenu que le propriétaire foncier et le capitaliste tirent de leur propriété, c'est la rémunération de ce service. Pourquoi donc l'exercice de cette fonction et le revenu qui s'y trouve attaché sont-ils héréditaires ? C'est par une survivance de la civilisation féodale et militaire, où toutes les fonctions étaient héréditaires, et où le re-

---

[1] Exposition de la Doctrine, 1, 105.

venu même de la propriété foncière servait à rémunérer un certain nombre de services gouvernementaux rendus par les seigneurs féodaux. Mais pourquoi, à une époque où toutes les autres fonctions sociales ont cessé d'être héréditaires, la fonction qui consiste à faire entre les travailleurs, selon leur capacité, la distribution des instruments de travail, devrait-elle rester seule héréditaire ? Est-ce parce qu'on est satisfait de la manière dont elle est exercée ? Est-on donc aveugle à ce point, de ne pas constater les disettes, les engorgements des marchés, qui tiennent évidemment à ce que la distribution du fonds de production est mal faite ? Abandonnée à des fonctionnaires incompétents, qui agissent isolément et sans une vue de l'ensemble des besoins du marché, qui sont désignés par le hasard de la naissance, et non par leur mérite individuel, elle ne peut pas être bien faite. A-t-on peur de renoncer à ce dernier reste de la dernière époque organique, à ce vestige suprême d'une civilisation fondée tout entière sur le principe d'hérédité, seul point fixe, seul appui solide dans l'incertitude et l'anarchie universelles ? C'est oublier que la vraie cause de la décadence du régime féodal, ce n'est pas la critique des philosophes, c'est la lente ascension d'une nouvelle civilisation organique, industrielle et non plus militaire, visant à la production et non plus à la destruction ; et cette organisation aura pris bientôt une solidité suffisante pour qu'on puisse compléter la révolution en décidant que la propriété, au même titre que toutes les autres fonctions sociales, sera considérée non plus comme constituant un privilège de la naissance, mais comme devant être attribuée au plus capable de l'exercer dans l'intérêt général de la société. « Un nouvel ordre tend à s'établir : il consiste à transporter à l'état, devenu *association de travailleurs*, le droit d'héritage, aujourd'hui enfermé dans la famille domestique [1]. »

Suivant que l'on considère la théorie de la baisse constante du taux de l'intérêt ou la théorie de l'abolition prochaine et nécessaire de l'héritage, on est amené à admettre que la réalisation de ce qu'on appelle, dans l'école saint-simonienne, le « régime social », peut et doit s'opérer de deux manières différentes.

C'est, d'une part, le développement naturel de l'organisation industrielle qui, sans intervention de l'État, tend à la socialisation de l'industrie. L'organisation du monde industriel a poursuivi d'abord

---
1 Exposition de la Doctrine, I, 115.

une fin négative : les industriels s'unissent afin de défendre collectivement leurs intérêts, par l'intermédiaire de syndics qui sont les banquiers, contre la classe oisive qui les exploite. Mais cette organisation a ce double résultat positif de rendre la production plus intense et d'obtenir une meilleure répartition du produit. La production devient plus intense par le fait que les banquiers, dont la fonction consiste à distribuer le capital social entre les producteurs, sont les mieux placés pour en opérer la distribution selon les capacités. Le produit est mieux distribué parce que, grâce à l'organisation centralisée de l'industrie, les travailleurs, à la différence de ce qui se passait sous le régime de la concurrence, visent à satisfaire des besoins dont ils connaissent par avance la nature et l'étendue. Il se produit, sous nos yeux, une transformation sociale analogue à celle qui se produisit, il y a huit siècles, lorsqu'au régime des alleux succéda le régime féodal, à la dispersion de la propriété foncière entre une foule de petits propriétaires libres, la centralisation et l'organisation de cette propriété sous la direction des chefs militaires, des barons [1]. La différence essentielle entre la féodalité du moyen âge et la nouvelle féodalité, c'est que celle-là était organisée pour la guerre et la destruction, tandis que celle-ci le sera pour la paix et la production. Ce progrès, favorable aux intérêts des travailleurs, s'accomplit d'une manière en quelque sorte instinctive : ce qui ne revient pas à dire qu'il nous soit interdit d'intervenir pour en rendre la marche plus sûre et plus directe. Nous pouvons, nous devons, dans l'intérêt des travailleurs, on d'autres termes de l'immense majorité du genre humain, coopérer au développement de la centralisation industrielle, suggérer, par exemple, aux banques d'escompte des procédés nouveaux qui leur permettent de perfectionner leurs méthodes en réduisant au minimum la quantité de monnaie nécessaire aux opérations, de fonder enfin d'une manière absolue le régime du créait, de « généraliser la confiance [2] ». Nous pouvons nous-mêmes travailler à la mise en pratique de ces inventions financières ; nous pouvons fonder des banques dont l'objet soit de commanditer l'industrie, de multiplier les points de contact entre les capitaux, les capacités scientifiques et les capacités

---

1 Exposition de la Doctrine, I, 123.
2 *Producteur*, II, 20. Des banques d'escompte (article d'Enfantin). V. les deux articles publiés par Enfantin sous ce titre, *Producteur*, II, 18. sq, 109, sq.

industrielles ¹. Une révolution violente est inutile pour réaliser le « régime social » : ce régime est le point où vient naturellement aboutir l'évolution du régime actuel. Ainsi s'oppose le point de vue saint-simonien au point de vue fouriériste. La féodalité financière était, selon Charles Fourier, le suprême scandale du régime de la concurrence, d'où devait sortir, par contraste, après une convulsion, le régime d'harmonie. La féodalité industrielle, dont la théorie a été inspirée par la théorie fouriériste de la féodalité financière, est considérée au contraire par les Saint-Simoniens comme la réalisation même du régime social. Les frères Péreire, lorsqu'ils travailleront à opérer en France la concentration des institutions de crédit et la concentration des moyens de transport, ne se montreront pas infidèles à la tradition du saint-simonisme orthodoxe.

Mais, d'autre part, il n'y a pas de raison pour que l'État, par son intervention, ne joue pas un rôle dans la socialisation du régime industriel ; en vérité, l'on ne voit pas comment l'abolition de l'héritage pourrait se produire sans cette intervention. D'ailleurs, les Saint-Simoniens ne sont pas démocrates. Ce n'est pas sur la volonté du plus grand nombre qu'ils comptent pour la réalisation des réformes : il faut des minorités, des chefs individuels, pour diriger et persuader les majorités. Les banquiers et les chefs d'entreprises sont désignés par la situation même qu'ils occupent et par les capacités qui leur ont valu de les occuper, pour jouer ce rôle d'initiateurs dans la société industrielle. Sans doute il n'en est pas de même des chefs d'État ; c'est la naissance, non le mérite qui les a placés où ils sont ; ou bien ce sont des usurpateurs, et ils doivent le trône à des capacités gouvernementales et militaires qui n'ont, semble-t-il, rien à voir avec les capacités nécessaires pour administrer une société industrielle. Il peut arriver, cependant, par hasard, qu'un chef d'État devienne accessible à l'enseignement saint-simonien, que, nouveau Constantin, il se laisse convertir par les « nouveaux chrétiens », et mette à leur disposition le pouvoir légal que lui confère la Constitution du pays, comme aussi le pouvoir réel, qu'il tient de la confiance populaire. Saint-Simon s'était déjà adressé, pour obtenir la réalisation de ses plans de réorganisation philosophique ou sociale, à Napoléon, puis à Louis XVIII. Ses disciples s'adressent à

---

1 *Producteur,* I, 11, sqq. ; 117 sqq. Société commanditaire de l'industrie (article de P.-J. Rouen).

Louis-Philippe, après la Révolution de 1830, et lui demandent bien plus que leur maître ne demandait au roi de la branche aînée [1].

Le meilleur gouvernement, disait Saint-Simon, c'est celui qui dépense le moins. Le gouvernement le plus économe, disent ses disciples, ce n'est pas celui qui dépense le moins, c'est celui qui dépense le mieux. Le seul budget dont il faut dire, sans réserves, qu'il doit être diminué, c'est celui que les classes laborieuses paient aux classes oisives, sous forme d'intérêt de leur capital [2]. L'État, par la réforme du budget gouvernemental, peut travailler à la réduction indéfinie de ce budget dont on aperçoit trop peu l'énormité.

L'État ne se contentera donc pas, pour améliorer la situation des travailleurs vis-à-vis des oisifs, de réformer les institutions de crédit, de mobiliser le sol. En frappant les successions d'un impôt, en supprimant les successions collatérales, il pourra préparer l'abolition de l'héritage. Il peut faire mieux, et substituer à cette « politique de déplacement » fiscal une politique d'association [3]. Que l'État renonce à frapper les contribuables pour amortir la dette, qu'il renonce à l'amortissement. Qu'il renonce à frapper les contribuables pour payer les intérêts de la dette, qu'il recoure indéfiniment, pour cela, à de nouveaux emprunts. Ainsi arrivera le jour où les souscriptions volontaires des citoyens auront fait passer entre les mains de l'État tout le capital social. Quel est donc le mobile qui encouragera les citoyens à livrer ainsi, sans limite, leurs capitaux à l'État ? C'est qu'ils verront l'État employer les capitaux qu'on lui livre, non plus à des dépenses d'ordre militaire et gouvernemental, mais à des dépenses productives : l'État deviendra le banquier universel du peuple et le chef de l'industrie nationale. Rien n'oblige d'ailleurs l'État à faire en sorte que la dette ainsi contractée présente un caractère de perpétuité. » Il est certain que le débat politique va changer de terrain. La démocratie s'est agitée jusqu'à ce jour sur

---

1 Sur ces appels saint-simoniens au pouvoir politique, v. la série de brochures publiées en 1831, sous le titre général « Religion Saint-Simonienne » ; notamment celles qui ont pour titre « L'armée, la concurrence » ; « La concurrence » ; « Organisation industrielle de l'armée » ; « Ce qu'il faut pour être roi. La légalité » ; « Ce que faisait Napoléon pour exciter l'enthousiasme du peuple » ; « Le choléra. Napoléon. L'ordre légal » ; etc. Ces brochures paraissaient d'abord dans le journal le *Globe* sous forme d'articles.

2 *Religion Saint-Simonienne*. Projet de discours de la couronne pour l'année 1831, p. 8.

3 *Globe*, 30 mars 1832 ; article de Michel Chevalier.

le terrain des droits électoraux : le moment est arrivé où elle va s'étendre dans ses excursions jusque sur la propriété. Le radicalisme anglais en est déjà là ; le radicalisme français y arrive à pas précipités. Ceux qui proclament le peuple souverain, qui veulent que de lui émane l'investiture de toute distinction publique, sont irrésistiblement conduits à demander qu'il distribue aussi les fortunes. On prétend que c'est à lui de nommer les chefs de la cité ; n'en résulte-t-il pas que c'est à lui d'élire le chef de ses travaux, les directeurs de ses ateliers ? » Les propriétaires sont alarmés, rêvent d'un « 18 brumaire », cherchent un sauveur. Et voici comment un monarque habile pourrait résoudre la question sociale, sans léser aucun intérêt, sans livrer la société aux démocrates : « anarchiques ». Que les propriétaires lui confient « le dépôt d'une fortune menacée de toutes parts ». « Il n'y aura rien de plus aisé alors que de convertir successivement et du libre assentiment des propriétaires toute la propriété en une dette inscrite à un grand livre spécial dont les revenus seraient acquittés moyennant le fermage dont le fermier tiendrait compte à l'État en totalité ou en partie. On conçoit ensuite que cette dette inscrite n'aurait point le caractère de perpétuité, et qu'en suivant une série décroissante elle pourrait être annulée à la troisième génération ; ce qui ne léserait personne ; car qui donc dans ce monde égoïste pense maintenant à sa troisième génération ?... Alors la transformation de la propriété sera opérée en Europe [1]. »

L'État justifiera donc l'accroissement de son budget de recettes par la réforme radicale de son budget des dépenses. Il se substituera à la famille « pour les soins de l'éducation MORALE et *professionnelle* selon la vocation, pour la dotation des individus arrivés à l'âge du travail, et pour la *retraite* après la *fonction*. Il se substituera progressivement, pour la production, à l'entreprise industrielle. « Alors seront assimilés aux services publics, pour s'y confondre graduellement, beaucoup d'entreprises d'utilité générale formant aujourd'hui l'objet de spéculations ou d'opérations particulières, et qui exigent certains travaux et certaines dépenses qui s'accomplissent déjà dans les administrations publiques. Telles sont les caisses de prévoyance et d'épargne, les compagnies d'assu-

---

1 *Globe*, 20 avril 1832 (dernier numéro). Aux hommes politiques, Michel Chevalier, apôtre.

rances, les messageries ; telles sont les associations ayant pour objet l'exécution ou l'exploitation de canaux, ponts et chemins de fer, le dessèchement des marais, le défrichement ou la plantation des forêts ». Les saint-simoniens, partisans radicaux d'une politique de paix, ne demandent pas cependant la suppression des armées : ils proposent qu'on en change l'affectation, et que l'on constitue, selon l'idée de Fourier, *l'armée industrielle.* « Alors on ne recrutera plus les hommes pour leur enseigner l'art de *détruire* et de tuer, mais pour leur apprendre la *production,* la *création...* Alors s'organisera l'industrie *attrapante* et *glorieuse,* et les régiments tendant à s'assimiler par voie d'engagement tous les ouvriers, il y aura tendance à ce que l'État devienne le dispensateur général du *travail* et de la *rétribution* et aussi d'une *retraite* accessible à TOUS [1]. »

Voici donc atteint, par hypothèse, soit par l'évolution spontanée de la société industrielle, soit par l'intervention du gouvernement, « le point vers lequel les sociétés humaines se dirigent, peut-être il est vrai sans pouvoir l'atteindre jamais [2] ». Supposons achevée l'organisation de l'industrie, et la production devenue sociale : suivant quelle règle s'opérera la répartition du produit ? Pour comprendre en quoi consiste, sur ce point, la théorie des saint-simoniens, il faut se reporter à leur théorie des banques. Nous nous transportons, par hypothèse, au moment où l'ère du crédit succède à l'ère de la monnaie, comme l'ère de la monnaie avait auparavant succédé à l'ère du troc. Le crédit est devenu gratuit. Il n'est plus nécessaire de payer une dime aux oisifs pour obtenir leur confiance et l'avance de leurs capitaux : il suffit maintenant de présenter des garanties personnelles et de payer une prime d'assurance contre les accidents dont nul progrès social ne saurait radicalement prévenir l'occurrence et qui peuvent entraîner la perte du capital avancé. Le capital dont chacun a besoin lui est donc prêté par les banquiers qui président à l'organisation industrielle, ou par l'État, devenu banque centrale et unique, *selon son crédit,* ou encore « en raison de sa capacité » — c'est l'expression employée par Bazard [3] et par Enfantin [4] dans le

---

1 *Globe*, 20 avril 1832 (dernier numéro). Aux hommes politiques, Michel Chevalier, apôtre.
2 *Producteur,* III, 339.
3 *Producteur* III, 548, sq... l'état de choses, où... le » avantages de chacun seraient en raison de sa capacité.
4 *Producteur*, III, 395 : ...les perfectionnements du système de crédit tendent à

Producteur. « Chacun sera doté suivant son mérite, rétribué selon ses œuvres » : c'est la formule de l'*Exposition* [1] qui nous rapproche de la formule définitive, devise du *Globe* saint-simonien, après 1830 : « à chacun selon sa capacité, à chaque capacité selon ses œuvres ». La règle paraît claire : ne demande-t-elle pas que chacun reçoive sinon précisément le produit de son travail individuel, ou tout au moins une partie du produit du travail collectif, qui soit proportionnée à l'efficacité de son travail personnel ? En réalité, elle est obscure, et la formule qui en est l'énoncé se prête à une double interprétation.

La première interprétation, celle qui se tire le plus naturellement de la théorie saint-simonienne des banques, est celle aussi qui s'éloigne le plus du sens où généralement s'entend la formule : « à chacun selon son travail ». Si le banquier est plus ou moins disposé à faire, à tel ou tel individu, l'avance de ses capitaux, c'est dans la mesure où il sait que l'individu avec lequel il traite est plus ou moins capable de faire valoir ces capitaux. « L'homme, écrit Enfantin dans le *Producteur* travaille aujourd'hui pour lui-même, mais la reconnaissance de l'utilité de son travail pour le bien-être de ses semblables ne sera pleinement acceptée que lorsque les capitaux et le sol seront distribués parmi les industriels, en raison de la confiance qu'on aura dans leur bonne exploitation ; c'est-à-dire en raison du crédit que la société accordera à leurs facultés productives [2] » ; et c'est au même sens que, dans l'*Exposition de la Doctrine,* on déclare que « le seul droit à la richesse, c'est-à-dire à la disposition des instruments de travail, sera la capacité de les mettre en œuvre [3] ». De même encore Enfantin, dans le *Producteur* loue un économiste contemporain, M. d'Hauterive, d'avoir assis sur sa véritable base le droit de propriété lorsqu'il a dit que « la propriété ne peut appartenir qu'à celui oui dirige les travaux de la profession [4] » : et cette définition s'éclaire à la lecture du passage de l'*Exposition de la Doctrine* où l'organisation future de l'industrie est comparée à l'organisation actuelle de l'armée. « Chacun étant

---

nous rapprocher constamment de cette époque, où les instruments de travail seront confiés aux industriels en raison de leurs capacités
1 Exposition de la Doctrine, I, 111.
2 *Producteur*, I, 556.
3 Exposition de la Doctrine, I, 115. — Cf. p 160.
4 *Producteur,* II, 257.

rétribué suivant sa fonction, ...un industriel ne possède pas autrement un atelier, des ouvriers, des instruments, qu'un colonel ne possède aujourd'hui une caserne, des soldats, des armes ; et cependant tous travaillent avec ardeur, car celui qui *produit* peut aimer la gloire, peut avoir de l'*honneur,* aussi bien que celui qui *détruit* [1]. » En d'autres termes, la formule : « à chacun selon sa capacité » implique non pas le droit à la jouissance du produit, mais le droit à l'usage de l'instrument, le droit au travail, ou, plus précisément, le droit de l'accomplissement de la tâche à laquelle chaque individu est le plus apte : « le seul droit conféré par le titre de propriétaire, est la direction, l'emploi, l'exploitation de la propriété [2] ».

Mais la formule saint-simonienne se compose de deux parties : est-ce sans raison ? Il ne revient pas au même de dire que chacun doit être « doté suivant son mérite » et de dire qu'il doit être « rétribué suivant ses œuvres ». Il ne revient pas davantage au même de dire qu'il doit être donné « à chacun selon ses capacités » et de dire qu'il doit être donné « à chaque capacité selon ses œuvres ». Le passage même où les fonctions industrielles du chef d'atelier sont comparées aux fonctions militaires du colonel, nous ne l'avons pas cité tout entier ; et voici le texte intégral, qui complique d'un élément nouveau la théorie saint-simonienne de la répartition des richesses. « Chacun étant rétribué suivant sa fonction, ce qu'on nomme aujourd'hui le revenu n'est plus qu'un appointement ou une retraite. Un industriel ne possède pas autrement un atelier, des ouvriers, des instruments, qu'un colonel ne possède aujourd'hui une caserne, des soldats, des armes. » Or ce n'est pas au même sens, évidemment, qu'un colonel « possède » la caserne où loge son régiment et possède l'« appointement », la solde, qui rémunère l'exercice de sa fonction : essayons de mettre en lumière, en nous fondant sur l'analogie de l'industrie militaire, le double caractère que présente, dans la théorie saint-simonienne, le droit de propriété.

Le but de l'industrie militaire, c'est de produire la force et la sécurité nationales par l'utilisation d'un certain nombre d'instruments de défense et de destruction, armes à feu et armes blanches. Une bonne organisation du travail militaire sera donc celle où chaque individu sera délégué à la possession des instruments de travail

---

[1] Exposition de la Doctrine, I, 134.
[2] Exposition de la Doctrine, I, 116.

qu'il est le plus apte à manier. Le colonel sera délégué à la direction, à la « propriété » de la caserne et de tout ce qu'elle renferme. Le simple soldat sera, en quelque sorte, le sous-délégué de la société à la propriété d'un lit, d'un fusil, d'un équipement militaire, copropriétaire, en sous-ordre du colonel, d'une partie du fonds de production. Mais le colonel et le simple soldat doivent, pour vivre, consommer une certaine quantité de richesses : il faut qu'ils soient logés et vêtus. Or, bien que le fonds de consommation puisse, à certains égards, être considéré comme faisant partie du fonds de production puisqu'il faut consommer pour produire, il convient de distinguer, dans le problème de la répartition, le problème de savoir comment se fera le partage des fonctions, et par suite des instruments de travail, et le problème différent de savoir comment se fera le partage des objets de consommation selon les besoins de chaque fonctionnaire. Les besoins doivent-ils être considérés comme différents selon les fonctions ? Si l'on veut qu'il en soit ainsi, il importe d'expliquer pourquoi : car c'est ce qui ne ressort pas des principes énoncés jusqu'ici. Les saint-simoniens cependant veulent qu'il en soit ainsi. Enfantin, dans le *Producteur*, n'admet pas que la possession d'un capital entraîne le droit de prélever une prime sur le travail d'autrui, il n'admet pas non plus qu'elle rende licite la transmission héréditaire de ce capital à un individu qui n'a rien fait, par son travail, pour le mériter. Mais il reconnaît, pour l'individu, l'existence d'un droit à la libre consommation de la valeur qu'il a créée par son travail.

. Il est bien probable qu'il régnera toujours, dans l'esprit des saint-simoniens, une sorte de confusion entre les deux règles : et voilà sans doute la raison pour laquelle il est difficile de trouver, dans leurs écrits, une justification de la deuxième. « Les différences de positions dans l'atelier social entre les producteurs, écrit Olinde Rodrigues, amènent des différences d'habitudes quant à leurs besoins, et font naître une ligne de démarcation nécessairement variable entre les besoins des travailleurs inégalement placés dans la hiérarchie industrielle [1]. » De sorte que, chaque fonction créant des besoins propres, la satisfaction de ces besoins créés par l'exercice de la fonction, deviendrait une condition nécessaire de l'accomplissement de la fonction. Mais pourquoi admettre que, né-

---

1 *Producteur*, 1,194 : Considérations générales sur l'industrie.

cessairement, l'inégalité des fonctions crée l'inégalité des besoins ? et l'hypothèse n'est-elle pas contraire à l'esprit d'une doctrine qui prévoit la suppression de tous les antagonismes et la réalisation d'une association universelle où tous seront également heureux, en accomplissant des fonctions non pas inégales mais différentes ? Dans la suite de l'étude même que nous venons de citer, Olinde Rodrigues cherche à atténuer la théorie suivant laquelle la diversité des fonctions entraînerait l'inégalité des besoins. Il explique que les individus qui occupent, dans la société industrielle, des positions subordonnées, ne doivent pas être considérés comme définitivement exclus des jouissances supérieures, départies aux chefs de l'industrie. Dans une société progressive où, suivant la formule saint-simonienne, « tous sont appelés et tous seront élus », les jouissances se propagent incessamment du haut au bas de l'échelle sociale ; et il ne faut pas dire que les administrateurs de la société soient les seuls, ils sont seulement les premiers à éprouver certaines jouissances supérieures, en attendant que les perfectionnements de l'industrie, par l'accroissement de la production des objets nécessaires à l'acquisition de ces jouissances, permettent aux administrés d'en jouir à leur tour. « Quand de nouveaux besoins, résultats du progrès de toutes les facultés humaines, s'introduisent dans la société, ils sont d'abord éprouvés par les chefs de la production, placés en quelque sorte à l'avant-garde du développement général, puis ils descendent successivement avec le temps aux derniers rangs de la classe ouvrière qui, jusque-là, les traite de besoins factices et appelle objets de luxe ou de superflu les produits qui servent à les satisfaire [1]. »

Ou bien encore, dira-t-on que l'inégalité des traitements attribués aux divers fonctionnaires de la hiérarchie industrielle s'explique par l'amour que les inférieurs, dans une société bien ordonnée, conçoivent pour les supérieurs, et constitue, de leur part, un hommage volontaire ? » Il y a dans le cœur humain, écrit Isaac Péreire en 1832, un sentiment qui porte un individu à offrir entre deux objets le meilleur à l'homme qui a conquis son amour, son admiration et son respect [2]. « Mais cet amour n'est-il pas réciproque ? Celui qui dirige ne doit-il pas rendre son amour à celui qui est dirigé ?

---

[1] *Producteur*. I, p. 195 : Considérations générales sur l'industrie.
[2] *Leçons* sur l'industrie, 2ᵉ leçon, p. 34.

Et cette réciprocité des affections ne doit-elle pas se traduire, sous forme matérielle, par l'égalité des traitements ? Les apôtres saint-simoniens le sentent si bien que, dans l'organisation de leur Église, ils se refusent, eux, les futurs chefs spirituels de la société réformée, à réclamer la supériorité de traitement à laquelle leur théorie de la répartition leur donnerait droit. En attendant, déclare l'un d'eux, le jour lointain où la rétribution selon les œuvres sera organisée, « la seule rétribution que nous connaissions, c'est la place que nous occupons dans la hiérarchie, c'est celle que nous occupons dans le cœur de notre père suprême. Quant au reste, je ne connais d'autre différence entre tous les enfants de la famille, entre tous les fonctionnaires saint-simoniens, que celle qui nous apparaît sur cette estrade, une légère différence e costume, en raison des fonctions que l'on remplit. Pour une rétribution pécuniaire, des apôtres n'en reçoivent pas : on pourvoit à leurs besoins les plus stricts, et le reste de notre budget va servir aux besoins extérieurs de la propagation de notre foi [1]. »

« Il ne s'agit pas précisément, déclare de même Isaac Péreire, d'établir une proportion mathématique entre les services et la rétribution, bien qu'on tende de plus en plus à s'en rapprocher, sans jamais espérer l'atteindre complètement... Chez nous actuellement, la différence des rangs est marquée surtout par l'*amour* et le *respect* que le supérieur obtient par ses travaux de ceux qui sont placés au-dessous de lui dans la hiérarchie. » Mais pourquoi le principe qui vaut « actuellement » dans la hiérarchie saint-simonienne cesserait-il d'être vrai dans la société future dont cette église vise précisément à hâter la réalisation ? Encore une fois, à quoi bon la seconde des deux règles sur l'observation desquelles repose le mécanisme de la distribution des richesses selon les Saint-Simoniens ? À chacun selon sa capacité : voilà la première règle ; en d'autres termes, à chacun le droit au travail auquel sa nature le destine. Dans une société où ce principe serait, respecté, chaque travail deviendrait, selon l'expression de Fourier, « attrayant », et constituerait, par conséquent, en lui-même, la récompense immédiate de chaque travailleur. Pourquoi donc ajouter ensuite : « à chaque capacité selon ses œuvres » ? « La rétribution selon les œuvres, écrit le Père Enfantin,

---

1 Stéphane Flachat. *Enseignement des ouvriers,* p. 7.

fait qu'on *aime* ce qu'on *doit faire* [1]. »

Pourquoi ? Pour une raison excellente, mais que le mysticisme sentimental dans lequel les Saint-Simoniens versent en 1880, les empêche peut-être d'énoncer avec la clarté désirable. C'est qu'on ne saurait concevoir une association si parfaite que l'antagonisme n'y joue encore un rôle, et que le problème de l'organisation politique, dans cette société comme dans toute autre, est non de supprimer mais d'utiliser un principe d'antagonisme qui est comme enraciné dans la nature des choses. La deuxième règle saint-simonienne de la répartition des richesses, celle qu'ils appliquent lorsqu'il s'agit de distribuer non plus le fonds de production entre ceux qui vont travailler, mais le fonds de consommation entre ceux qui viennent de travailler, c'est une forme modifiée, et si l'on veut atténuée, de cette autre maxime : « À chacun selon sa force. » L'économie industrielle des Saint-Simoniens s'est peu à peu dégagée de l'économie politique telle que l'école libérale l'entendait, fondée sur la notion de libre concurrence : et les Saint-Simoniens ont fait subir à la notion de concurrence une profonde transformation ; ils ne la suppriment pas cependant. Dans le Producteur, ils distinguaient expressément entre deux formes de la concurrence ; et la concurrence leur paraissait nuisible quand elle était « entre les personnes », quand elle tournait les forces de chacun contre ceux qui sont, ou devraient être ses associés, quand elle était employée à l'exploitation de l'homme. Ils la jugeaient bonne, au contraire, quand elle était « dans les choses », quand elle tournait les forces humaines contre la nature extérieure et aboutissait à établir une émulation entre les hommes quant au meilleur mode d'exploitation du globe terrestre. Dans l'*Exposition de la Doctrine*, dans le *Globe*, ils n'oseraient pas aussi explicitement faire l'apologie de cette notion de concurrence, qui est le fondement de l'individualisme économique. Ils dénoncent ceux qui « posent en principe l'absence de toute foi générale, de toute direction, de toute élection venant d'en haut, ne s'apercevant pas qu'ainsi ils consacrent virtuellement la rétribution au plus fin et au plus fort [2] ». Cependant, la deuxième règle saint-simonienne de la répartition des richesses revient elle-même à rétribuer « le plus fin et le plus fort » ; et qu'ils en aient ou non conscience, les

1 Religion Saint-Simonienne. Lettre du père Enfantin, 1831 ; p. 8.
2 De la Religion Saint-Simonienne. Aux élèves de l'École polytechnique ; 3ᵉ discours, p. 41.

La doctrine économique Saint-Simonienne

Saint-Simoniens le laissent très clairement entendre. « Saint-Simon, nous dit-on, a commencé l'ère nouvelle où la *vertu* non plus que la *valeur* ne se mesurera pas sur la force du coup de sabre, ou sur l'adresse à pointer le canon ; et pourtant il y aura encore de la valeur dans la force, de la vertu dans son emploi. Mais on l'a dit depuis longtemps dans la doctrine, ce ne sera plus la science ni la force qui détruisent, la science ni la force de César, mais la science et la force qui créent, produisent et conservent, la science de Monge, de Lavoisier, de Bichat, de Cabanis, la force de Watt ou bien de Montgolfier [1]. » Bref la rétribution selon les œuvres, ce n'est que la transposition ou, si l'on veut, la transfiguration industrielle du droit du plus fort. Le plus rémunéré, dans la société à la réalisation de laquelle les vœux des Saint-Simoniens aspirent, sera toujours « le plus fin et le plus fort », mais à condition qu'il emploie son intelligence et sa puissance à produire et non pas à détruire, à exploiter la nature et non pas son semblable.

*
* *

Nous n'avons pas à raconter l'histoire de l'école saint-simonienne après 1830 ; l'attention publique brusquement attirée sur la petite société ; les prédications à Paris, en province et à l'étranger ; la crise de folie mystique, et la dispersion de l'« Église » ; finis l'influence de l'école survivant à la dispersion de l'Église : es Saint-Simoniens donnant sa terminologie au socialisme naissant, donnant, d'autre part, son organisation à la jeune industrie française. Nôtre tâche est accomplie si nous avons défini correctement les principes de l'économie industrielle, selon Saint-Simon et les Saint-Simoniens. Les disciples de Saint-Simon sont excusables de s'être abandonnés souvent aux extravagances du prophétisme religieux : en vérité, c'étaient des prophètes.

Les Saint-Simoniens, pour qui se borne à considérer leurs théories économiques, se sont montrés des prophètes, par leur critique de la notion de concurrence. Notion que les théoriciens de l'école classique n'ont pas tort, peut-être, de tenir pour fondamentale en économie politique, mais qu'ils ont tort assurément de tenir pour une notion simple : elle est complexe en effet, et confuse tant qu'on

---

1 Cinquième discours aux élèves de l'École polytechnique, 11 juillet 1830, p. 68. — Cf. Exposition de la Doctrine, 1ʳᵉ partie, pp. 218, 222.

n'en a pas analysé la complexité. Veut-on parler de la concurrence que se font les uns aux autres les capitalistes, quand ils offrent leurs capitaux ? Elle est bienfaisante, puisqu'elle tend au bon marché des capitaux, et met ceux-ci à la discrétion de ceux qui savent les employer. Veut-on parler de la concurrence que se font les uns aux autres les chefs d'entreprise, lorsqu'ils offrent aux consommateurs les produits de leurs industries ? Elle est bienfaisante, dans la mesure où elle les excite à abaisser le prix de ces produits par l'emploi de machines plus perfectionnées, et conséquemment par la diminution du surmenage humain ; elle est malfaisante dans la mesure où elle les pousse à abaisser les prix en diminuant la rémunération des travailleurs et à déprécier les produits du travail en dépréciant les producteurs. Veut-on parler enfin de la concurrence des ouvriers entre eux ? Elle est utile, dans la mesure où elle est un stimulant de la production ; nuisible dans la mesure où l'accroissement de production ainsi obtenu contribue à augmenter non la richesse du travailleur, mais le profit et l'intérêt du chef d'entreprise, du capitaliste. La concurrence économique, prise dans son essence, suppose déjà des règles ; elle se distingue déjà de la concurrence vitale, qui assure la victoire des forts par l'extermination brutale des faibles ; elle exclut la violence ; elle exclut même la fraude. Et de même que son essence est d'être réglée, sa loi d'évolution est d'être soumise à des règles toujours plus nombreuses et plus précises. C'est ce qu'ont vu les Saint-Simoniens ; et c'est ce qui leur a permis de voir, dans le régime de « concurrence illimitée » sous lequel l'industrie européenne vivait de leur temps, un régime transitoire, destiné à se transformer bientôt sous l'action des forces déjà existantes.

Ils ont prévu en conséquence ce que nous appellerions volontiers la syndicalisation croissante de l'industrie. Fondateurs en France des grandes compagnies de chemins de fer, des grandes compagnies de navigation, des grandes institutions de crédit, ils y ont eux-mêmes contribué. Le *cartell* allemand, le *trust* américain vérifient leurs théories. Le langage courant appelle *captain of industry* le chef de trust américain ; l'expression vient, semble-t-il, de Carlyle, et Carlyle lui-même l'a empruntée à la terminologie de Bazard et d'Enfantin. Les Saint-Simoniens ont prévu de même ce que nous appellerions l'étatisation croissante de l'industrie. Du moment où l'industrie se concentre dans de grands syndicats, comment éviter que l'État, organe naturel de la centralisation sociale, intervienne pour contrôler, ou pour reprendre, au nom de la société tout entière, les grandes entreprises syndicalisées ? Ad. Wagner, à l'Université de Berlin, enseigne ce qu'il appelle « la loi de l'extension croissante des interventions de l'État » : cette loi, il en a emprunté la formule à son maître Rodbertus, disciple lui-même des saint-simoniens. Lorsque M. Paul Leroy-Beaulieu, si attaché à l'orthodoxie libérale, énonçait lui aussi, dans son *Essai sur la Répartition des Richesses,* la loi de l'accroissement constant du domaine de l'État, qui sait s'il ne subissait pas inconsciemment, par l'intermédiaire de Michel Chevalier, l'influence de la doctrine saint-simonienne ?

Il est un point seulement, de l'organisation du nouveau monde industriel, au sujet duquel les saint-simoniens se sont montrés moins bons prophètes. Ils ont prévu la concentration, ils n'ont pas prévu la démocratisation de la production industrielle. Ils ont annoncé l'intervention de l'État, transformant les entreprises privées en services publics ; ils ne se sont pas inquiétés de savoir si la constitution de cet État serait autocratique ou démocratique. Ils ont, de même encore, annoncé le syndicat patronal, ils n'ont pas annoncé le syndicat ouvrier. Mais la démocratisation de la théorie saint-simonienne ne peut-elle se faire conformément aux principes mêmes sur lesquels se fonde cette théorie ? La ligue, ou le syndicat, que les producteurs organisent contre les oisifs a pour organe essentiel, dans la théorie saint-simonienne, l'institution des banquiers. Seulement, « dans notre société désorganisée », est-il sûr que les banquiers s'acquitteront, avec la conscience nécessaire, de la mission bienfaisante à eux assignée par la théorie ? L'auteur de l'*Exposition de la Doctrine* pose la question, et il avoue que les « banquiers se placent souvent entre les travailleurs et les oisifs, pour exploiter les uns et les autres, aux dépens de la société tout entière ». Contre cette dégénérescence du système, quel remède ? Toujours le même. Pour empêcher qu'a près avoir protégé les travailleurs contre les oisifs, les banquiers s'érigent à leur tour en oisifs vis-à-vis des travailleurs, il faut que, contre ces nouveaux capitalistes, les travailleurs, une fois de plus, se liguent, ou se syndiquent. La définition saint-simonienne reste toujours vraie : ligue des producteurs contre les consommateurs, ou, plus précisément, ligue formée par ceux qui sont tout à la fois consommateurs et producteurs, contre ceux chez qui le caractère de consommateurs prédomine sur celui de producteurs.

Sous nos yeux, un nouveau monde industriel s'organise. La concurrence économique subsiste, mais est soumise à des règles chaque jour plus compliquées. Il y a lutte entre le syndicat patronal et le syndicat ouvrier, une hausse des salaires répondant, ou devant répondre à chaque invention d'un nouveau procédé mécanique, l'invention d'un nouveau procédé mécanique répondant à chaque hausse des salaires ; et cette concurrence, non plus entre individus isolés, mais entre syndicats organisés, tend à devenir la loi même du progrès industriel. D'ailleurs le syndicat des chefs d'industries ne supprime pas entre ceux-ci toute concurrence, il tend plutôt à la régler : la concurrence entre les industriels syndiqués ne portera plus dorénavant, par exemple, sur le prix, mais sur la qualité des produits. Le syndicat ouvrier n'empêchera pas non plus nécessairement le chef d'industrie de choisir ses employés et de préférer les meilleurs aux pires : il visera seulement à empêcher, par la fixation des conditions de travail, qu'il puisse louer au rabais le travail ouvrier. Enfin l'État intervient, et soumet, lui aussi, le concours à des règles, en garantissant à tous les individus la jouissance de certains droits élémentaires à un minimum de loisir, d'hygiène, d'instruction et d'assistance. Nous souhaitons que les deux études consacrées par nous aux idées économiques des saint-simoniens contribuent à réhabiliter les penseurs, très connus, mais trop peu lus, dont l'imagination a prévu ces transformations de la société industrielle. Car le « socialisme » saint-simonien n'est pas un communisme ; la formule « à chaque capacité selon ses œuvres » prouve que, selon cette doctrine, l'émulation reste le mobile fondamental de la production. Les saint-simoniens conçurent, et nous tendons, après eux, à concevoir la société comme une association non pour l'abolition, mais pour l'organisation de la concurrence.

Conclusion

Dans l'introduction qu'il composa en 1924, en collaboration avec C, Bougie, pour une réédition de la Doctrine de Saint-Simon, 1re année, *(chez Marcel Rivière), Élie Halévy incorpora bon nombre de fragments de l'article ci-dessus reproduit.*

En guise de conclusion, il y ajoutait les remarques suivantes, concernant l'influence du saint-simonisme

« Dans quelle mesure les prophéties saint-simoniennes se sont-elles réalisées ? Si l'on jette les yeux sur l'état du monde civilisé après un siècle révolu, on est tenté, à première vue, de conclure qu'elles ont fait faillite. Le vieux culte chrétien n'a pas cédé la place au « nouveau christianisme ». Loin que l'ère des guerres ait été close, nous venons d'assister à une convulsion sanglante qui l'a emporté en horreur sur celle dont l'Europe sortait lorsque Saint-Simon construisait son système. Combien sommes-nous loin encore de cette époque où le genre humain formera une unité véritable, dans l'intérêt de tous les travailleurs, pour l'exploitation pacifique de la planète. Et cependant beaucoup de ces hommes, qui se disent, qui se croient chrétiens au même sens où on pouvait l'être vers l'an mil, se sont convertis, plus ou moins consciemment, dans la pratique, à un industrialisme qui dérive de Saint-Simon, Et cependant, malgré les guerres, à travers les guerres, continue à s'édifier, confusément et comme une cité dans les nuées, un monde cosmopolite de la production et de l'échange. Syndicats patronaux et syndicats ouvriers concentrent leur action par-dessus les frontières des États. Le genre humain rêve de travaux publics, d'inventions industrielles qui, rapetissant les dimensions réelles du globe terrestre, feraient tomber les querelles des grandes nations au niveau des querelles de clochers. Nous assistons au développement d'une longue crise, où les nationalismes se défendent contre leurs empiètements réciproques avec une violence qui semble s'aggraver, mais où peut-être ils se défendent, avec une violence d'autant plus grande qu'ils se sentent plus menacés, contre un cosmopolitisme qui empiète sur tous à la fois. Non, le Saint-Simonisme n'a pas fait encore faillite. Partout, autour de nous, il a laissé des traces visibles. Véritables annonciateurs de tout un siècle, il n'y a guère de parti, ou d'école, qui n'ait emprunté quelque chose à la doctrine, ou tout au moins à la phraséologie des Saint-Simoniens.

Voyez plutôt. Le monde futur, dont rêvent les Saint-Simoniens, est un monde où l'antithèse de la liberté et de l'oppression sera vide de sens, où l'obéissance ne sera pas servitude, puisqu'elle sera adhésion volontaire aux ordres de la science positive. Il n'en est pas moins vrai que, déclarant la guerre avec une sorte d'ostentation au dogme métaphysique de la liberté, ils se sont présentés au public comme seuls capables de restaurer, par le moyen d'une philosophie nouvelle, l'ordre ébranlé par la Révolution française. Il est, en conséquence, naturel qu'ils aient séduit un certain nombre d'esprits qui éprouvaient à l'égard de la société moderne, fondée sur l'individualisme, une aversion instinctive, et cherchaient une doctrine capable de justifier leurs répugnances par des arguments qui ne fussent pas ceux de la vieille théologie et de la vieille politique. L'Allemand Rodbertus, l'Anglais Thomas Carlyle, sont l'un et l'autre disciples de Saint-Simon, le premier peut-être inconsciemment et sans que l'on puisse dire au juste par quels intermédiaires il a subi l'influence saint-simonienne, le second consciemment : nous connaissons la date et les circonstances de son illumination. Et l'un et l'autre sont les précurseurs de Bismarck qui, négligeant, comme Carlyle et Robertus, les aspects cosmopolites du saint-simonisme primitif, s'est contenté, à leur école, d'adapter la grande industrie aux formes de l'État traditionnel, tout à la fois religieux et national. Sans même sortir de France, le plus grand parmi les disciples, ou pour mieux dire, parmi les collaborateurs de Saint-Simon, c'est Auguste Comte. L'école positiviste n'est pas autre chose qu'une secte dissidente de l'Église saint-simonienne : elle est la seule qui ait prospéré, et prospéré sur les ruines mêmes de la grande Église. Or, peut-on dire que les partis conservateurs aient été complètement injustifiés quand ils ont utilisé à leur profit la doctrine d'Auguste Comte ? Disciples d'Auguste Comte, un Brunetière, un Charles Maurras, le sont aussi, sans le savoir, de Saint-Simon. Ils sont à l'extrême-droite du positivisme saint-simonien.

Suivons maintenant, dans une autre direction, les influences saint-simoniennes. Les saint-simoniens ont prévu la concentration, ils n'ont pas prévu la démocratisation de la production industrielle : mais la démocratisation de la théorie saint-simonienne ne peut-elle se faire conformément aux principes mêmes sur lesquels se fonde cette théorie ? La ligue, ou le syndicat, que les producteurs organisent contre les oisifs, a pour organe essentiel, dans la théorie saint-simonienne, l'institution des banquiers. Seulement, dans notre société encore mal organisée, est-il sûr que les banquiers s'acquitteront, avec la conscience nécessaire, de la mission bienfaisante à eux assignée par la théorie ? Et, pour empêcher qu'après avoir protégé les travailleurs contre les oisifs, les banquiers s'érigent à leur tour en oisifs contre les travailleurs, ne convient-il pas que, contre ces nouveaux capitalistes, les travailleurs une fois de plus se liguent ou se syndiquent ? Cette démocratisation du socialisme saint-simonien, elle s'est, à Paris même, rapidement accomplie. Buonarroti, Bûchez, Louis Blanc ont découvert que la Révolution française n'avait pas été exclusivement critique et destructive, que Jean-Jacques Rousseau et Robespierre avaient voulu déjà restaurer l'ordre nouveau sur les ruines de l'ordre ancien ébranlé par Voltaire, que la doctrine de la souveraineté du peuple permettait de corriger les mœurs de la concurrence anarchique. Louis Blanc est responsable de la Révolution de 1848, envisagée comme une révolution à la fois démocratique et sociale. Ferdinand Lassalle, fondateur du parti ouvrier allemand, est un disciple de Louis Blanc. Or, Louis Blanc est fils de Saint-Simon.

Ce n'est pas encore assez dire. Le saint-simonisme, dans le cours de son histoire, n'a pas seulement eu sa gauche démocratique. Il a eu, par-dessus le marché, son extrême-gauche révolutionnaire. Comment se formule en effet la loi saint-simonienne du progrès ? Et pourquoi une société organique est-elle condamnée à périr, pour être remplacée par une autre ? C'est qu'elle est détruite par une contradiction interne, par un « antagonisme » de forces qui se combattent. Ces forces sociales, ce sont les « classes » : hommes libres et esclaves, seigneurs et serfs, « bourgeois » et « prolétaires ». C'est ainsi que l'on trouve, employé déjà par les premiers saint-simoniens, tout le langage qui sera bientôt celui des socialistes révolutionnaires. Ils devraient avoir dît, ils ont presque dit que « l'histoire du genre humain c'est l'histoire de la lutte des classes ». Et sans doute, délibérément ennemis de toute violence, s'ils tiennent autant à nous éclairer sur le but final vers lequel tend nécessairement l'humanité, c'est afin que la raison, prenant la direction de nos actes, nous permette de faire l'économie des révolutions inutiles. Pourquoi ce souci, cependant ? Et peut-on considérer que Marx et ses élèves aient été absolument infidèles à l'esprit de la philosophie saint-simonienne de l'histoire lorsqu'ils ont poussé un peu plus avant que Bazard et Enfantin dans la voie du fatalisme historique ? La science leur enseigne que la transition d'un état de société à un état de société supérieur a toujours été accompagné de violences. Ce qui a été vrai dans le passé continuera à être vrai dans l'avenir. Comment, là où il y a antagonisme, pourrait-il ne pas y avoir choc ? Et pourquoi ne pas s'y résigner, pourquoi ne pas s'en réjouir, si tout progrès réel s'achète à ce prix ? Quand Lénine, installé au Kremlin, place sur sa table de travail les trois volumes du *Capital*, c'est l'extrême gauche saint-simonienne qui prend possession, en sa personne, du palais des tsars, et prétend réaliser, par la violence, l'« association universelle des travailleurs ».

Tout cela dit, nous sommes prêts à reconnaître qu'attribuer au saint-simonisme une action aussi grande, une influence aussi dispersée, c'est, d'une certaine manière, en constater l'échec en même temps que la fécondité. Pour comparer la doctrine saint-simonienne à une autre grande doctrine contemporaine, dont le prestige a pareillement été immense, on peut dire que, du jour où il y eut une « gauche » et une « droite » hégélienne, l'hégélianisme avait vécu. Cette extrême droite saint-simonienne, dont nous venons de définir l'orientation, ne fait que découvrir, à travers Saint-Simon et Auguste Comte, la doctrine de Joseph de Maistre et du vicomte de Bonald, et la revendication d'un retour à ce régime théologique et féodal que les saint-simoniens déclaraient périmé. Cette extrême-gauche, d'autre part, tout en répétant, inconsciemment ou consciemment, des formules saint-simoniennes, ressuscite ce jacobinisme destructeur que les saint-simoniens abhorraient. Les saint-simoniens considéraient que la crise révolutionnaire dont, au moment où ils écrivaient, le monde occidental venait d'être le théâtre, devait être la dernière, et que l'Europe allait s'acheminer, dorénavant, sous leur direction, sans crise nouvelle, vers un état d'organisation définitive. Or, voici que renaissent les antagonismes et les crises. Ils ont donc fait faillite.

Sans doute. Mais il faut bien voir la nature de ces antagonismes nouveaux. Ils ne ressemblent pas à ceux qui se produisaient entre individus, sous le régime de la libre concurrence, tel que le définissaient les disciples d'Adam Smith et de Say. Sous nos yeux, un monde industriel nouveau s'organise, où il y a encore « lutte », « concurrence », « antagonisme », mais selon des formes nouvelles et qui sont proprement saint-simoniennes. Le conflit est maintenant — les « libéraux » ne constituant plus qu'un parti intermédiaire ou de « centre » — entre un étatisme césarien et un étatisme démocratique, entre un corporatisme à tendances patronales et chrétiennes et un syndicalisme à tendances émancipatrices. Qu'est-ce à dire, sinon que le « socialisme » moderne, comme nous en avertissaient les saint-simoniens, est une doctrine à double aspect ? Doctrine d'émancipation qui vise à abolir ces dernières traces d'esclavage qui subsistent au sein de l'industrialisme ; et doctrine d'organisation, qui a besoin, pour protéger contre les forts la liberté des faibles, de restaurer et renforcer le pouvoir social. Si donc les saint-simoniens péchaient par excès d'optimisme quand ils annonçaient à brève échéance la fin de toutes guerres et de toutes révolutions, du moins ont-ils défini avec tant de clairvoyance les formes nouvelles du régime de la production dans le monde moderne, qu'ils se trouvent avoir prédit, sans le vouloir, quelles formes devaient prendre les antagonismes sociaux dans le monde nouveau qui commençait à se développer sous leurs yeux. Et c'est ainsi que nous sommes toujours ramenés à voir les annonciateurs du monde moderne chez les auteurs du grand livre classique, trop oublié *(La Doctrine de Saint-Simon, Exposition,* 1re *année),* que nous présentons aujourd'hui au public.

LA POLITIQUE DE PAIX SOCIALE EN ANGLETERRE

Les « Whitley Councils » [1]

La guerre n'avait pas été engagée depuis longtemps que déjà les Anglais s'inquiétaient de préparer la solution de ce que nous appelons en France les problèmes de l'« après-guerre », de ce qu'on a pris l'habitude d'appeler en Angleterre les problèmes de la « reconstruction ». Ce mot de « reconstruction » s'entend en deux sens, l'un étroit, l'autre large. Au sens étroit, il s'agit de réparer les désordres causés par la guerre, de remettre les choses en l'état où elles étaient avant la guerre. Les mesures de « reconstruction » présenteront donc, ainsi définies, un caractère essentiellement transitoire : le problème est de franchir, en évitant autant que possible le tumulte et la discorde, les mois de crise qui suivront inévitablement le rétablissement de la paix. Au sens large, le mot de « recons-

---
[1] Étude publiée dans la *Revue d'Économie politique,* Paris 1919.

truction » signifie autre chose : la construction d'un édifice social nouveau, conçu selon un plan supérieur à tous les plans qu'on avait pu concevoir avant la guerre. Les épreuves de la guerre nous ont révélé les lacunes de notre organisation sociale ; nous avons appris, d'autre part, que nous pouvions faire appel, dans une plus large mesure que nous ne l'avions espéré, à la collaboration des classes ; et nous avons acquis enfin une confiance accrue dans l'efficacité des interventions de l'État. Nous sommes donc amenés à concevoir la « reconstruction » non comme un ensemble d'expédients provisoires, mais comme un système permanent, non comme une simple « restauration » du passé, mais comme une organisation du progrès.

C'est dans cet esprit que fut organisée, sous la présidence du premier ministre, au mois de mars 1916, une « commission de reconstruction » *(Reconstruction Committee),* elle-même répartie bientôt en plusieurs sous-commissions. Une de ces sous-commissions, présidée par M. J.-H. Whitley, *chairman of committees of the House of Commons* (disons pour traduire, tant bien que mal, en français cette expression technique anglaise : vice-président de la Chambre des Communes), reçut pour programme la recherche des moyens propres à améliorer, d'une manière permanente, les relations entre patrons et ouvriers. Il s'agit, comme on voit, de reconstruction au sens large. On prendra bien en considération les problèmes qui doivent nécessairement se poser pendant la période de transition qui suivra immédiatement le rétablissement de la paix : démobilisation, réinstallation des ouvriers des munitions dans les industries civiles, achèvement des apprentissages interrompus par la guerre, rééducation professionnelle des invalides de la guerre. Mais les ambitions du gouvernement, en constituant sa sous-commission, sont plus lointaines et plus hautes. Il aspire à fonder des institutions « permanentes », à constituer pour l'avenir un nouveau système des rapports entre patrons et ouvriers. Il voudrait, profitant des leçons que le pays a apprises en pratiquant pendant la guerre la méthode de l'« union sacrée », trouver un remède au malaise qui, avant la guerre, pesait d'année en année plus lourdement sur l'industrie et, par contrecoup, sur toute la politique anglaise.

Un homme d'État britannique peut considérer son pays comme définitivement guéri du mal de la révolution politique, de l'émeute.

Mais si le public anglais a peu de goût pour la politique pure et se défie invinciblement de la phraséologie révolutionnaire, il se passionne au contraire pour les questions qui touchent à ses intérêts pécuniaires immédiats : l'économie politique l'intéresse autant, que la politique doctrinale le laisse indifférent. Or, le refus de travail, la grève, ou la menace de grève, sont l'arme la plus sûre dont l'ouvrier dispose pour intimider le patronat et obtenir de lui les concessions qu'il désire. Si l'Angleterre du XXe siècle ignore l'émeute, elle est le pays classique de la grève. La grève est une maladie chronique, dont les symptômes semblent s'aggraver constamment. Elle est une cause toujours renaissante d'appauvrissement pour la nation. Elle constitue un véritable scandale pour l'homme d'État. Comment en finir avec la grève ?

Le premier procédé dont l'idée se présente à l'esprit, c'est la répression pure et simple. Non point précisément la répression à main armée : les hommes d'État anglais n'y ont recouru que rarement, l'idée leur inspire une répugnance extrême. Mais les syndicats ouvriers, sont en Angleterre des organisations puissantes qui accumulent de gros fonds de réserve. Il n'est pas impossible d'appliquer rigoureusement les lois existantes aux ouvriers qui, immanquablement, au cours de chaque grève, commettront des excès, et de faire payer aux syndicats les lourdes amendes infligées. Au cours de la période réactionnaire qui a suivi les élections conservatrices de 1895, cette méthode a été employée, et employée avec succès. Pendant quatre ou cinq ans, pour sauver de la ruine leurs organisations syndicales, les ouvriers anglais n'ont pas osé faire grève. La victoire du patronat n'a cependant été que fugitive. Les syndicats — tout en renonçant pour l'instant à la bataille — préparaient leur revanche. Ils organisèrent le « Parti du Travail » aux efforts duquel il faut attribuer, plus qu'à toute autre cause, l'effondrement du parti conservateur aux élections générales de 1905. Quelques mois plus tard, sur la sommation du Parti du Travail, le Parlement votait un *Trade Disputes Act* qui, d'une part, interprétait plus largement le droit de grève et, d'autre part, interdisait expressément de tenir les syndicats ouvriers pour pécuniairement responsables des actes délictueux commis en temps de grève par leurs membres.

Le mouvement gréviste prit aussitôt, à travers le Royaume-Uni, une intensité nouvelle : c'est le temps où les doctrines syndicalistes nées en France se propageaient à travers l'Occident. Pour l'endiguer, il fallait, la répression légale ayant échoué, trouver d'autres méthodes. Ne pourrait-on essayer de prévenir le mal par la conciliation organisée ?

Les ouvriers du coton dans le Lancashire avaient, il y a déjà un quart de siècle, conclu avec leurs employeurs un traité qui, sous le nom de *Brooklands Agreement*, est demeuré fameux dans l'histoire du trade-unionisme anglais [1]. Il est encore en vigueur aujourd'hui ; il demeure et semble devoir demeurer longtemps la charte de l'industrie cotonnière. L'« accord de Brooklands », qui, signé en 1893, a été révisé et complété en 1905, définit les principes selon lesquels les salaires doivent varier en fonction des bénéfices du capital, les règles selon lesquelles ces bénéfices doivent être évalués » ; désigne des experts pour veiller périodiquement à l'application de ces principes et de ces règles ; organise une série de comités hiérarchisés pour arranger à l'amiable et sans recours à la grève les disputes qui peuvent s'élever entre patrons et ouvriers. Ce qui a été fait avec succès pour une des grandes industries du royaume, ne pourrait-on le faire pour toutes et organiser pacifiquement tout le monde du travail ?

Dès l'année 1894, un an après la signature du traité de Brooklands, se constitue une société qui, sous le nom d'*Industrial Union,* poursuit la réalisation de cet idéal. La mort du promoteur, le manque de fonds font avorter le projet. Nous retrouvons l'idée reprise en 1900 par un certain Mr. John Lockie, de Stonehouse dans le Devonshire. Il propose la création, avec un fonds de 50.000 liv. st., d'une *National Federation of Employer's Associations and Trade Unions,* Cette fédération fournira aux patrons et aux ouvriers l'occasion de « se rencontrer sur un pied d'égalité », d'« amener un règlement rapide et amiable des disputes et des grèves », de « rendre plus faciles les rapports entre le capital et le travail », de les établir « sur une base parfaitement harmonieuse et équitable », « de créer et de cimenter entre le patron et l'ouvrier le sentiment d'une communauté d'intérêts ». M. John Lockie trouve, pour patronner la fédération qu'il projette, quelques aristocrates, quelques parlementaires, quelques industriels, — pas un ouvrier ; et l'idée semble avoir presque im-

---

1 Sur le Brooklands Agreement, v. B. et S. Webb, *Industrial Democracy,* p. 198, sq.

médiatement avorté [1].

Il faut, pour la voir renaître et acquérir enfin un semblant de vitalité, descendre jusqu'à l'année 1911. Se conformant au conseil donné par un des rois de l'industrie cotonnière, sir Charles Macara, qui collabora jadis à la rédaction du Traité de Brooklands, le gouvernement, au mois d'octobre, institua un *Industrial Council*, composé de treize patrons et de treize ouvriers. À ce « Conseil Industriel », nommé par le *Board of Trade,* on donnait pour président Sir Georges Askwith, qui était alors contrôleur général du *Labour Department,* avec le titre nouveau de *Chief Industrial Commissioner.* Il devait exercer, il a effectivement exercé, les fonctions d'un arbitre chaque fois qu'une dispute a éclaté dans tel ou tel corps de métier et n'a pu être réglée par les intéressés livrés à leurs seules ressources. Le *Board of Trade* avait d'ailleurs soin d'expliquer qu'il ne s'agissait à aucun degré d'introduire un élément d'obligation légale dans les accords intervenus entre patrons et ouvriers ; il s'agissait seulement de mettre plus de zèle et des moyens nouveaux à l'application du *Conciliation Act* que le Parlement britannique a voté en 1896 et qui exclut toute idée d'arbitrage obligatoire. Quand cependant en 1912 l'*Industrial Council* fut invité par le gouvernement à ouvrir une vaste enquête sur la question de savoir jusqu'à quel point et de quelle manières on doit « assurer », « imposer l'exécution des accords industriels intervenus entre les représentants des patrons et les représentants des ouvriers, dans une industrie et dans une région donnée [2] », les ouvriers des *Trade Unions* eurent raison de prendre quelque ombrage. Il se dissimulait certainement, derrière cette enquête, quelque arrière-pensée d'arbitrage obligatoire, de sanctions pénales. En 1912, à Newport, en 1913 à Manchester, le Congrès des Trade Unions déclara expressément qu'il était, en principe, hostile à cette politique.

L'Industrial Council a vécu. Huit ans se sont écoulés depuis qu'il est né et nous n'avons pu réussir à en découvrir les traces ; bien des

---

1 Nous avons pu nous documenter, sur l'*Industrial Union* de 1894 et sur la *National Fédération* de 1900, aux archives du Comité parlementaire du Congrès des Trade-Unions, grâce à l'obligeance de M. Fred. Bramley, assistant secretary du Comité.
2 Les *Minutes of Evidence taken before the Industrial Council in connection with their enquiry into industrial agreements,* 1913 [Cd. 6953] constituent un excellent tableau du monde syndical anglais à la veille de la grande guerre. Nous les utiliserons à plusieurs reprises au cours de cette étude.

gens, même dans les milieux industriels et syndicaux, en ont perdu jusqu'au souvenir. Mais les préoccupations qui en avaient provoqué naguère la constitution ont recommencé à hanter les esprits depuis la guerre et par le fait de la guerre, en même temps que les institutions de guerre faisaient apparaître comme moins utopique l'idée d'une collaboration pacifique entre la classe patronale et la classe ouvrière.

Les matières premières, la main-d'œuvre, faisaient défaut. Cependant les besoins de l'État militaire étaient pressants. L'État, devenu le principal consommateur de la nation, s'érigea en arbitre souverain de la production et de la distribution. Pour faciliter sa tâche, il encouragea, dans chaque branche de la production, tous les chefs d'entreprises à se syndiquer ; il poussa, d'autre part, les ouvriers, là où leurs organisations syndicales étaient peut-être encore incomplètes, à les rendre plus universelles, il exigea que les syndicats patronaux et ouvriers se fissent les agents de son autorité. Il les consulterait avant d'agir. Une fois ses décisions prises, ce serait à eux de transmettre ses ordres et d'en imposer l'exécution à tous les patrons et à tous les ouvriers.

S'agit-il des industries textiles ? Deux *Boards of Control* ont été constitués, où l'État, l'association patronale et les syndicats ouvriers ont été représentés, pour le gouvernement de l'industrie cotonnière et de l'industrie lainière. Prenons l'exemple de la laine. Le *Board of Control* est composé de trente-trois membres : onze représentant le ministère de la Guerre, onze les employeurs, onze les ouvriers syndiqués. Le président et le secrétaire sont nommés par le ministère. Le secrétaire est élu par le *Board*. Une fois que la laine brute a été achetée, triée, lavée, peignée, par les seins de l'Administration et que l'Administration a décidé quelle quantité, les besoins de l'armée étant satisfaits, sera livrée à la consommation civile, c'est le *Board* qui avise le ministère sur la manière de distribuer ses commandes, qui partage entre les diverses entreprises la laine réservée pour la consommation civile, qui réglemente les conditions du travail. Les syndicats de la laine, jusqu'alors médiocrement organisés, ont reçu une impulsion nouvelle par le fait qu'ils sont devenus les alliés du patronat et de l'État dans le gouvernement d'une des plus grandes industries du royaume. Ces arrangements ont fonctionné à la satisfaction de tous les intéressés. Il n'y a pas eu une seule querelle sérieuse entre patrons et ouvriers. Le consommateur s'est déclaré content. Ne semble-t-il pas que cette politique de paix sociale après laquelle aspiraient l'*Industrial Union* de 1894, la *national Fédération* de 1900, l'*Industrial Council,* de 1911, se trouve miraculeusement réalisée, sous la pression du péril national ?

S'agit-il des munitions ? En même temps que l'on désirait attirer un nombre toujours croissant d'hommes valides vers l'armée, que par suite la main-d'œuvre se faisait plus rare dans les fabriques, on désirait obtenir cependant une production toujours plus intense. Il fallait, pour cela, enfreindre toutes les règles dont les syndicats ouvriers, au cours du dernier siècle, ont imposé l'acceptation au patronat en vue de limiter la production. Comment obtenir ce résultat sans provoquer d'innombrables grèves ? On fit appel aux syndicats ouvriers ; et c'est d'accord avec leurs chefs que l'on signa un grand traité, destiné à être tant bien que mal respecté pendant toute la durée de la guerre. Toute modification aux règlements d'atelier ne sera faite, sous réserve d'un consentement ultérieur du syndicat, que pour la durée de la guerre. La substitution du travail féminin ou du travail non qualifié au travail viril ou au travail qualifié ne devra jamais entraîner une diminution des salaires. Les ouvriers seront toujours avisés à l'avance de chacune de ces modifications, qui ne sera jamais effectuée avant que l'on ait pris l'avis de leurs représentants. En revanche, il n'y aura jamais cessation de travail. Toute querelle qui n'aura pas été ajustée par les partis directement intéressés sera arbitrée par le *Board of Trade* qui pourra se faire représenter soit par le *Committee of Production*, soit par un arbitre unique accepté par les intéressés, soit par une cour arbitrale où siégeront en nombre égal des patrons et des ouvriers. C'est ainsi qu'après avoir pendant un siècle fait la guerre à l'idée syndicale, l'État et les patrons se trouvent amenés, changeant radicalement d'attitude, à considérer le syndicat ouvrier comme un principe d'ordre social ; ils comptent que les ouvriers, d'abord syndiqués pour la défense de leurs intérêts de .classe, apprendront à subir la discipline de leurs syndicats dans l'intérêt de toute la collectivité.

Peut-on s'étonner si le succès de ces institutions de guerre a provoqué la naissance d'une foule de projets, plus ou moins utopiques, pour la réalisation de la paix sociale par le syndicat mixte au sein duquel fraterniseraient patrons et ouvriers d'une même industrie ? La *Garton Foundation* est une institution philanthropique qui avait eu pour objet primitif l'étude des problèmes du pacifisme, l'organisation de l'arbitrage international. Maintenant qu'au mépris des vœux de ceux qui la fondèrent, la guerre fait rage à travers l'Europe tout entière, les philanthropes de la *Garton Foundation* s'appliquent à l'étude de la question sociale dans les limites de la nation. En octobre 1916, ils publient un long rapport anonyme « sur la situation industrielle après la guerre [1] ». Ils suggèrent, dans chaque entreprise, la formation d'un *Joint Committee*, où la direction et la main-d'œuvre seraient respectivement représentées. Ils suggèrent, à la tête de chacune des grandes industries du Royaume-Uni, un *Joint Board of Control*, un *National Industrial Council*, où siégeraient les uns à côté des autres, en nombre égal, des représentants de l'association patronale et des représentants du syndicat ouvrier. Ces conseils auraient pour fonction d'intensifier la production, de concilier les intérêts de classe, et à l'occasion — « mais, ajoute le rapport, il y faudra mettre beaucoup de prudence » — d'obtenir que le *Board of Trade* confère un caractère légal à leurs décisions. Il semble que la *Garton Foundation* ait subi, en ces matières, l'influence d'un entrepreneur en bâtiment de Londres, Mr. Malcolm Sparkes, un quaker, un pacifiste outrancier, qui devait bientôt se faire condamner à la prison pour refus de service militaire : nous le retrouverons tout à l'heure. Mr. Ernest-J. J. Benn, un industriel qui avait déserté les affaires pour la politique et l'action sociale, développait la même année, dans un petit livre, des idées voisines de celles-là [2]. Il réclamait la syndicalisation obligatoire de tous les producteurs, des ouvriers aussi bien que des patrons. Il esquissait le plan d'une sorte de parlementarisme du monde industriel anglais : collaboration des ouvriers avec les patrons dans la direction de la grande industrie, participation directe des producteurs organisés au gouvernement de la nation.

Ainsi se réveillait, en cette deuxième année de guerre, l'imagina-

---
[1] *Memorandum on the Industrial Situation after the War*. The Garton Foundation. Privately circulated among Employers, Representatives of Labour, and public men of all parties, march-september, 1916. Now published as revised in the light of criticisms and suggestions received, october 1916.
[2] *Trade as a Science*. Mr. Ernest-J.-J. Benn reprit les mêmes idées, en 1917, dans un nouvel ouvrage intitulé *Trade tomorrow*.

tion, d'abord assoupie, des faiseurs de systèmes. Mais il ne faudrait pas croire que tous se soient ralliés à ces plans de pacification sociale et de fraternisation sociale.

Les socialistes doctrinaux ne veulent pas entendre parler d'un traité d'alliance entre les capitalistes et les travailleurs : ils veulent l'expropriation des capitalistes. Ils ne veulent pas le partage du gouvernement des fabriques entre les uns et les autres : ils veulent la conquête intégrale du pouvoir par les travailleurs. Ils demandent 3ue l'État intervienne du dehors pour dicter au patronat les confions qu'il devra accorder aux salariés. Certaines conditions normales d'existence — un « Minimum National », pour employer l'expression créée par Mr. et Mrs Sidney Webb — sont dues à chacun des membres d'une société industrielle : si le régime industriel existant est incapable de les leur accorder, cela veut dire que ce régime doit disparaître. Le *Trade Boards Act* de 1909 est la première loi ouvrière qui ait en Angleterre consacré ce principe. Dans certaines industries où les ouvriers, faute de pouvoir s'organiser en syndicats, étaient soumis à une intolérable exploitation, des *Trade Boards* ont été institués, composés de fonctionnaires, de représentants du patronat et de représentants de la classe ouvrière. Sur avis de ces *Boards,* l'État fixait le tarif des salaires minima. Il appartint au Parlement d'étendre le bénéfice de la loi à d'autres industries, dont le cas apparaîtrait éventuellement comme pareil à celui des quatre industries auxquelles s'appliquait la législation de 1909. Ce fut ensuite une innovation importante que l'application, en 1912, du principe du salaire minimum aux ouvriers des mines de charbon : car l'on ne pouvait pas dire ici que les ouvriers fussent mal organisés et livrés sans défense à l'exploitation patronale. En 1915, en 1916, dans les usines de munitions, le principe d'un salaire légal minimum s'est généralisé [1]. Et c'est l'universalisation de ce principe que nous voyons le Congrès des Trade-Unions adopter pour programme en 1916. Il demande le syndicat obligatoire, la journée de huit heures obligatoire, et le salaire minimum obligatoire de 30 shillings.

Les syndicalistes s'insurgent aussi. Ce sont des socialistes encore,

---
[1] Sur l'ensemble des mesures qui ont tendu depuis une dizaine d'années à la fixation légale des salaires, v. la brochure intitulée *State Regulation of Wages,* qui vient d'être publiée par le ministère de la Reconstruction (fasc. XXIX des *Reconstruction Problems).*

mais qui abordent le problème de la réorganisation industrielle par un autre côté que les socialistes démocrates. Les ouvriers voient, à la tête de leurs organisations géantes, leurs présidents, leurs secrétaires, frayer avec les ministres et les chefs des grands services administratifs, et signer des traités de paix, presque des traités d'alliance, avec les capitaines de la grande industrie. Ils en prennent ombrage, se sentent délaissés, trahis peut-être. Pendant tout l'été de 1916, dans les provinces anglaises, et particulièrement sur la Clyde, parmi les *engineers*, éclatent de véritables révoltes ouvrières, non pas seulement contre l'État, contre les patrons, mais aussi, on serait tenté de dire surtout, contre les états-majors syndicaux. Les ouvriers élisent, dans chaque manufacture, des *shop stewards*, qu'ils cessent de considérer comme de simples fonctionnaires subalternes dans la hiérarchie syndicale ; ils verront désormais en eux leurs mandataires, chargés de gouverner en leur nom le syndicat et de donner des ordres impératifs aux chefs mêmes des syndicats.

C'est la lutte, perpétuellement renaissante depuis un demi-siècle au sein du monde du travail, entre les « anarchistes » et les « autoritaires », entre les « fédéralistes » et les « centralisateurs ». Les *shop stewards* s'organisent en groupes autonomes et prétendent refondre, sur la hase des « comités d'usine » (*works' committees*), tout le système des syndicats anglais. C'est par cette action directe, exercée sur chaque entreprise, qu'ils aspirent à réaliser l'expropriation des capitalistes. Ils trouvent des écrivains révolutionnaires pour ériger leurs aspirations en doctrine. D'autres écrivains, plus modérés, leur font néanmoins des avances. Tel Mr. G.-D.-H Cole, le jeune théoricien du *Guild Socialism*. Mr. Cole a repris, dans le monde ouvrier d'aujourd'hui, le rôle que jouèrent Mr. et Mrs. Webb à la fin du XIXe siècle. Il est le « fabien », l'opportuniste, du syndicalisme révolutionnaire, comme Mr. et Mrs. Webb ont été les opportunistes du socialisme démocratique. Il compte sur les syndicats ouvriers, devenus propriétaires de leurs industries respectives, pour effectuer la socialisation du capital de la nation ; mais il persiste à vouloir maintenir ces syndicats sous le contrôle du Parlement et des bureaux. Il reconnaît, chez les hommes du *shop steward's movement*, les héritiers directs du syndicalisme révolutionnaire d'il y a dix ans. À eux aussi, il fait des avances. Pour rendre les syndicats plus combatifs, plus agissants, il demande qu'on les réorganise, dans la mesure du possible, selon les vœux es *shop stewards*, sur la base des « comités d'usine [1] ».

Dans la sous-commission que le ministre avait chargée d'étudier les relations des patrons avec les ouvriers, on s'était appliqué à faire que tous les points de vue fussent pris en considération. J'y trouve quatre représentants de la grande industrie, désireux de faire tout ce qu'il faudra pour « apprivoiser » les militants syndicalistes ; trois ouvriers, dont deux sont des modérantistes et des conciliateurs, le troisième, Robert Smilie, étant au contraire fameux par l'intransigeance de ses propos révolutionnaires ; deux économistes, sympathiques au socialisme. Deux autres membres, Miss A. Susan Lawrence et Mr. J.-J, Mallon, s'étaient signalés par le zèle avec lequel ils avaient lutté contre les abus du *sweating* / leur philosophie, c'était la philosophie des *Trade Boards* et de la protection légale des travailleurs. Miss Mona Wilson, membre depuis 1912 de la commission administrative qui contrôle l'application de la loi sur l'assurance-maladies, partageait leurs vues. Le choix des secrétaires fut caractéristique. L'un est un fonctionnaire, Mr. H.-J. Wilson, qui avait été l'archiviste de l'*Industrial Council* de 1911 et qui, à côté de Sir Georges Askwith, avait arbitré bien des querelles ouvrières. L'autre, Mr. Greenwood, est un jeune professeur d'université ; il s'était surtout occupé d'éducation ouvrière et n'était pas loin de partager les idées de Mr. Cole et des *Guild Socialists*. Comment réaliser un compromis entre des opinions aussi disparates ? Comment éviter qu'il n'arrivât ce qui arrive presque normalement en Angleterre, à l'issue des travaux d'une commission : qu'on aboutît à la publication de plusieurs rapports, dans chacun desquels s'expriment des vues divergentes ? Mr. J.-H. Whitley, le président de la commission, sut, par sa diplomatie, réaliser ce miracle. Les rapports que rédigèrent les deux secrétaires furent d'une nature telle que tous les membres de la commission purent, sans une exception, y apposer leur signature [2].

---

1 Pour l'exposé des vues de Mr. G.-D.-.H. Cole, v. en particulier son *Self Government in Industry*, 1918. — On trouvera un bon exposé du mouvement des *shop stewards* dans l'excellent ouvrage du même auteur, *An Introduction to Trade Unionism*, p. 53, sq.
2 Les quatre rapports qui nous intéressent directement ont été réimprimés par le ministère du Travail sous le titre général d'*Industrial Reports*. N° 1. Industrial Councils. N° 2. Works' Committees. N° 3. Industrial Councils and Trade Boards. N° 4.

Le premier rapport — rapport provisoire, *intérim report* — proposait l'organisation de *Joint Standing Industrial Councils* (Conseils industriels mixtes permanents), composés, en nombre égal, de représentants de l'organisation patronale et de représentants de l'organisation ouvrière. On soumettait à l'examen immédiat de ces conseils, une fois constitués, certaines questions qui seraient urgentes aussitôt la paix rétablie : problème de la démobilisation, problème du rétablissement des coutumes syndicales d'avant la guerre. Mais on leur assignait en même temps des fonctions permanentes, à savoir, d'une manière générale, « l'établissement d'une coopération plus étroite entre patrons et ouvriers ». On leur traçait un programme en onze points que nous réduirions volontiers à quatre points essentiels : 1° négociations amiables en ce qui concerne le taux des salaires, le mode de paiement des salaires, la durée et, d'une manière générale, les conditions de travail ; 2° appel à l'expérience ouvrière pour le développement technique de l'industrie ; 3° examen des questions qui intéressent indirectement le progrès de l'industrie, telles que la question de l'éducation technique et des recherches scientifiques ; 4° législation industrielle. Programme conforme au vœu des chefs d'industrie, tout au moins des plus intelligents, conforme aux vœux des chefs de syndicats, tout au moins des plus modérés.

Le rapport demandait d'ailleurs que chaque conseil industriel « national », c'est-à-dire organisé pour présider aux intérêts d'une certaine industrie dans toute l'étendue du royaume, ne fût pas considéré comme se suffisant à lui-même. Il devait être complété par des « conseils de district », l'ensemble du royaume ayant été,, pour chaque industrie, réparti entre un certain nombre de districts et chaque district ayant son conseil. Il devait être complété encore par des « comités d'usine » *(Works' Committees)*, à raison d'un comité par usine. C'était une concession aux syndicalistes, une manière de concilier, tant bien que mal, les chefs des grandes organisations avec les rebelles du *shop stewards' movement*.

Un second rapport entra, quelques mois plus tard, plus avant dans le détail des choses. On constatait l'impossibilité où l'on était d'adopter, pour toutes les industries, une même forme d'organisation. On proposait une classification en trois groupes, Un groupe

---

Industrial Councils.

A, où l'organisation, tant du côté patronal que du côté ouvrier, était suffisamment complète pour que patrons et ouvriers pussent, sans délai, constituer des conseils conformes au programme de la commission. Un groupe B, où l'organisation était insuffisante et pour lequel on proposait un second type de conseils, où les représentants patronaux et ouvriers seraient assistés, à titre de tuteurs et de guides, par un ou deux représentants du ministère. Un groupe C, enfin, qui était vraiment inorganique. Le rapport demandait que, pour « organiser » les industries de ce troisième groupe, on donnât une extension considérable à la législation des *Trade Boards*. Avance aux socialistes, qu'aurait pu indisposer le programme des conseils mixtes, trop exclusivement préconisé. L'État s'essayait là où les organisations ouvrières et patronales étaient respectivement assez fortes pour traiter sur un pied d'égalité. Mais il se réservait d'examiner si vraiment l'organisation ouvrière présentait la solidité nécessaire. Sinon, il intervenait pour rétablir l'équilibre.

Programme transactionnel et éclectique, où des concessions étaient faites aux vues de chacun, où l'on n'allait jusqu'au bout des idées de personne. On jugerait, à l'application, si cette complexité, ces contradictions, étaient une garantie de souplesse ou un signe de débilité.

*
* *

L'accueil fait par l'opinion aux rapports du *Whitley Committee* fut, au premier abord, indulgent. Les huit commissions que le gouvernement chargea, en 1917, d'une enquête sur les causes de l'agitation ouvrière renaissante préconisèrent l'adoption des conclusions du *Whitley Report* : elles insistaient sur le rôle utile que joueraient les conseils de district et les comités d'usine. Le patronat se déclara nettement favorable, par l'organe de la grande « Fédération des Industries Britanniques », qui depuis 1917 réunit en un groupe unique d'études et d'action tous les chefs d'entreprise du Royaume-Uni : la « Fédération » préconisait l'établissement, à la tête de chaque branche de la production, d'un conseil industriel national, faisant seulement des réserves au sujet des conseils de district et des comités d'usine [1]. Les organisations socialistes, la

---

1 Industrial Councils. Recommendation on the Whitley Report put forward by the Federation of Bristish Industries. Aug. 3, 1917.

Fabian Society [1], la *National Guilds League* [2], critiquèrent le projet ; mais leurs critiques furent dépourvues d'âpreté, et le Congrès des Trade-Unions, le Congrès du Parti du Travail, tout en formulant de graves réserves, évitèrent de prononcer une condamnation radicale. Des ligues se formèrent, d'inspiration philanthropique, pour propager l'idée de la réconciliation des classes, par le système des *Whitley Councils* : l'*Industrial Reconstruction Council*, présidé par M. Ernest-J.-P. Benn ; l'*Industrial League,* dont le président M. G.-H, Roberts, fut, jusqu'en novembre dernier, ministre du Travail et membre du Parti du Travail. Le gouvernement se sentit donc encouragé par cet état d'esprit nouveau, né de la guerre, à donner suite au rapport de la commission. Un appel pressant fut adressé aux organisations patronales et ouvrières. Un service spécial fut créé au ministère du Travail, pour veiller à la mise en marche des nouveaux conseils. Et, tout en insistant sur ce point que les *Whitley Councils* devaient présenter le caractère d'institutions libres, on mettait à la disposition de chacun un fonctionnaire pour lui servir, suivant l'expression officiellement adoptée, d'« officier de liaison » avec le ministère.

Deux ans se sont écoulés depuis la publication du premier rapport de la commission. Quel a été le travail accompli au cours de ces deux années ? Une trentaine de conseils ont été constitués. Quelle en est l'importance numérique et morale ? Quels sont les syndicats ouvriers qui sont restés sourds aux appels du gouvernement et des philanthropes ? Quels sont ceux, au contraire, qui ont adopté les conclusions des *Whitley Reports* et pour quelles raisons les ont-ils adoptées ?

Négligeons d'abord une poussière de petits syndicats qui semblent avoir constitué des conseils industriels à la seule fin de se donner une importance factice. Les militants sourient quand ils voient défiler sur la liste des *Whitley Councils* le conseil des poseurs d'appareils électriques, des carrossiers, des fabricants de papiers peints, des fabricants d'asbestes, des fabricants de navettes et de bobines

---

1 Fabian Research Department. Memorandum n° 6. The Whitley Reports and their Application. Prepared in August 1918, by Margaret L. Postgate.
2 *National Guilds or Whitley Councils* ? Being a Reprint with a New Introduction, ok two Pamphlets on the Whitley Report. Published by the National Guilds League.

(pour les ateliers de tissage). Ils sont bien embarrassés, quand ils se trouvent en face du conseil industriel du *Coir Matting*, de vous dire ce que c'est que cette substance appelée *coir*, avec laquelle se fabriquent des nattes. Ils se demandent pourquoi les « peintres et vernisseurs » ont voulu avoir leur conseil à eux, distinct du conseil industriel du bâtiment. Tous ces syndicats servent à allonger la liste, sans grossir sensiblement les effectifs du *Joint industrial Councils*. Mais il en est de plus sérieux ; et c'est en examinant ceux-là que nous croyons pouvoir découvrir les raisons qui ont déterminé les ouvriers, d'accord avec les patrons, à adopter, dans un certain nombre de cas bien définis, la forme nouvelle d'organisation.

1° Depuis 1905, les effectifs syndicaux se sont prodigieusement accrus. Le nombre des ouvriers qui sont représentés au Congrès annuel des Trade Unions a passé, entre 1905 et 1914, des environs de deux millions aux environs de quatre millions ; de 1914 à 1918, l'augmentation a encore dépassé un demi-million. Un pareil accroissement numérique doit nécessairement avoir pour conséquence un progrès de l'organisation syndicale, et plus particulièrement en ce qui touche les rapports à établir entre patrons et ouvriers. C'est alors que l'État intervient et offre aux militants du syndicat le modèle des conseils industriels mixtes. Pourquoi ne pas accepter les propositions du ministère du Travail et de son « officier de liaison » pour s'aboucher avec les patrons ? Sans le *Whitley Report*, ils auraient essayé de constituer un *Conciliation Board*. Après le *Whitley Report*, ils fondent des conseils industriels mixtes pour répondre aux mêmes besoins et remplir les mêmes fonctions.

Il est possible, en conséquence, de définir avec précision ce que l'on pourrait appeler le champ de développement de l'institution nouvelle. Les vieux syndicats dont l'organisation depuis longtemps était parfaite — ouvriers mineurs, cheminots, ouvriers en coton du Lancashire, *engineers* — se sont désintéressés des nouveaux conseils. Il n'en a pas été de même des syndicats que la guerre a surpris en pleine crise de croissance, dont la guerre a parfois favorisé le développement et qui tendent, sans l'avoir atteinte, vers une organisation de leurs rapports avec le patronat semblable à celle que, depuis longtemps, d'autres syndicats avaient su se donner : ceux-là sont mûrs pour le Conseil industriel mixte. Un double exemple rendra la chose parfaitement claire. Il y a deux régions du textile en Angleterre : la région du drap et la région du coton. Le drap a son *Whitley Council*, le coton n'aura pas le sien. Tout de suite on comprend pourquoi.

Les ouvriers du coton ont été les pionniers du syndicalisme anglais. On évaluait en 1915 à 250.000, dans les fabriques et ateliers de tissage du Lancashire, le nombre des ouvriers syndiqués. Ce sont ces ouvriers qui s'enorgueillissent d'avoir rédigé, en 1893, la charte de Brooklands, dont le modèle a inspiré, depuis vingt-cinq ans, tous les plans de pacification sociale, y compris le *Whitley Report*. Les ouvriers du coton n'ont que faire d'un Conseil industriel. Ils n'en ont point formé et n'en formeront point.

Mais tout autre a été l'histoire du district voisin où le drap se fabrique. Dans le *West Riding* du Yorkshire, au cours des années qui précédèrent la guerre, patrons et ouvriers aspiraient à consolider leurs organisations respectives ; et les plus intelligents, parmi, les ouvriers syndiqués, aspiraient à voir se consolider les organisations patronales, de même que les plus intelligents parmi les patrons souhaitaient la consolidation des organisations ouvrières. Mais pour l'instant, ces aspirations restaient mal satisfaites : le *Cotton Trade* demeurait un idéal que le West Riding était impuissant à atteindre. C'est à peine si, dans le Yorkshire, le quart des ouvriers employés à la fabrication du drap faisait partie des syndicats ; et trente à trente-cinq petites organisations de métier brisaient tous les efforts de la *General Union of Weavers and Textile Workers* pour concentrer les forces ouvrières. Là-dessus est intervenue la guerre. Le gouvernement a créé le *Board of Control*, introduit dans le comité un régime de syndicalisation universelle. « Il a, suivant la formule d'un rapport officiel, reconnu les groupes, ignoré les individus ». Quand, avec le retour de la paix, il a été question de disloquer cette organisation, patrons et ouvriers drapiers n'ont pas eu, comme ceux du Lancashire, la ressource de retomber sur une organisation antérieurement existante. Lé plus simple n'était-il pas alors d'utiliser les cadres que proposait le ministère du Travail ? Il fut d'abord question d'organiser un simple comité de « reconstruction » au sens étroit, pour réglementer l'industrie de la laine pendant la période de crise qui devait précéder le rétablissement complet de la paix. Mais c'est finalement un Conseil industriel permanent, le plus considérable de tous les conseils existants, représentant près de 250.000 ouvriers, qui a été, au mois de janvier dernier, inauguré par le maire de Bradford.

Une autre difficulté s'opposait, dans le monde syndical, à la conclusion d'accords entre patrons et ouvriers : elle tenait, cette fois, moins à une insuffisance qu'à un vice d'organisation. Le *Whitley Report* est venu apporter le remède. Les ouvriers d'une même industrie appartiennent souvent à plusieurs syndicats de métiers, et ces syndicats de métier peuvent eux-mêmes chevaucher sur plusieurs industries. Un seul syndicat de métiers, en faisant grève, peut condamner à la cessation de travail, contre leur volonté, les ouvriers qui appartiennent à d'autres syndicats ; il peut, au contraire, en refusant de faire grève, paralyser la volonté de grève des autres. Toute une partie du monde ouvrier aspire, depuis bien des années, à remanier l'organisation syndicale, à fondre dans un seul syndicat tous les ouvriers d'une même industrie, quelle que soit leur spécialité, à reconstituer les syndicats sur la base de l'« industrie », non du « métier ». Mais cette politique se heurte, de la part des vieux syndicats de métier, à des résistances obstinées. Elle est compliquée, depuis un quart de siècle, par l'apparition des syndicats de *general workers*, des « ouvriers non qualifiés », difficiles à absorber dans la même organisation que les ouvriers qualifiés. Dans le syndicat unique, abaissera-t-on les hautes cotisations de l'ancien syndicat d'ouvriers qualifiés au niveau des cotisations jusqu'alors versées par les *general workers* ? On enlèvera donc aux ouvriers qualifiés tous les avantages qu'ils retiraient de leurs fortes cotisations sous forme de secours mutuels. Relèvera-t-on, au contraire, les cotisations des ouvriers non qualifiés au niveau des cotisations antérieurement payées par les ouvriers qualifiés ? Ils ne pourront pas les payer. La formule des Conseils industriels semble avoir, dans certains cas, fourni une solution à ce problème difficile. Plusieurs syndicats peuvent, sans se fondre en un seul, avoir des représentants dans un seul conseil. Les difficultés qui s'opposaient à la formation d'un « syndicat d'industrie » sont éludées, en même temps que les ouvriers trouvent à la formation des conseils certains des avantages qu'ils auraient retirés de la constitution d'un syndicat unique. Est-ce pour cette raison que les militants des syndicats de *general workers* se sont, le plus souvent, montrés favorables aux conclusions du *Whitley Report* ?

2° La concurrence des *Trade Boards* a pareillement contribué, dans une mesure notable, à la création des conseils industriels.

Voici un pointeur lequel le *Whitley Committee* a obtenu un plein succès. Un nouveau *Trade Boards Act* a été voté en 1918, conformément aux conclusions du rapport de la commission [1]. Dorénavant, il suffit d'une simple décision du ministère du Travail pour imposer à une industrie quelconque la constitution d'un *Trade Board*, et il ne sera pas nécessaire pour cela que les salaires payés par cette industrie soient, selon la formule de la loi de 1909, « exceptionnellement » bas ; la nouvelle loi dit « indûment » au lieu d'« exceptionnellement », et c'est au ministère du Travail qu'il appartient d'apprécier le moment où le salaire tombe au-dessous du niveau de ce qui est « dû » à l'ouvrier. La loi a été rapidement appliquée. Au mois d'octobre dernier, treize *Trade Boards* gouvernaient un demi-million d'ouvriers. Onze nouveaux *Boards* gouvernant 357.000 ouvriers avaient été constitué à la fin d'avril et on prévoit le jour où les salaires de deux millions de travailleurs des deux sexes seront réglés par des *Trade Boards,* Ajoutez que l'on a commencé à étendre les fonctions des *Trade Boards,* Ils peuvent, selon la loi nouvelle, adresser à un département administratif des « recommandations » qui porteront non pas seulement sur les salaires, mais, d'une façon plus générale, sur les « conditions de l'industrie ».

Le ministère du Travail crée donc une sorte de rivalité entre les *Trade Boards,* en nombre accru, à fonctions étendues, et les conseils industriels, qui commencent à se constituer. Or les patrons se défient des *Trade Boards*, où leurs représentants sont nommés par le gouvernement au lieu d'être élus par eux-mêmes et où toutes les questions sont tranchées par la voix départageante d'un certain nombre de fonctionnaires. Les syndicats ouvriers, moins hostiles, ne sont pas non plus complètement favorables. L'institution d'un *Trade Board* est la marque, dans une industrie déterminée, de l'impuissance où ils sont d'obtenir, par marchandage direct, la satisfaction de leurs désirs : elle a, pour eux aussi, quelque chose d'humiliant. Il pourra donc parfois y avoir accord entre l'association patronale et le syndicat ouvrier pour se soustraire au contrôle d'un *Trade Board* par l'institution d'un *Whitley Council*. On nous

---

1 *Trade Boards Act,* 1918 (8 et 9 Geo, 5, c. XXXII).

assure que deux *Trade Boards* déjà anciens, et dont l'un remonte à l'année 1909 — celui des fabricants de boîtes en papier et celui des fabricants de boîtes en fer-blanc — sont en instance, à l'heure actuelle, pour obtenir cette transformation. D'autres organisations de ce genre ont été manifestement constituées sous l'empire de la même préoccupation.

Exemple : le Conseil Industriel de la Bonneterie. C'était, avant la guerre, une industrie extrêmement mal organisée. Il n'y avait pas d'entente entre les patrons. Du côté des ouvriers, il existait bien un syndicat, la *Leicester and Leicestershire Amalgamated Hosiery Union*. Mais c'est en vain qu'il cherchait à grouper de gros effectifs. Il y réussissait jusqu'à un certain point dans la ville même de Leicester. Mais partout ailleurs les usines étaient installées dans de petits centres où un ou deux fabricants faisaient la loi et, par l'emploi d'une foule de moyens d'intimidation, brisaient les syndicats dès qu'ils réussissaient à se constituer. Donc, nulle possibilité d'un accord collectif entre patrons et ouvriers : et les ouvriers commençaient à réclamer l'établissement d'un *Trade Board*. Au cours des années suivantes, une industrie qui travaille en grand pour le ministère de la Guerre a dû se familiariser, d'une part, avec la pratique de l'organisation syndicale, et, d'autre part, avec le contrôle de l'État. À partir du moment où le gouvernement se prépare à faire entrer dans la pratique les conclusions du *Whitley Report,* les bonnetiers, ouvriers et patrons, ont le choix entre l'établissement par l'état, d'un *Trade Board*, ou, par eux-mêmes, d'un *Industrial Council.* Ils ont opté pour la seconde alternative. Un *Joint Industrial Council for the Hosiery Trade* a tenu ses premières assises le 10 octobre 1918.

Autre exemple : ces Conseils Industriels de second degré, si l'on peut dire, qui se sont constitués, au nombre de trente-et-un, sous le nom de *Interim Industrial Reconstruction Committees* (Comités provisoires de reconstruction industrielle). Ils sont l'œuvre non du ministère du Travail, mais du ministère nouveau qui a été fondé en 1917, du ministère de la Reconstruction. Racontons-en très brièvement l'histoire.

On se rappelle que le second rapport du *Whitley Committee,* publié au mois d'octobre 1917, distinguait deux groupes d'industrie.

Dans le groupe A, l'organisation patronale et l'organisation ouvrière avaient pris un développement suffisant pour qu'on pût les concevoir comme représentant respectivement la grande majorité des patrons et des ouvriers. Dans le groupe B, l'organisation des deux classes, tout en ayant acquis une importance notable, était cependant moins marquée. Et on proposait, pour ces deux groupes, deux types de conseils : la différence entre les deux types consistait surtout en ce que, dans les conseils du groupe B, un ou deux représentants de l'administration seraient attachés au comité directeur. Au mois de juin 1918, le ministère de la Reconstruction et le ministère du Travail déclaraient publiquement qu'ils n'avaient pu réussir à établir une limite tranchée entre les deux groupes et renonçaient, en conséquence, à maintenir la distinction proposée. La vérité, c'est que les industries du groupe A dédaignaient de se prévaloir des facilités que le gouvernement leur offrait pour constituer des conseils industriels, et que tous les conseils industriels qui étaient en voie d'organisation rentraient, sauf exception, dans le groupe B.

Mais toutes les industries insuffisamment organisées pour être classées même dans le groupe B allaient-elles être condamnées à subir le contrôle d'un *Trade Board* ? Puisque le ministère du Travail ne leur accordait pas la faveur de constituer, sous son patronage, des conseils industriels, le jeune ministère de la Reconstruction viendrait à leur secours. Mr. Ernest J.-P, Bonn s'y employa. Il aimait à se considérer comme le père spirituel des conseils industriels et trouvait l'opinion trop disposée à oublier les services qu'il a rendus, par ses écrits et sa propagande orale, à la cause de la paix sociale : il obtint qu'on lui permît de fonder, avec l'aide des bureaux du ministère de la Reconstruction, des organisations appelées *Interim Industrial Reconstruction Committees,* qui constitueraient de nouveau, selon le plan primitif du *Whitley Report,* des conseils industriels de second ordre. Par le mot *Intérim*, les bureaux entendaient que ces comités présenteraient un caractère provisoire, comme tout ce qui touche au ministère de la Reconstruction. Ils dureraient tant que durerait le ministère, tant qu'on ne serait pas sorti de la période de transition entre guerre et paix. Ils dureraient aussi tant que l'organisation des patrons et des ouvriers ne serait pas devenue assez parfaite pour justifier la transformation des comités de reconstruction industrielle en conseils industriels proprement dits. Je parcours la liste des comités de reconstruction. J'y trouve des groupements ouvriers certainement nombreux : confiseurs, gantiers, fabricants d'instruments d'optique, ouvriers du plomb et du zinc. Constatons, sans entrer dans le détail, que voilà une source où peut s'alimenter pendant quelque temps le système des conseils industriels. Je dis « sans entrer dans le détail » ; car, si on y entrait, il faudrait raconter l'histoire, plus amusante qu'instructive, d'une guerre entre deux ministères. Interrogez un fonctionnaire du ministère de la Reconstruction ; il se lamente : « Nos comités de reconstruction sont tout simplement des conseils industriels qui n'ont pas encore atteint l'âge de la majorité. Pourquoi le ministère du Travail méconnaît-il nos efforts ? Pourquoi ne nous assiste-t-il pas, nous qui travaillons pour lui » ? Passez au ministère du Travail, on vous répond : « Les comités de reconstruction ? Qu'est-ce que cela ? Les conseils industriels de Mr. Benn ! » Et il semble que de cette contrefaçon de *leurs* conseils, de *leurs* Trade Boards, les fonctionnaires de Montagu House ne veulent pas entendre parler.

3° L'État-patron a toujours opposé une résistance obstinée aux revendications syndicales de ses ouvriers et de ses employés. C'est à contrecœur, très tardivement, qu'il leur a reconnu le droit de former des *unions*, consenti à écouter leurs doléances par l'intermédiaire de leurs représentants syndicaux. Jamais, jusqu'en 1914, il n'a admis, dans ses ateliers ni dans ses bureaux, le principe du contrat collectif. La guerre aura exercé, ici encore, son action révolutionnaire. Dans tous les départements administratifs ont été constitués des *Arbitration Boards*, pour régler toutes les questions relatives aux salaires. La constitution de ces *Arbitration Boards* est loin de satisfaire les salariés. Chacun de ces *Boards* se compose de trois membres : un représentant du patronat, qui est ici le ministère, un représentant des salariés et un président « impartial », dont l'impartialité est loin d'être considérée par les intéressés comme présentant toutes les garanties nécessaires. Mais, à présent que l'État pousse toutes les industries à constituer des *Whitley Councils*, il serait singulier que dans les services de l'État, et là seulement, il demeurât interdit de constituer des conseils de conciliation permanents pour régler les questions de discipline, d'avancement et de traitement. Les salariés de l'État réclament de celui-ci qu'il syndicalise ses services, comme il travaille à syndicaliser l'industrie.

Le gouvernement ne s'y résigne pas sans hésitation : à l'heure où nous écrivons, la question, n'est pas encore tranchée. Il a commencé par capituler en ce qui concerne ses établissements proprement industriels — les arsenaux par exemple. Des « conseils mixtes » ont été institués dans ces établissements, et ces conseils sont de deux ordres. Dans les uns siègent, les uns en face des autres, d'une part, les chefs d'un certain service administratif, d'autre part, les représentants de tous les ouvriers qui sont employés dans ce service, sans distinction de spécialité. Dans les autres, ce sont les représentants d'un certain syndicat qui se rencontrent avec les représentants de tous les services où des représentants de ce syndicat sont employés. Les premiers discuteront les questions de discipline, d'organisation du travail, d'hygiène des ateliers, d'éducation technique. Les autres discuteront les questions de salaires. Voilà donc une victoire remportée. Mais l'État, en faisant, au mois de février dernier, cette première concession, réservait expressément la question de savoir si l'on devait appliquer la même règle aux services administratifs proprement dits, parmi lesquels il comprenait le service des postes.

Ne méconnaissons pas la valeur des arguments que le gouvernement invoquait pour justifier ses hésitations, ses répugnances. Il faisait observer qu'on ne sait trop comment établir ici la distinction entre « employeurs » et « employés ». Les hauts fonctionnaires, les chefs de service, les considère-t-on comme des employés, au même titre que les plus humbles parmi leurs commis ou leurs garçons de bureau ? Quelle harmonie de vues ou d'intérêts pourra-t-il jamais y avoir entre des hommes qui appartiennent à des classes aussi profondément séparées ? Et qui mettra-t-on devant eux pour représenter les « employeurs » ? Demandera-t-on au contraire à ces chefs de service de représenter, vis-à-vis de ceux qui occupent des positions moins élevées dans la hiérarchie administrative, le pouvoir de l'État-patron ? N'est-il pas visible cependant que ces hauts fonctionnaires ne sont pas des employeurs au sens propre du mot ? Ils n'ont pas les pouvoirs requis pour engager par leur parole, s'ils acceptent une transaction, l'État, le Trésor, le Parlement, les contribuables. Mais, si ces difficultés sont réelles, l'opinion n'admet pas qu'elles soient insolubles et demande qu'elles soient résolues dans le sens le plus favorable aux employés. La commission interministérielle qui était chargée d'étudier l'application du *Whitley Report* aux services de l'État a poursuivi ses travaux : elle a élaboré un rapport que Mr. Austen Chamberlain, chancelier de l'Echiquier, accompagné de Sir Robert Home, ministre du Travail, est venu soumettre, le 9 avril dernier, à une réunion de toutes les associations professionnelles des employés.

Le rapport multiplie encore les réserves. On rappelle que les services publics se trouvent dans une situation spéciale, qu'ils ne peuvent être confondus avec des entreprises privées. On n'admet pas qu'il soit permis aux *Whitley Councils* de discuter des questions d'intérêt général telles que, par exemple, la révision des tarifs postaux, les problèmes de la politique douanière : le ministère est responsable de la réponse qui sera donnée, à ces questions, non pas devant ses bureaux, mais devant le Parlement. On n'admet pas davantage que les conseils puissent s'arroger le droit d'approuver ou de condamner une décision ministérielle en vertu de laquelle un fonctionnaire déterminé a été mis en congé ou a reçu de l'avancement. Entre les questions générales et les questions d'espèces que le ministère voudrait soustraire les unes et les autres à la compétence des conseils, on se demande à quoi se réduiront leurs pouvoirs. Ce sera, semble-t-il, à poser des règles en ce qui concerne la discipline des services, l'avancement, les heures de travail et les traitements.

Le rapport prévoit pour l'ensemble des services publics un « Conseil national » dont les membres ne devront pas dépasser le nombre de cinquante. Les syndicats d'employés nommeront une moitié du conseil. L'État nommera l'autre moitié qui comprendra, outre les chefs de service, des représentants du ministère des Finances et du ministère du Travail. Pour chaque service administratif un *Departmental Committee* est prévu. Lorsque les services ne sont pas concentrés à Londres, comme c'est le cas pour les douanes, les postes, etc., il y aura des *District* ou *Local Office Committees*. On prévoit encore, au sein des *Departmental Committees,* des *Sectional Committees*. Les représentants des syndicats d'employés se sont, à la conférence du 9 avril, réjouis que le principe « syndicaliste » ait été enfin reconnu par l'État ; ils ont, d'autre part, protesté contre les restrictions dont on s'obstinait à vouloir entourer cette reconnaissance ; ils ont dénoncé la prétention émise par le ministère des

Finances, le Trésor, de maintenir un droit de contrôle qu'ils considèrent comme tyrannique ; et le gouvernement est tombé d'accord avec eux pour nommer une commission mixte de trente membres, qui révisera le projet. La question est donc pendante encore, mais nul doute qu'elle sera résolue d'une manière plus ou moins radicalement conforme au vœu des syndicats.

Peu de jours après la réunion de cette conférence, où le gouvernement avait, pour la première fois, formellement reconnu à ses employés le droit de constituer des *Whitley Councils*, le ministre du Travail, prenant la parole à la Chambre des Communes, croyait pouvoir affirmer le plein succès obtenu par la nouvelle politique de paix sociale. « Il existe, déclarait-il, trente et un Conseils industriels dont le domaine embrasse deux millions d'ouvriers ; on prépare les statuts de vingt-deux autres conseils qui intéresseront encore un autre million d'ouvriers ». La phrase est faite pour donner l'impression, que, de proche en proche, les Conseils industriels finiront par gouverner tout l'ensemble du monde industriel. Impression parfaitement illusoire. Observons la loi suivant laquelle e nombre des *Industrial Coucils* s'est accru. Près de vingt pendant le second semestre de 1918, mais seulement onze pendant les quatre mois qui ont suivi ; déjà le mouvement se ralentit, Dans combien de temps les vingt-deux conseils nouveaux dont on nous annonce la formation future seront-ils constitués ? Et, parmi ces conseils, combien avorteront ? Nous savons que les plus considérables, par le nombre de leurs adhérents, parmi les organisations syndicales, refusent de former des conseils. Déjà un des conseils, et non pas le moins important, le Conseil de la Boulangerie, peut être considéré comme moribond : les patrons ont refusé de ratifier certains avantages que leurs représentants dans le conseil avaient consentis aux ouvriers ; et, si nos renseignements sont exacts, le Conseil du Meuble serait également menacé de disparaître. Le chiffre donné par sir Robert Home doit être considéré comme un chiffre maximum qui ne sera pas dépassé, qui peut-être ne sera pas atteint. Or, sur seize millions de salariés, trois millions, est-ce beaucoup ? C'est moins du cinquième du prolétariat britannique qui, suivant l'estimation la plus optimiste, va se trouver organisé dans les *Whitley Councils*.

Encore faut-il comprendre pour quelle raison un certain nombre d'organisations ouvrières se sont ralliées à la politique du *Whitley Report*. C'est, si l'analyse qui précède est exacte, dans la mesure où cette politique exprime exactement les tendances régnantes au sein du monde syndical anglais depuis un quart de siècle. Les ouvriers organisés veulent que leurs salaires, et, d'une manière générale, toutes leurs conditions de travail, soient réglés par des accords collectifs, protégés en permanence par des comités mixtes de patrons et d'ouvriers. Le *Whitley Report* n'est donc pas sans présenter une réelle importance dans l'histoire sociale de l'Angleterre. Il marque le moment où le patronat dans son ensemble et l'État lui-même, se sont ralliés expressément, après de longues années d'opposition, au principe de cette politique ouvrière. Il a entraîné les conséquences qu'il fallait prévoir. Des corporations moins bien organisées ont saisi cette occasion favorable pour s'élever, sous le patronage de l'État, à ce degré supérieur d'organisation qui déjà avait été atteint, pour se borner à quelques exemples, par les mineurs, les ouvriers du coton, les *engineers*. Mais le *Whitley Report* poursuivait un autre but. Il voulait, plus ou moins confusément, instituer un nouveau régime industriel, assigner à ses « conseils » des fonctions originales, différentes de celles qu'avaient assumées par le passé, dans les différentes branches de l'industrie nationale, les divers *Conciliation Boards*. De l'analyse qui précède, il semble bien résulter que le but de ces ambitions n'a pas été atteint, qu'il n'a peut-être pas même été compris par les ouvriers qui ont formé des *Whitley Councils*. Regardons-y de plus près.

*
* *

Le premier *Whitley Council* qui se soit fait régulièrement inscrire comme tel, au mois de janvier 1918, est le Conseil de la Poterie ; c'est seulement quatre mois plus tard qu'apparaît sur la liste du ministère du Travail le Conseil du Bâtiment [1]. Ce second conseil est cependant le premier qui se soit effectivement constitué ; il est le véritable prototype de tous les conseils qui ont été fondés depuis dix-huit mois sous les auspices du gouvernement. Il faut connaître

---

1 Sur l'*Industrial Council* du bâtiment et les fins que poursuivirent ceux qui en furent les promoteurs, Malcolm Sparkes, *A Memorandum on industrial Selfgovernment*, together with a draft schema for a Builders, National Industrial Parliament, et Thomas Foster, *Masters and Men, a new copartnership*.

les préoccupations qui ont inspiré les promoteurs de ce conseil pour mesurer ensuite, en décrivant l'état présent des choses, quel intervalle sépare la réalité d'avec cet idéal.

C'est le 8 mars 1916 que Mr. Malcolm Sparkes, dont nous avons déjà rencontré le nom, rendit pour la première fois public son projet, par une lettre adressée à l'*Amalgamated Society of Carpenters and Joiners*, Il rallia l'opinion du district de Londres en nuit jours, de l'organisation nationale en un mois. Trois mois plus tard, douze syndicats du bâtiment à Londres acceptaient le projet. Cependant Mr. Malcolm Sparkes publiait son système en brochure avec l'assistance de la *Garton Foundation*, et obtenait pour sa propagande le concours d'une petite société pacifiste, la *Fellowship of Reconciliation*, Mr. Malcolm Sparkes est un quaker. Il appartient à une secte qui a toujours manifesté une aversion égale pour la guerre et pour la révolution, qui a toujours poursuivi la réconciliation des nations et des classes.

Un article paru au mois de décembre dans le *Venturer*, organe de cette société, aurait attiré l'attention de Mr. Whitley, et les amis de Mr. Malcolm Sparkes aiment à croire qu'il a exercé une influence décisive sur la rédaction du *Whitley Report*. Cependant, et sans attendre que la commission eût terminé ses travaux, les ouvriers du bâtiment mettaient sur pied, en février 1917, un premier *National Joint Council*, celui des « Peintres et Décorateurs ». En juin, la Fédération patronale du Bâtiment adoptait les idées de Mr. Malcolm Sparkes. En mai 1918 était solennellement inauguré l'*Industrial Council for the Building Industry*, ou *Building Trades Parliament*. Quelle en est l'économie ? Elle constitue sur deux points une audacieuse innovation.

D'abord le *Building Trades Parliament* s'abstient expressément d'intervenir dans les querelles entre le capital et le travail. Les entrepreneurs et les ouvriers du bâtiment avaient institué, pour arbitrer leurs querelles, un *Conciliation Board*. Le *Board* subsistera distinct du *Council* ; et, s'il arrive que les mêmes individus se trouvent être désignés pour faire partie du *Board* et du *Council*, ce ne sera pas au même titre. Comme membres du *Board*, ils exercent des fonctions judiciaires. Comme membres du *Council*, du *Building Parliament*, ils exercent des fonctions législatives. Le but du *Council* est, déclare Mr. Malcolm Sparkes, « constructif, exclusivement constructif » : c'est de faire travailler en commun les patrons et les ouvriers, et, pour cela, d'éviter les terrains sur lesquels il peut y avoir conflit d'intérêt entre les deux classes. Il doit tendre à l'élaboration d'un « code industriel », auquel il appartiendra à l'État de conférer, un jour ou l'autre, le caractère d'un système d'obligations légales. Mais il peut commencer par l'étabassement d'un *Voluntary Code,* en d'autres termes d'un code industriel qui ne demanderait d'abord, pour être respecté, que le consentement des membres de la corporation.

En second lieu, le Conseil du Bâtiment se compose de deux groupes égaux : patrons d'un côté, et de l'autre côté, ouvriers. Seulement, afin de bien marquer le but poursuivi par le fondateur de l'institution nouvelle, et qui est l'effacement des limites qui séparent les classes, il est spécifié que le vote ne se fera point par « classes », mais par « individus ». Chaque patron, chaque ouvrier disposera d'une voix ; et, tous leurs bulletins se confondant dans la même urne, les décisions seront prises à la majorité. On évitera de la sorte le péril de réunions où, les deux partis étant en grande majorité butés l'un contre l'autre, on ne pourra jamais parvenir à une décision. Ce sont, pour parler avec Mr. Sparkes, les « patrons progressifs » qui, votant avec les ouvriers, seront les véritables arbitres de l'assemblée. Il nous semble entendre un écho de la philosophie libertaire de Mr. Bertrand Russell quand Mr. Sparkes se vante de faire appel, par le mode d'organisation de son Conseil, « aux impulsions créatrices de l'homme en tant qu'homme ».

Le « Parlement du Bâtiment » existe, ses statuts sont déposés au ministère du Travail, Et voilà ce que les fondateurs de ce conseil peuvent répondre à ceux qui seraient tentés de leur reprocher d'avoir bâti des châteaux dans les nuages. Mais les critiques insisteront, ils demanderont dans quelles conditions il existe. L'industrie du bâtiment était, à la veille de la déclaration de guerre, en pleine crise. Les ouvriers, très mal organisés encore, commençaient à rêver d'un syndicat d'industrie où se concentreraient leurs forces. En attendant, par le sabotage, par la grève, ils s'entraînaient à la lutte. Les patrons, de leur côté, s'organisaient pour la résistance et venaient de répondre à la grève par un lock-out national, quand la guerre éclata, et tout se trouva mis en suspens. Les ouvriers furent absorbés par l'armée. On cessa de bâtir. Pendant que l'industrie du bâtiment sommeille, chefs d'entreprise et chefs de syndicats ouvriers écoutent avec bienveillance les philanthropes qui viennent leur apporter le plan d'une institution propre, si on les en croit, à faire régner la bonne volonté entre les hommes, à supprimer la misère, le chômage et les crises. Ils contresignent les statuts de l'institution nouvelle, ou, pour mieux dire, future. Car il reste au « Parlement du Bâtiment », à l'heure où nous écrivons, d'avoir subi l'épreuve de la réalité. On verra si, quand le travail reprendra, quand les patrons auront affaire à la foule ouvrière elle-même et non plus seulement à des cadres, il sera capable de la subir victorieusement.

Les syndicats ouvriers sont nés, ont grandi, pour la défense des salaires et des conditions de travail. Comment exiger brusquement de leurs membres qu'ils entrent dans des organisations d'un type nouveau où il leur sera interdit d'exercer les fonctions à l'accomplissement desquelles une longue pratique les entraîne ? Comment, en vérité, maintenir la distinction rigide que Mr. Malcolm Sparkes voudrait établir entre les fonctions du *Conciliation Board* et celles de l'*Industrial Council* ? Une dispute peut s'élever entra patrons et ouvriers parce que les ouvriers, après la conclusion d'un accord, se plaignent que les clauses de l'accord n'aient pas été respectées. Alors il ne s'agit que d'une question de fait à trancher, et l'on peut admettre, à la rigueur, que le conseil délègue l'examen de cette question à un *Board* subalterne. Mais plus souvent, et dans les cas les plus graves, les ouvriers réclament simplement des conditions de travail plus favorables, une révision des tarifs courants. Il s'agit donc de modifier ce « code industriel » dont la rédaction incombe, suivant la formule de M. Malcolm Sparkes, au « Parlement industriel ». C'est donc à lui, bon gré mal gré, qu'il faut qu'on revienne s'adresser. En fait, pas un des trente conseils industriels qui se sont constitués, et que nous voulons bien considérer comme s'étant constitués sur le modèle du « Parlement du Bâtiment », ne s'est dérobé à la tâche de discuter les questions de salaires. Tous, sans exception, s'assignent, entre autres objets, « l'examen régulier des salaires, du prix du travail aux pièces et des conditions de travail en vue d'établir et de maintenir des conditions équitables dans toute l'industrie ». Et, du moment que cette tâche est inscrite au nombre de celles qui leur incombent, il est inévitable qu'elle devienne la tâche principale. C'est pour la remplir que les syndicats ouvriers ont été originairement constitués ; il n'était au pouvoir ni de Mr. Malcolm Sparkes ni du *Whitley Committee* d'en interrompre le développement normal.

Passons au second point. Patrons et ouvriers s'affrontent dans le Conseil industriel. Qu'on le veuille ou non, ils appartiennent à deux « classes » distinctes : le mot de « classe » a été adopté dans le monde moderne pour désigner précisément les deux groupements hostiles auxquels ils appartiennent. Peut-on décréter qu'à peine réunis au sein du conseil, ils vont oublier, les patrons qu'ils sont patrons, les ouvriers qu'ils sont ouvriers ? se considérer indistinctement « comme des hommes en tant qu'hommes » ? La preuve que l'idée est chimérique, c'est que, sur ce point encore, pas un des trente Conseils industriels ne s'est conformé au modèle fourni par le « Parlement du Bâtiment ». Dans tous, sans exception, il est spécifié que patrons votent à part et qu'ouvriers votent à part ; et il faut qu'il y ait en même temps majorité des deux côtés pour qu'une décision du conseil soit valable. En vérité, s'il en était autrement, et s'il suffisait à une cinquantaine de patrons et d'ouvriers de s'asseoir à la table d'un Conseil industriel pour que la « lutte de classes » s'évanouît en fumée, on pourrait aborder d'un cœur léger la solution du problème social. Mais la lutte de classes constitue l'essence même de toute institution syndicale et de toute institution où le syndicat ouvrier est représenté. Un organisme qui prétend l'ignorer est un monstre sociologique.

En fait, lorsque les patrons et les ouvriers s'abordent dans un *Industrial Council,* un malentendu règne entre eux. Ne pas en comprendre la nature, c'est vivre dans un rêve.

Les ouvriers, dans la mesure où ils espèrent retirer quelque avantage des *Whitley Councils,* ne considèrent nullement ces *Councils* comme devant se constituer pour un objet absolument distinct de celui pour lequel les syndicats avaient été primitivement fondés. Par l'action syndicale, ils estiment qu'ils ont déjà obtenu un certain nombre d'avantages ; ils espèrent poursuivie l'action syndicale au sein du *Council,* Ils ont obtenu des salaires plus élevés, des heures de travail plus courtes ; ils voudraient maintenant, continuant le cours de leurs victoires, obtenir quelque participation de leur classe à la gestion des entreprises industrielles : ce qu'on appelle en langue anglaise le *joint control*. C'est parce qu'ils espèrent tirer éventuellement parti des *Whitley Councils* pour obtenir ce *joint control*, que socialistes et syndicalistes, parfois, en Angleterre, no se décident pas à condamner sans phrases les nouvelles organisations.

Cette participation de la classe ouvrière à la gestion de l'industrie ne constitue d'ailleurs pas une innovation absolue dans l'histoire du syndicalisme britannique. Toutes les victoires remportées par les *Trade Unions* depuis un demi-siècle constituent autant d'empiétements sur l'autorité patronale et, par suite, un commencement de contrôle exercé par les *Trade Unions* sur l'entreprise industrielle.

Envisageons-nous, dans le profit du capital, l'élément proprement industriel, celui sur lequel Ricardo, aussi bien que Karl Marx, avait porté toute son attention, le bénéfice fait par le patron sur l'ouvrier, dont il a su rendre le travail plus productif sans augmenter proportionnellement la rémunération de ce travail ? Il faut donc dire que toutes les coutumes syndicales dont l'ouvrier anglais a su, progressivement, imposer le respect au patron en vue d'améliorer sa situation économique, impliquent un véritable commencement de *joint control*. Ce n'est pas encore un régime de « démocratie industrielle », mais c'est un régime mixte où l'élément aristocratique recule constamment devant les invasions de l'élément démocratique. Et dans certains ateliers où l'organisation ouvrière a atteint toute sa perfection, on a, par instants, l'impression d'une démocratie industrielle presque totalement réalisée, le patron ayant perdu le droit d'embaucher les ouvriers de son choix pour l'accomplissement d'une tâche déterminée, étant obligé de subir soit le choix du syndicat, soit les règles fixées par le syndicat, ayant perdu pratiquement le droit de congédier un ouvrier sans le consentement des autres ouvriers syndiqués.

Envisageons-nous, au contraire, l'élément commercial, le bénéfice fait par le capitaliste non sur le producteur qui travaille à ses gages et dont il paie le travail à bas prix, mais sur le consommateur auquel il sait faire payer ses produits au-dessus de leur prix de revient ? Ici encore, la reprise du profit par la classe ouvrière a commencé, et cela ne saurait se faire sans un certain contrôle exercé sur la gestion commerciale de l'entreprise. D'abord les travailleurs, dans certaines industries, ont demandé l'établissement d'une « échelle mobile », les salaires devant varier, selon une règle fixe, avec le prix de vente du produit. Pratique dont le principe même est discutable, et nous y reviendrons tout à l'heure. Mais le principe une fois admis, les travailleurs en sont bien vite venus à se demander si le profit du capital variait nécessairement en raison directe du prix de vente du produit, et si ce n'était pas le profit dont le syndicat devait obtenir connaissance afin de fonder sur cette connaissance des revendications. Ils ont voulu avoir leurs comptables qui s'aboucheraient avec les comptables du patron et fourniraient ensuite au *Conciliation Board*, après examen approfondi de la situation commerciale de l'industrie, tous les éléments nécessaires pour une fixation méthodique des salaires. Il semble que sur ce point les ouvriers du coton dans le Lancashire aient obtenu un commencement de satisfaction ; dans les charbonnages, le conflit était engagé avant que lo problème de la nationalisation des mines ait brusquement rejeté dans l'ombre tous les autres problèmes.

C'est ici, à l'heure actuelle, le vrai terrain de bataille, dans les industries où l'organisation syndicale a atteint son plus haut point de perfection entre les deux classes rivales. Déjà soumis à un contrôle étroit en tant que patrons, les chefs d'entreprise voudraient conserver la liberté de leurs actes en tant que commerçants. Et voici un des aspects paradoxaux de la lutte. Au moment où certains théoriciens et certains philanthropes songent à l'utilisation possible des conseils industriels mixtes pour faciliter l'accession de la classe ouvrière à la gestion de l'industrie, les patrons songent à employer ces mêmes conseils industriels pour sauver, pour fortifier peut-être leur autorité menacée.

Les ouvriers parlent de participation à la gestion de l'entreprise. Les patrons répliquent en parlant de participation aux bénéfices et n'accordent aux ouvriers, dans les cas les plus favorables, qu'une forme bâtarde de *joint control*. Ils feront, par exemple, de chaque ouvrier un petit actionnaire de l'affaire pour laquelle il travaille. L'ouvrier n'est-il pas, dès lors, pour sa part, copropriétaire de l'entreprise ? N'est-il pas chaque année, par l'intermédiaire de l'assemblée des actionnaires, appelé à contrôler les comptes, à élire les chefs ? Mais on sait combien ce contrôle est illusoire et combien cette apparence de contrôle est destinée à créer une solidarité aussi étroite que possible entre les intérêts de l'ouvrier et les intérêts particuliers du patron qui l'emploie. D'où la défiance qu'éveillent, chez tous les doctrinaires des partis ouvriers, de pareils plans de participation aux bénéfices.

Les Anglais préconisaient et pratiquaient, il y a un demi siècle, la politique du bon marché universel : bon marché de tous les produits du travail, bon marché de la main-d'œuvre elle-même. Les ouvriers ont ensuite organisé, par leurs institutions syndicales, une sorte de protectionnisme de la main-d'œuvre ; ils ont visé à en obtenir le renchérissement, toutes autres choses demeurant à bon marché. Les patrons ont opposé protectionnisme à protectionnisme : ils consentent aux ouvriers des relèvements de salaires, si ceux-ci veulent leur permettre d'accroître en proportion leurs bénéfices et de les accroître au besoin par un relèvement du prix du produit fabriqué. Aux socialistes qui demandent l'union des travailleurs du monde entier contre le capitalisme cosmopolite, les patrons répliquent en proposant l'union des patrons et des ouvriers d'une même industrie contre les patrons et les ouvriers des autres industries, des patrons et des ouvriers d'une même nation contre les patrons et les ouvriers du reste du monde.

Cette logique protectionniste est, en dernière analyse, à la base de tous les arrangements conclus par les patrons avec leurs ouvriers, en vertu desquels les salaires varient selon que varient les prix de vente des produits. Elle a triomphé sous une forme plus ouverte encore dans cette ville de Birmingham où Chamberlain, après avoir été le tribun d'une sorte de radicalisme socialiste, a fini par devenir le chef du néo-protectionnisme britannique. C'est là que se sont organisées certaines corporations d'un type nouveau — on les appelle des « Alliances » — qui ont pour objet — nous copions les statuts de l'une d'entre elles — » l'amélioration des prix de vente et la fixation des salaires sur la base de ces prix de vente, afin d'assurer par là de meilleurs profits aux manufacturiers, de meilleurs salaires aux ouvriers ». Les patrons s'engagent à n'employer, les ouvriers s'engagent à ne servir, que des ouvriers et des patrons respectivement affiliés à l'« Alliance ». Un *Wages Board,* formé d'un nombre égal de patrons et d'ouvriers, est chargé de fixer périodiquement les prix de vente du produit et les salaires qui se règlent sur ces prix [1]. Ces « Alliances » ont été, autant que l'utopique « Parlement Industriel » de Mr. Malcolm Sparkes, à l'origine des *Whitley Councils*.

C'est un fait qu'un des *Whitley Councils*, le *Joint Industrial Council for the Metallic Bedstead Industry*, n'est que la transformation d'une des « Alliances » les plus notoires : la hausse artificielle des prix des lits métalliques provoque en Angleterre, depuis bien des années, de vives protestations. C'est un fait que, dans deux ou trois des *Councils* nouvellement formés — en particulier de celui qui s'est fait inscrire le premier sur la liste du ministère du Travail, le Conseil de la Poterie — on a donné pour but aux nouvelles organisations, entre autres objets, « d'aider au maintien de prix de vente qui soient capables d'assurer une rémunération raisonnable tout à la fois aux patrons et aux ouvriers ». C'est un fait qu'une arrière-pensée protectionniste a manifestement inspiré la formation de plusieurs entre les conseils. Les mines d'étain des Cornouailles, très délaissées en 1914, ont acquis, par le fait de la guerre, un regain de prospérité artificielle : si les patrons et les ouvriers de ces mines forment un « conseil », c'est afin de peser ensemble sur le gouvernement en vue de protéger, par des tarifs douaniers, contre la concurrence étrangère, leur existence de nouveau menacée. La fête inaugurale du Conseil de la Poterie a donné lieu à une manifestation caractéristique. Mr. G. Roberts, qui était alors ministre du Travail et membre du parti travailliste, est venu présider la fête, et, dans un discours étudié, a encouragé le nouveau conseil à devenir un organe de revendications protectionnistes. « Qu'une industrie déterminée fasse entendre sa voix avec force, alors peu importe si ses revendications ne sont pas orthodoxes, peu importe si elles ne s'accordent pas avec la politique fiscale du parti au pouvoir, nul gouvernement ne pourra les négliger. Une industrie, pourvu qu'elle soit unie, peut demander tout ce qu'elle veut. Les membres d'une industrie sont les meilleurs juges des intérêts de cette industrie »,

Il y a une théorie ouvrière — disons, si l'on veut, socialiste — de la participation des travailleurs à la gestion des entreprises. Il y a une théorie patronale de l'entente des patrons avec les ouvriers pour le relèvement simultané des salaires et des prix. On voudrait

---
1 S. et B. Webb, *Industrial Democracy*, p. 577, sq.

que, dans le *Whitley Report,* les deux théories fussent, nettement définies, et que l'on sût pour laquelle les membres de la commission avaient opté, et dans laquelle de ces deux voies le ministère du Travail désirait orienter les conseils qui allaient se former. Mais la commission, le ministère, semblent avoir compris qu'il était sage, pour sauver une unanimité précaire, d'éviter en ces matières toute précision.

Si le but du *Whitley Committee* était d'acheminer l'industrie anglaise vers un régime de *joint control,* ou, plus exactement, si les intentions des organisateurs des *Whitley Councils* étaient d'utiliser à cette fin la nouvelle institution, c'est sur la constitution des comités d'usine que tout l'effort aurait dû se porter. Car les Conseils nationaux, les Conseils de district, peuvent bien défini », en termes généraux, certaines conditions de travail dont l'acceptation générale limitera la concurrence entre les entreprises particulières. Mais c'est dans la mesure où ces entreprises demeurent encore des entreprises commerciales concurrentes qu'un contrôle ouvrier demeure nécessaire, à l'intérieur de chacune, pour la protection de l'ouvrier. Or, si un certain nombre de conseils nationaux ont été créés, couvrant plus du sixième du prolétariat britannique, et si ces conseils ont constitué un certain nombre de conseils de district, il ne semble pas que rien, ou peu s'en faut, ait été fait pour constituer, à la base, des « comités d'usine ».

Le ministère du Travail a publié, en mars 1918, un intéressant rapport sur les opérations des comités d'usine, qui s'étaient trouvés déjà constitués dans un certain nombre d'entreprises, avant que le *Whitley Committee* eût publié son rapport. Ces comités ont généralement pour objet les conditions du travail, la discipline des ateliers ; ils n'abordent jamais la question du contrôle des opérations commerciales. Ils émanent de l'initiative du patron qui semble, en faisant un cordial appel à l'assistance de ses ouvriers, avoir voulu parfois se soustraire à l'ingérence du syndicat d'industrie. Depuis cette époque aucune statistique n'a été publiée pour nous dire combien de comités d'usine avaient été constitués postérieurement à la publication du rapport. Nous avons recueilli, au hasard de notre enquête, quelques spécimens isolés, dont l'apparition ne paraît pas avoir été provoquée par les travaux du *Whitley Committee.* Il ne faut pas compter, pour le développement de ces *Works' Commit-*

tees, sur le concours actif des grands syndicats dont les états-majors, très centralisateurs, sont hostiles à tout ce qui compromet en quelque mesure leur autorité. En butte à la fois aux défiances de l'autorité patronale et de l'autorité syndicale, les *Works' Committees* n'ont reçu qu'un développement médiocre. L'idée d'un régime de *joint control* en a souffert.

Cette expression de *joint control* n'est pas même employée dans les *Whitley Reports*. L'examen des différentes méthodes qui peuvent être imaginées par les chefs d'entreprise pour rendre les ouvriers solidaires de leurs intérêts arrête un instant l'attention des rédacteurs. Mais ce n'est qu'un instant, et ils décident de ne pas faire de place à l'examen de ces systèmes dans leur rapport. Patrons et ouvriers ne peuvent-ils pas s'entendre, dans une industrie déterminée, pour relever artificiellement les prix ? Les rédacteurs chassent de leur esprit cette pensée importune. « Nous prenons pour accordé que les conseils, en travaillant tous dans l'intérêt de leurs industries respectives, prendront en considération l'intérêt national ». Si elles le négligeaient cependant, ne serait-il pas au pouvoir de l'État d'intervenir pour défendre les intérêts de la collectivité ? « L'État, nous est-il accordé, ne renonce jamais à son pouvoir souverain » ; mais on se hâte d'ajouter « qu'il aura d'au tant moins besoin de l'exercer qu'il en fera moins étalage ». Quant aux différents mécanismes qui ont été imaginés pour faire participer les ouvriers aux bénéfices, on ne croit pas qu'il soit sage d'en préconiser l'adoption. « Nous sommes convaincus que, si l'on veut améliorer d'une façon permanente les relations entre patrons et ouvriers, il faut les établir sur une autre base que celle de l'intérêt pécuniaire. Ce qu'il faut donner aux travailleurs, c'est une participation plus large à la discussion et à l'ajustement de ce qui, dans l'industrie, affecte le plus directement ses intérêts ». Comment interpréter cette phraséologie dont notre traduction essaie de respecter l'imprécision ? Il semble qu'on évite de tracer le plan d'un édifice social, qu'on cherche seulement les moyens les plus propres à mettre patrons et ouvriers en présence, à les amener à causer en amis, et que les sujets de conversation soient choisis de manière à éviter tous les sujets de querelles possibles.

Le danger, si patrons et ouvriers accèdent aux suggestions du gouvernement et ne vont pas plus loin, c'est que tout se borne effectivement à des conversations et qu'on se lasse, après peu de mois ou d'années, d'institutions aussi purement académiques. Je prends l'exemple d'un conseil industriel mixte dont j'ai étudié les statuts. Le conseil, suivant ces statuts, devra tenir quatre réunions annuelles, une réunion par trimestre. La première aura pour objet les salaires ; la deuxième, les moyens à employer pour améliorer l'industrie soit par l'emploi de machines perfectionnées, soit par l'emploi d'une organisation meilleure du travail ; la troisième, les problèmes du commerce avec l'étranger ; la quatrième, l'éducation générale et technique des ouvriers. Je vois bien l'importance des questions qui seront abordées au cours de la première séance : je demande seulement si un *Conciliation Board* ne suffisait pas pour la discussion des questions de salaires. Que dire, en revanche, des trois autres séances ? Les militants syndicaux sont peu nombreux, jalousement surveillés par les ouvriers qui les ont élus, mal payés, déjà surmenés. À quoi bon ce surcroît de besogne, ces frais additionnels de déplacement, si ce n'est à leur faire négliger ce qui est l'essentiel de leur activité : la défense des salaires et des conditions de travail ? Je prévois non pas précisément une révolte active contre le Conseil industriel, mais un scepticisme croissant jusqu'au jour où l'institution, dans la mesure où elle diffère d'un simple *Conciliation Board*, tombera en désuétude.

*
* *

L'armistice a été signé : l'état de guerre a pris fin. Le gouvernement s'est trouvé aux prises avec ces difficultés économiques, prévues depuis longtemps, et en prévision desquelles il avait préconisé l'institution des Conseils industriels. Mais c'est à peine, en novembre 1918, si une vingtaine de Conseils industriels s'étaient constitués. Il était, en outre, visible aux yeux de tous, que l'immense majorité des ouvriers ne s'y laisserait pas enrôler. La question n'a donc pas été de savoir quel programme on adopterait pour résoudre les difficultés de l'heure en collaboration avec les *Joint Industrial Councils*. Il fallait prendre un parti sans attendre l'organisation de ces *Councils*.

Les soldats réclamaient, obtenaient une démobilisation rapide. Ils refluaient vers les usines. Mais les matières premières restaient rares et coûteuses, le travail ne reprenait que lentement. Les chômeurs augmentaient en nombre : leur accorder des secours de chômage n'était qu'un expédient propre à prolonger la crise autant qu'à la pallier. Les ouvriers avaient leur remède, toujours le même : pour absorber cet excédent de main-d'œuvre, diminuer la productivité de la main-d'œuvre déjà employée, et pour cela diminuer, sans diminution correspondante des salaires, la durée de la journée de travail. Je me souviens du temps où j'avais quinze ans et où la revendication de la journée de huit heures apparaissait comme une des utopies les plus caractéristiques du socialisme révolutionnaire : de cette utopie, la grande guerre de 1914 a fait une réalité. Et ce n'est pas seulement la journée de huit heures, la semaine de quarante-huit ou de quarante-sept heures que les ouvriers obtenaient. Ils commençaient à réclamer la semaine de quarante-quatre, de quarante heures, la journée de six heures. Les mêmes phénomènes d'anarchie syndicale, qui s'étaient produits en 1916 et en 1917, se manifestaient de nouveau dans les premiers mois de 1919 : sur le programme de ces revendications extrêmes, des grèves locales se produisaient sans l'aveu des états-majors syndicaux, parfois même malgré leur désaveu formel.

À la tête des ouvriers mécontents marchaient les membres de la puissante c Triple Alliance industrielle » : mineurs, cheminots et ouvriers du transport. Il était entendu, par le pacte qui liait entre elles ces trois corporations, que nulle ne ferait grève sans l'aveu des deux autres, mais que, la grève ayant été déclarée dans les conditions prévues par le pacte, chaque corporation recevrait l'assistance des deux autres par tous les moyens, y compris la grève de solidarité. La triple grève aurait éclaté dans l'automne de 1914, sans la guerre. Maintenant, la guerre nationale ayant pris fin, la guerre sociale reprenait son cours immédiatement. Jamais les mineurs, les cheminots, les ouvriers du transport — en tout plus d'un million de syndiqués — n'avaient envisagé la possibilité de fonder des *Whitley Councils*. Ils comptaient, pour obtenir la satisfaction de leurs désirs, sur la puissance que leur conféraient leur nombre, leur organisation et leur redoutable situation stratégique. Les ouvriers des chemins de fer ne demandaient ni la journée de huit heures : ils venaient de l'obtenir, ni la nationalisation des chemins de fer : elle est en Angleterre virtuellement consommée. Ils demandaient une révision générale des salaires. Les ouvriers du transport réclamaient la semaine de quarante-quatre heures et une augmentation d'un cinquième sur leurs salaires. Les mineurs demandaient la journée de six heures, une augmentation de 30% sur leurs salaires et la nationalisation des mines. Le gouvernement avait envisagé les négociations avec les trois grandes corporations. L'intransigeance des trois syndicats rendant toute transaction difficile, le gouvernement proposa une commission d'enquête. Le 12 février, après de rapides débats, la Conférence nationale de la Fédération des mineurs, siégeant à Southport, prenant acte du refus que le gouvernement opposait à ses revendications, décida d'organiser un vote immédiat de toute la corporation, sur la question de savoir si, oui ou non, il convenait de faire grève. Les chefs du syndicat invitaient les mineurs à la grève.

M. Lloyd George était revenu de Paris le 8 février pour prendre part à l'ouverture du Parlement, qui avait lieu le jour même où la Fédération des mineurs annonçait son intention de faire grève. Il prolongea son séjour, délaissant pour un temps les travaux de la Conférence de la Paix, et, pour essayer de dénouer la crise, imagina de recourir à un procédé nouveau. Le 17, il annonçait publiquement son intention de convoquer pour le jeudi 27, à Londres, une & Conférence industrielle nationale », afin de permettre au gouvernement de prendre l'avis des patrons et des ouvriers sur la situation générale. On inviterait tous les *Joint Industrial Councils*, tous les *Interim Industrial Reconstruction, Committees*, à envoyer leur président, leur vice-président et deux autres membres. « Dans les industries où n'existaient ni *Councils* ni *Committees*, les invitations seraient adressées directement aux organisations qui représentaient le plus pleinement patrons et ouvriers ». On reprenait, en somme, la politique du *Whitley Report*, quoique sur un nouveau plan, qui n'avait pas été prévu dans le rapport. C'est dans les syndicats que l'on espérait trouver un principe d'ordre et de paix sociale. Les grèves locales qui éclataient chaque jour n'étaient le fait, en fin de compte, que de minorités indisciplinées. La « Triple Alliance », si menaçante, n'était elle-même qu'une minorité, dont l'arrogance finirait peut-être par indisposer l'opinion. Faire appel, pour enrayer ce mouvement révolutionnaire, à la masse des ouvriers organisés était peut-être d'une politique habile. Il ne s'agissait, d'ailleurs, dans l'esprit des gouvernants, que d'une brève consultation limitée aux questions du jour. Mais certains observateurs croyaient discerner, dans l'assemblée qui était annoncée pour le 27 février, les linéaments d'un futur « Parlement du travail » qui, siégeant plus ou moins en permanence, éclairerait, dirigerait par ses conseils le gouvernement d'une part et le monde ouvrier de l'autre.

La semaine décisive s'ouvrit, le lundi 24 février, par le dépôt, à la Chambre des Communes, du projet de loi instituant une commission royale d'enquête sur la situation de l'industrie minière. L'adoption du projet par la Chambre ne faisait pas question, le problème était de faire fléchir l'opposition ouvrière. L'un après l'autre, les vingt-cinq ouvriers mineurs qui siégeaient au Parlement demandèrent que les revendications ouvrières reçussent satisfaction sans enquête préalable. Mr. Adamson, leader du Parti du Travail, et lui-même un ouvrier mineur, communiqua au Parlement les résultats du vote organisé par les mineurs. 612.000 voix contre un peu plus de 100.000 s'étaient prononcées pour la grève. C'est le 15 mars que commencerait la grève si les ouvriers, dans l'intervalle, n'avaient pas obtenu satisfaction. Or, le premier ministre venait déclarer qu'il était impossible d'espérer que la commission pût déposer son premier rapport avant la fin du mois. On savait d'ailleurs que les cheminots et les ouvriers du transport se préparaient à faire cause commune avec les mineurs. La triple grève paralyserait en peu de jours tout le régime de la production et de la distribution nationales : ce serait, en fait, la grève générale.

Los débats reprirent à la Chambre des Communes, le mardi 25. Mr. Lloyd George était encore à son banc. La résistance ouvrière était aussi obstinée. Mr. Brace, le mineur gallois, introduisit un amendement en vertu duquel la commission devrait, sur les questions d'heures et de salaires, déposer son rapport le 12 mars. Mr. Lloyd George intervint alors dans le débat : il avait conversé avec le président déjà désigné de la future commission et proposait d'accord avec lui, pour le dépôt du rapport, la date transactionnelle du 20 mars. Mr. Brace accueillit courtoisement cette avance, retira son amendement. Le bill fut adopté. C'était aux organisations ouvrières à dire maintenant si elles acceptaient le compromis.

Le mercredi 26 février, pendant que le ministère introduisait au Parlement un projet de loi en vertu duquel l'État acquérait le droit de nationaliser, par un simple décret, avec un minimum de délais administratifs, les chemins de fer et les canaux, les mineurs, réunis en conférence, délibéraient sur l'attitude qu'il conviendrait d'adopter à l'égard de la commission d'enquête. Les débats furent longs, acharnés ; on finit, l'heure avançant, par renvoyer au lendemain la suite de la discussion. L'issue était donc incertaine encore lorsque, le jeudi matin, le ministre du Travail, sir Robert Horne, vint ouvrir, au Central Hall, à Westminster, les débats de la *National Industrial Conference,* devant trois cents représentants du patronat et cinq cents représentants de la classe ouvrière.

Sir Robert Home est un avocat écossais, un tory, nouveau venu au Parlement, que l'opinion a été étonnée de voir brusquement promu, lors du dernier remaniement ministériel, à un poste pour lequel rien ne semblait le désigner. Majestueux et grave, il présente son apologie sur un ton de réserve et de timidité qui, même chez un Britannique, semble parfois dépasser la mesure permise. Il ne prétend pas être « spécialement qualifié pour la fonction qu'il exerce ». Il se sent « tous les jours écrasé par le sentiment de son insuffisance ». Il s'excuse d'avoir accepté le ministère du Travail en expliquant que « depuis le début de la guerre, chaque fois qu'on lui a demandé d'entreprendre une tâche, il a essayé d'obéir ». Son programme est très circonspect. S'agit-il d'heures de travail ? Dans le cas où, par exception, il serait prouvé que certains ouvriers travaillent trop longtemps, et ne peuvent obtenir de leurs patrons, à l'amiable, la réduction de la journée de travail, alors seulement il appartient à l'État d'intervenir. Mais, étant donnée l'extrême diversité des circonstances, la solution désirable du problème, c'est que, dans chaque industrie, patrons et ouvriers s'entendent pour éviter l'intervention de l'État. S'agit-il de salaires ? Il n'y a pas de principe qui interdise à l'État de fixer un salaire minimum. L'État anglais institue et continuera d'instituer des *Trade Boards* là où les organisations ouvrières ne sont pas assez fartes pour défendre les droits des travailleurs. Mais il no faut pas méconnaître la gravité des dangers qui résultent de toute intervention de l'État en ces matières. « La grande réforme positive sur laquelle on fonde le plus d'espérances pour éviter les disputes entre patrons et ouvriers, c'est le projet récemment soumis à l'approbation de l'opinion publique par le *Whitley Committee...* Quand on aura donné aux ouvriers une part de responsabilité dans la détermination des conditions de travail et la fixation des salaires, on aura fait un grand pas dans la voie de la pacification industrielle ». La préoccupation à laquelle cède le ministre est bien nette. Il s'agit, pour l'État, de mettre en présence les deux partis rivaux — patrons et ouvriers — : l'État s'efface devant eux, se décharge, à leurs dépens, de la responsabilité de résoudre tous les problèmes que pose la crise.

Le discours est mal accueilli. Les interpellations ouvrières se succèdent, aigres, exigeantes. A-t-on dérangé tant de monde pour entendre un ministre avouer son incompétence, l'État lui-même avouer son incapacité ? Mr. J-H. Thomas, des cheminots, parle au nom de la « Triple Alliance ». Il demande pourquoi pas un mot n'a été dit par le ministre de ce qui constitue, pour l'instant, l'essence des revendications socialistes : la reprise par l'État des mines, des chemins de fer et de tous les moyens de transport. Le premier ministre est présent. Sagement, il a refusé de prononcer le discours d'ouverture ; il a voulu écouter avant de parler. Il suit attentivement les débats dont son discours va tout à l'heure faire la conclusion. Brusquement, il est appelé au dehors.

Ce sont les mineurs qui ^requièrent sa présence. Ils ont fini, cédant, si nous sommes bien renseignés, aux conseils de Mr. Sydney Webb, par décider qu'ils attendraient le dépôt du rapport de la Commission d'enquête. Mais c'est à une condition, dont Mr. Sydney Webb leur a inspiré le principe. Ils exigent que la moitié des membres de la commission seront nommés par la Couronne sur la désignation du syndicat des mineurs. Trois ouvriers syndiqués. Trois doctrinaires du socialisme. Ils ont leur liste prête. Si Mr. Lloyd George refuse, c'est la grève. Ils lui donnent dix minutes pour accepter, et Mr. Lloyd George accepte. « Il était furieux », nous dit avec joie le socialiste qui nous renseigne. La chose étant faite et le péril d'une grève générale étant, à ce prix, écarté, il rentre dans la salle des séances.

La conférence se trouve en présence de deux projets de résolution. L'un émane de sir Allan Smith, le président de la Fédération patronale de l'*Engineering* et du *Shipbuilding*. Sir Allan Smith demande la nomination d'une commission de vingt patrons et de vingt ouvriers, plus un certain nombre de représentants des services administratifs, pour faire une enquête, dont les conclusions seront soumises ultérieurement à la conférence, sur « les causes du malaise actuel et les mesures qu'il est nécessaire de prendre dans l'intérêt des patrons, des ouvriers et de l'État ». À ce programme de reconstruction au sens étroit, Mr. A. Henderson, l'habile politicien qui, depuis deux années, louvoie avec tant de science et de succès sur les confins du parlementarisme et de la révolution, oppose un programme plus ambitieux de reconstruction au sens large. Si le projet de résolution qu'il soumet à l'assemblée est adopté, une commission mixte, composée en nombre égal de patrons et ouvriers, examinera : 1° les questions d'heures, de salaires et de conditions de travail ; 2° la question du chômage ; 3° les meilleurs moyens à employer pour favoriser la coopération du capital et du travail. Elle devra déposer son rapport le 5 avril au plus tard. Mr. Lloyd George se lève et déclare qu'il se rallie, sauf une ou deux modifications de détail, à la proposition de Mr. Henderson. Il est éloquent, persuasif. La proposition, mise aux voix, est déclarée par le président adoptée à la grande majorité. Des protestations éclatent. Les membres de la conférence ont-ils qualité pour voter et ne devraient-ils pas d'abord en référer à leurs organisations respectives ? Quelles sont les dimensions, quelle est la valeur de cette majorité ? Sait-on combien d'ouvriers, combien de patrons la composent ? Tous les *Whitley Councils* ont été convoqués, ils ne représentent bien souvent qu'une infime poignée de travailleurs ; n'est-ce pas assez de leur présence pour fausser la majorité ? On passe outre à ces protestations véhémentes. Le résultat que Mr. Lloyd George désirait obtenir est atteint. Le péril de la grève générale est conjuré, patrons et ouvriers vont délibérer en commun sur l'avenir de l'industrie britannique.

Six semaines se sont écoulées : la *National Industrial Conférence* se réunit de nouveau pour discuter le rapport de la commission mixte qui a été constituée le 27 février. Les circonstances ont bien changé, décidément Mr. Lloyd George a remporté la victoire. La Commission des charbons a concédé, en matière de salaires et d'horaires, des avantages considérables aux ouvriers, et la nationalisation des mines a été promise en principe. Les ouvriers du transport ont obtenu tout ce qu'ils demandaient. Chez les travailleurs de la voie ferrée, les négociations durent encore, mais nul doute que sous la direction de leur secrétaire, J.-H. Thomas, conciliateur et opportuniste par excellence, elles n'aboutissent à une transaction pacifique. J'ai assisté à cette deuxième session de la « Conférence industrielle ». Quelle courtoisie, quelle cordialité, quelle bonne humeur ! Mr. Lloyd George a jugé inutile, cette fois, de faire le voyage de Londres ; sir Robert Horne préside seul, sans un grand homme pour l'assister. Il donne son adhésion aux conclusions du rapport, dont il loue le caractère empreint de « prudence écossaise ». On rit, car il est Écossais. Mais sir Allan Smith, assis à ses côtés, est Écossais aussi ; pareillement sir Thomas Munro, président de la Commission, Mr. Arthur Henderson, et cet autre encore, que tout le monde montre du doigt, mais dont j'ignore le nom. « Tous Écossais ! », s'écrie sir Robert Horne, et les rires redoublent. « *Scotch and Water !* », s'écrie un ouvrier ; traduisez, si vous voulez comprendre la plaisanterie : « Il y a beaucoup d'eau dans votre whisky écossais ». Et les rires éclatent de nouveau. Voilà, dans ce congrès si pacifique, la seule protestation que fasse entendre le parti révolutionnaire.

Prenons et analysons le rapport dont les termes ont été approuvés à l'unanimité par les membres de la commission mixte. Il a été rédigé juste deux ans après le premier rapport du *Whitley Committee*. Mesurons le chemin parcouru.

Premièrement, en ce qui concerne les heures et les salaires, le rapport se prononce en faveur de la semaine légale de quarante-huit heures et de salaires minima variables, mais applicables à toutes les industries du royaume. Sir Robert Horne avait montré quelles difficultés il prévoyait à 1 adoption de ces deux réformes. Il avait clairement fait comprendre qu'il comptait sur les *Whitley Councils* pour décharger l'État de cette double responsabilité. Tout le monde du travail — patrons et ouvriers — est d'accord pour s'en décharger sur l'État à son tour.

Deuxièmement, en ce qui concerne « les meilleurs moyens à employer en vue d'assurer la coopération du capital et du travail » la commission est loin d'attribuer aux *Whitley Councils* l'importance qu'on pourrait croire. Elle recommande aux patrons et aux ouvriers de s'organiser respectivement en syndicats et de faire tout ce qui sera en leur pouvoir pour développer le mécanisme des *Conciliation Boards*. Aux *Whitley Councils* on réserve plus spécialement la discussion des questions concernant le chômage. On voit mal pourquoi ces questions ne rentreraient pas dans les attributions des *Conciliation Boards* au même titre que les questions de salaires et d'heures de travail : ne sont-elles pas étroitement liées les unes aux autres ? Mais il fallait bien trouver une place pour les *Joint Industrial Councils* : pouvait-on rédiger un long rapport sur les remèdes à apporter à la crise industrielle et ne pas même mentionner cette institution toute nouvelle, orgueil du ministère que dirige sir Robert Horne ?

Troisièmement, la commission préconise l'institution d'un *National Industrial Council*, assemblée consultative qui se réunira au moins deux fois par an et sera composée de quatre cents membres élus pour une moitié par les associations patronales, pour une moitié par les syndicats ouvriers. Elle constituera, d'une part, un tribunal arbitral, un *Conciliation Board* de dernière instance : lorsque, dans une branche particulière de la production, les *Conciliation Boards* n'auront pas réussi à trancher un débat qui divise patrons et ouvriers, le *National Council* pourra évoquer la querelle et essayer de résoudre le problème en s'inspirant des intérêts généraux de la nation. Elle prendra, d'autre part, en considération toutes les propositions législatives qui intéressent la production industrielle : c'est après consultation du *National Council* que toute législation du travail sera préparée. Observons que l'institution nouvelle ne se fonde en aucune manière sur l'organisation des *Whitley Councils*. Les représentants qui vont siéger dans le *National Council* seront élus directement, les uns par les associations patronales, les autres par les syndicats ouvriers. Quant aux *Joint Industrial Councils* que le gouvernement a invités à se faire représenter dans la conférence de cette année, cette conférence elle-même, en rédigeant les statuts du *National Council*, les ignore. Le monde du travail considère manifestement les *Whitley Councils* comme ayant fait faillite.

En vérité, la destinée de ces *Councils* aura été singulière. Ceux qui d'abord en préconisaient l'adoption voulaient, à la base de chaque industrie, dans chaque entreprise, un *works' committee* ; au niveau supérieur, pour chaque industrie et pour chaque région, un *district committee* ; plus haut encore, pour chaque industrie et pour l'ensemble de la nation, un *National Council*. L'imagination d'aucun d'entre eux ne semble s'être élevée plus haut : nul n'a songé qu'il pourrait être opportun de créer, pour l'ensemble des industries de toute la nation, un *National Council* supérieur et unique. Or, les choses se sont, en réalité, passées tout autrement : elles ont suivi une marche en quelque sorte inverse de celle-là. L'idée des « Comités d'usine » a misérablement avorté ; les *National Councils* qui se sont fondés ont abordé avec lenteur la formation de quelques *District Councils* ; les *National Councils* sont déjà plus nombreux, bien qu'ils soient loin de devoir jamais embrasser la majorité du prolétariat britannique. Et voici qu'au sommet semble devoir se constituer, avec l'adhésion de tout le patronat et de presque tout le prolétariat, ce *National Industrial Council* dont il n'avait pas été question dans les rapports du *Whitley Committee,* Ce « Conseil National », nous croyons qu'il est viable et capable de rendre des services appréciables. On nous demandera pourquoi, alors que nous avons manifesté tant de scepticisme à l'égard des *Whitley Councils*. Une même inspiration n'a-t-elle pas donné naissance à celui-là et à ceux-ci ? Oui et non. L'idée du *National Industrial Council* est à la fois voisine et différente de l'idée des *Whitley Councils* ; et c'est ce que nous voudrions expliquer en peu de mots avant de conclure.

Il s'est constitué, depuis la lin du XIXe siècle, spontanément, entre patrons et ouvriers, des *Conciliation Boards*, dont le nombre et l'importance semblent devoir toujours aller croissant. L'objet des *Conciliation Boards*, c'est le règlement, par voie de négociations, des querelles qui constamment divisent patrons et ouvriers. Il n'y a pas contradiction entre l'existence d'un *Conciliation Board* et le principe de la lutte de classes ; on serait plutôt disposé à dire que le principe de la lutte de classes est comme le principe vital de tout *Conciliation Board*. Un *Board* suppose l'existence de deux classes ennemies dont les intérêts ont besoin d'être ajustés. Mais, pour les ajuster, à quoi bon se hâter de recourir à la méthode violente et ruineuse de la cessation de travail, de la grève ? N'est-il pas plus sage de marchander d'abord, et de ne considérer la grève que comme un recours ultime et désespéré ? C'est ainsi que deux nations, parce qu'elles cessent de se faire la guerre, ne se fondent pas pour cela en une seule nation ; elles préfèrent seulement les méthodes diplomatiques aux méthodes guerrières. Si les *Whitley Councils* ne sont, sous une dénomination nouvelle, que des *Conciliation Boards*, elles sont assurées de vivre et de rendre des services ; mais à quoi bon un nom nouveau pour désigner une chose ancienne ?

En fait, le *Whitley Council* a voulu innover et créer un type d'institution mixte, mi-ouvrière, mi-patronale, d'où l'idée de la lutte de classes fût absente. Ce qu'on demande aux membres d'un *Whitley Council*, c'est de vouloir bien oublier, pendant le temps des séances, qu'ils sont les uns des patrons, les autres des ouvriers, et travailler en commun, dans un esprit d'union fraternelle, au progrès de la technique industrielle. Les ouvriers qui en feront partie seront inévitablement les militants du syndicat dont la fonction, en tant que tels, est de défendre les intérêts ouvriers contre les intérêts patronaux en prenant pour admis que ces intérêts sont en conflit les uns avec les autres. On leur demande, au moment où ils entrent dans un *Whitley Council*, de considérer désormais les intérêts de tous les producteurs — chefs d'industrie et simples salariés — sous l'angle où ils apparaissent comme solidaires les uns des autres. Ce brusque retournement de mentalité nous semble inconcevable ; s'il faut qu'il se produise pour qu'un *Whitley Council* fonctionne normalement, on peut affirmer que les *Whitley Councils* ne sont pas viables. Ceux qui ne mourront pas de mort violente sont condamnés à dépérir. Toute la question se ramène donc à savoir maintenant si le *National Industrial Council* s'inspire du même principe que les *Conciliation Boards,* dont la vitalité est si grande, ou que les *Whitley Councils*, dont l'avenir semble précaire.

Nous croyons que le *National Industrial Council*, clans son essence, loin d'exclure l'idée de la lutte de classes, est organisé en vue de permettre à la lutte de se produire, puisqu'elle doit se produire, sous des formes aussi légales, et, en quelque sorte, aussi « pacifiées » que possible. C'est un fait qui saute aux yeux ; c'est le fait fondamental de la vie politique à l'heure actuelle : patrons et ouvriers sont en conflit. Faut-il se rendre volontairement aveugle, fermer les yeux à une réalité qui nous gêne, et nier, avec les inventeurs des *Whitley Councils,* ce conflit trop réel des intérêts et des passions ? Ce n'est pas la méthode anglaise. Ou bien, acceptant l'idée de la lutte, parlera-t-on soit d'écraser l'insurrection ouvrière dans le sang, soit de résoudre la question sociale par la dictature du prolétariat ? C'est la phraséologie continentale, ce n'est pas la phraséologie britannique. La méthode, la phraséologie anglaise, c'est la méthode, c'est la phraséologie du parlementarisme.

L'Angleterre a connu la guerre religieuse. Comment a-t-elle surmonté ce désordre ? Non par la suppression de toutes les dissidences, mais par la tolérance accordée à toutes les sectes. Elle s'est résignée à la guerre de religion, et la guerre de religion a perdu son horreur. L'Angleterre a connu la guerre civile. Puis les deux factions se sont en quelque sorte habituées, adaptées l'une à l'autre : la guerre civile, soumise à des règles communes de procédure courtoise, est devenue la lutte des partis ; et la guerre civile, perdant comme la guerre religieuse son horreur, a été la forme normale de la vie politique anglaise. Voici venir, pour l'Angleterre comme pour tout le monde occidental, l'heure de la guerre sociale. Quel honneur pour la sagesse anglaise si les mêmes méthodes dont, à tant de reprises, elle a tiré un bon parti, pouvaient encore être de mise ! Dans le « Conseil industriel de la nation », les deux classes rivales vont vider leurs querelles, mais elles vont les vider selon les formes traditionnelles du Parlement de Westminster, respecter religieusement les décisions d'un président impartial, se complaire aux minuties parfois puériles d'un protocole séculaire. Qu'on ne parle pas d'utopie : l'utopie, c'est le *Whitley Council* et le rêve d'une fusion des classes. L'hypothèse que nous envisageons est tout autre, elle n'offre pas le caractère d'une utopie. On verrait, si elle se réalisait, la lutte de classes, en s'acclimatant sur le sol anglais, s'adapter au système traditionnel des partis. Il est possible que l'Angleterre — après avoir au cours des deux derniers siècles réalisé tant de chefs-d'œuvre politiques — réalise ce nouveau chef-d'œuvre.

4 juin 1919.

LE PROBLÈME DU CONTRÔLE OUVRIER [1]

Cette communication est la première d'une série, D'autres vous parleront, après moi, du problème du contrôle • ouvrier tel qu'il se pose en Allemagne, en Italie, en France, C'est un véritable examen de sociologie comparée auquel on vous demande de vous livrer en nous écoutant. La diversité même de témoignages vous aidera à voir les choses d'ensemble.

Je tiens à dire, en toute modestie, avant de commencer, que je sais

[1] Conférence prononcée le 7 mars 1921 au Comité national d'études politiques et sociales.

mes limitations, Je suis un spécialiste de l'histoire générale de l'Angleterre. Il y a donc peu de sujets relatifs à l'histoire d'Angleterre sur lesquels je ne sois en état de vous apporter des lumières ; mais il n'en est pas, en revanche, que des spécialistes ne soient capables de traiter avec plus de compétence que moi-même. Si, par exemple, vous m'aviez demandé de vous raconter l'histoire contemporaine de l'Église et des sectes en Angleterre, et si je savais qu'il y a, parmi mes auditeurs, un théologien, un pasteur ou un prêtre, je lui demanderais instamment de compléter les lacunes de ma documentation. De même aujourd'hui, s'il est venu ici pour m'entendre des économistes de profession, des représentants du patronat ou de la Confédération générale du Travail, j'écouterai tout à l'heure avec le plus grand désir d'en tirer profit, les observations, les critiqués, qu'ils voudront bien me présenter.

Cela dit par voie de précaution, voici quelles sont, d'autre part, mes qualifications. Je me suis livré, il y a deux ans, à une étude particulièrement approfondie d'un certain groupe de conseils mixtes, qu'on appelle les *Whitley Councils*, qui ont été organisés entre patrons et ouvriers sous les auspices de l'État, et qui devaient selon l'espoir conçu par certains, constituer un commencement de contrôle ouvrier dans l'industrie. J'ai, à cette occasion, repris contact avec les milieux socialistes. Je commence à vieillir, et les socialistes que je connaissais auparavant appartenaient à la génération, aujourd'hui dépassée, des socialistes « fabiens », de M. et Mme Sidney Webb. Je suis entré, par le fait même de mes enquêtes, en relations, avec les jeunes gens qui s'appellent des *guild socialiste,* « socialistes de guilde », et sont en quelque sorte des syndicalistes modérés. Je me suis lié également avec un certain nombre de membres des états-majors syndicaux. J'ai enfin été faire un séjour de trois semaines ou un mois au pays de Galles, dans cette région des charbonnages que les Anglais considèrent, non sans exagération, comme la patrie du bolchevisme britannique.

Le problème du contrôle ouvrier n'a pris d'importance dans les milieux prolétariens et socialistes en Angleterre qu'à une date récente : il y a très peu d'années, personne ne songeait à le poser. Et c'est ce que je voudrais montrer, en commençant.

Prenons la doctrine de M. et de Mme Webb, telle qu'ils l'ont exposée en 1897, dans leur grand ouvrage, *La Démocratie Industrielle*.

Les idées courantes du socialisme doctrinal en Angleterre, à la fin du XIXe siècle, c'est eux qui les ont formulées. Mais n'allons pas nous laisser tromper par ces mots de « démocratie industrielle ». Aujourd'hui nos syndicalistes français aiment à reprendre ce mot à leur usage. En fait, quand les Webb parlent de démocratie industrielle, ils ne songent pas à une organisation démocratique des producteurs dans l'usine elle-même, à l'usine considérée comme une république de producteurs. Ils considèrent — chose bien différente — la démocratie industrielle comme un régime où les industries sont soumises au gouvernement de l'État démocratique.

Leur doctrine, pour autant que j'en comprends l'esprit, c'est la glorification, la religion de l'État — démocratique, je le veux bien, mais bureaucratique aussi. Ils subissent l'influence du succès remporté en Allemagne par les idées bismarckiennes, du prestige universel de l'État bismarckien. Ajoutez qu'ils sont, en Angleterre même, en guerre avec le vieux libéralisme manchestérien et gladstonien. Il y a quelque chose de volontairement provocant dans l'emphase de leur Étatisme.

Dix ou douze ans se passent. Une nouvelle génération surgit, en révolte contre les Webb. Elle ne s'est pas brouillée avec le socialisme, mais elle apporte une nouvelle formule du socialisme, et c'est ce *guild socialism* dont je vous parlais tout à l'heure. Si vous désirez mettre des noms propres sur ce mouvement d'idées, je vous citerai les noms de G.-D.-H. Cole et de S.-G. Hobson [1]. Leur point de vue est diamétralement opposé au point de vue des Webb.

M. et Mme Webb définissaient par une formule heureuse leur point de vue lorsqu'ils déclaraient : « Notre but, en tant que socialistes, c'est la suppression du capitalisme mais non du salariat. Loin de vouloir abolir le salariat, nous voulons l'universaliser. Nous voulons que tous les hommes, au lieu d'être les uns des salariés et d'autres des profiteurs, soient tous au même titre, sinon avec le même grade, des fonctionnaires salariés de l'État. » Les *guild socialiste* répondent : « Si on se borne à supprimer le capitalisme pour universaliser le salariat, on aura simplement substitué une servi-

---

[1] On pourra consulter notamment, entre beaucoup d'autres, les ouvrages suivants : J.-A. Hobson, *National Guilds : an inquiry into the wage System and the wage act*, edited by A.-R. Orage, 1914 ; *National Guilds and the State*, 1920 ; *Problems of a New World*, 1921. — G.-D.-N. Cole, *Self-government in Industry*, 1918 ; *Guild Socialism restated*, 1920.

tude à une autre. Ce que nous voulons, c'est l'abolition du salariat. Une fois que l'on aura repris pour la collectivité les grands services industriels — les chemins de fer ou les mines, pour donner des exemples, — rien ne sera fait si on laisse encore es mineurs ou les cheminots à l'état de salariés de l'État. Nous voulons que, dans ces grands services publics, les cheminots associés prennent pour ainsi dire en commandite l'exploitation de la mine et du chemin de fer, traitent sur un pied d'égalité, avec l'État, et restent complètement libres, en tant que républiques de producteurs, d'organiser à leur manière la production et la répartition des bénéfices. » Vous voyez l'énorme différence des points de vue. Au temps des Webb, dans les dernières aimées du XIXe siècle, le but poursuivi par les socialistes, c'était la reprise par l'État. À partir de 1910, la préoccupation dominante a complètement changé. On a appris à se défier de l'État ; et le but que l'on poursuit à présent c'est l'établissement du contrôle direct de la classe ouvrière sur les entreprises industrielles.

Je n'entrerai pas dans le détail du *guild socialism.* Je ne vous dirai pas en quoi, par le fait qu'il attribue encore à l'État démocratique un certain nombre de fonctions, il se distingue du syndicalisme absolu. En ce qui concerne sa souche, ses origines, je me bornerai à vous rappeler que par certains côtés il dérive dé Ruskin et de William Morris. À leur école, les *guild socialiste* se préoccupent de réveiller dans l'esprit des producteurs le goût du travail, le zèle et l'enthousiasme corporatifs : le mot de *guild* est emprunté à la terminologie de Ruskin. Mais, d'autre part, il est plus certain encore que les *guild socialiste* ont subi l'influence du syndicalisme français ; le point de départ de toute cette littérature, il faut le chercher dans le petit opuscule de M. Georges Sorel, qui date de 1898 sur : *L'avenir socialiste des syndicats.*

Laissant de côté l'histoire des doctrines, qui ne nous intéresse pas aujourd'hui, essayons de voir comment et pour quelles raisons ces idées se sont répandues dans les masses ouvrières. Elles ont commencé à se propager durant les quatre ou cinq années qui ont précédé la guerre. Les ouvriers, après avoir envoyé au Parlement britannique un gros contingent, plus de cinquante députés travaillistes, se sont aperçus que ces députés travaillistes ne leur donnaient pas tout ce qu'ils avaient attendu d'eux. Ils votaient bien des lois sociales, mais ces lois sociales ne faisaient pas augmenter les salaires en proportion avec la hausse du coût de la vie, hausse déjà rapide depuis le commencement du siècle. D'autre part, ils trouvaient que les députés travaillistes s'inféodaient trop étroitement au parti libéral bourgeois, et même que, souvent, les lois sociales avaient pour résultat de créer une bureaucratie dans laquelle les députés travaillistes et les secrétaires de syndicats trouvaient commode de s'installer confortablement. D'où un mouvement d'opinion favorable à l'action directe, à l'agitation par la grève, de préférence aux méthodes d'action parlementaire.

À peine la guerre eut-elle éclaté que ce mouvement syndicaliste et antiétatiste prit encore plus de violence et d'intensité. Ces mêmes députés travaillistes, auxquels on reprochait avant la guerre de s'inféoder trop étroitement à la classe gouvernementale, on le leur a reproché encore plus vivement après la déclaration de guerre quand, au nom de l'Union sacrée, ils sont devenus les associés du Gouvernement dans l'organisation de la Défense du Royaume. Ce sont eux, en particulier, qui ont organisé sur des bases nouvelles le travail des munitions de guerre. La production industrielle s'est faite dorénavant sous le contrôle de l'État. Toute l'industrie du pays a été étatisée, les secrétaires des grands syndicats étant les collaborateurs des fonctionnaires et des gros industriels à la tête de cette organisation centralisée. Or, si cette organisation centraliste assurait aux ouvriers bien des avantages matériels et pécuniaires, elle leur faisait perdre en revanche toutes sortes de libertés. Elle supprimait un certain nombre de coutumes syndicales jusqu'alors respectées et qui avaient pour effet, disait-on, de ralentir la production. Enfin, et surtout, elle supprimait complètement, en vertu d'un pacte exprès, le droit de grève.

C'est alors que, dans certaines provinces anglaises, en particulier dans la région de Glasgow, il s'est fait un vif mouvement d'agitation, non seulement contre l'État, mais contre les gros états-majors syndicaux. Il y avait, dans les ateliers de cette région, certains fonctionnaires syndicaux subalternes qu'on appelait les *shop stewards,* sortes de délégués d'ateliers qui, jadis, avaient pour unique fonction de veiller au respect des règlements et de percevoir les cotisations au nom du syndicat central. Les *shop stewards* se révoltèrent contre le syndicat central, se firent élire par les ouvriers de chaque atelier et prétendirent reconstituer tous les syndicats sur une base, non plus centralisée, mais fédérative.

Dorénavant, au lieu de syndicats de métiers, où les ouvriers d'un seul métier seraient fédérés dans toute l'étendue du pays, sans contact direct les uns avec les autres, il y aurait dans chaque entreprise, dans chaque atelier, un groupement en un seul syndicat local de tous les ouvriers, sans acception de spécialité. Ils donneraient à leurs *shop stewards* le mandat de déclarer, dans l'entreprise elle-même, la guerre au patronat, de capter chaque jour quelque chose de l'autorité *patronale* jusqu'au jour où cette autorité aurait fini par passer tout entière aux mains de la classe ouvrière. Le mouvement des *shop stewards* finit par devenir très préoccupant, vers la fin de la guerre, pour le gouvernement et pour les états-majors syndicaux eux-mêmes. Il provoqua, de tous côtés, des grèves dont la répression fut parfois difficile.

Nous voici donc arrivés aux années 1917 et 1918. M. Lloyd George s'inquiétait de se présenter, devant le corps électoral, une fois la guerre achevée, avec un grand programme de réformes. Il s'agissait de promettre aux masses que la fin de la guerre allait inaugurer dans l'histoire du monde une ère nouvelle de paix sociale et de justice. Le Parlement britannique votait d'un seul coup non seulement le suffrage universel tel que nous l'avons en France, mais le suffrage universel intégral, pour les femmes comme pour les hommes ; il votait également une grande loi qui prolongeait de la treizième à la dix-huitième année l'obligation scolaire. Ne fallait-il pas faire quelque chose aussi pour donner satisfaction à l'agitation syndicaliste ou demi syndicaliste, qui fermente dans la classe ouvrière ? Une grande commission extra-parlementaire, *Reconstruction Committee*, avait été nommée pour aviser à la réorganisation, la reconstitution *(reconstruction)* de l'Angleterre après la paix. Une sous-commission de cette Commission, présidée par M. J.-H. Whitley, eut pour mission de rechercher ce que l'État pourrait faire pour améliorer les relations entre patrons et ouvriers.

Cette sous-commission fut composée d'éléments extrêmement disparates, volontairement disparates, les uns patronaux, les autres ouvriers ; il y siégea également des économistes, de tendances extrêmement diverses ; les membres ouvriers de la Commission étaient eux-mêmes les uns des modérés, les autres des extrémistes. Mais, le président Whitley, obéissant sur ce point aux invitations du gouvernement, réussit à faire en sorte que tout le monde se mît d'accord sur une sorte de programme commun, nécessairement vague afin d'être accepté par tout le monde, susceptible en même temps de rassurer les plus conservateurs, et d'encourager les espérances que pouvaient concevoir les théoriciens du syndicalisme. C'est en raison des travaux de cette sous-commission qu'a été promulgué, en 1918, un programme en vertu duquel toutes les industries du royaume qui en exprimaient le désir seraient autorisées à constituer des Commissions mixtes *(Joint Standing, Industrial Councils)* de patrons et d'ouvriers. On prévoyait trois degrés à ces organisations.

Au sommet, pour chaque industrie, il y aurait une Commission mixte, qu'on appellerait nationale. Au-dessous, on conseillait de faire une division par région, par district ; à la tête de chaque district, il y aurait également une Commission mixte, moitié patronale et moitié syndicale. Enfin, à la base, dans chaque atelier, dans chaque entreprise, on recommandait de former des Commissions mixtes, auxquelles le rapport de la sous-Commission donna le nom de *Works' Committees,* Commissions d'atelier. Expression textuellement empruntée à la terminologie des *shop stewards* : le mot *Works' Committee* est celui qu'employaient les *shop stewards* pour désigner les petits groupements qu'ils travaillaient à former, en révolte contre les grandes organisations syndicales, trop centralisées à leur gré.

Quelles attributions proposait-on de donner à ces Conseils mixtes ? Il y a intérêt, croyons-nous, pour la clarté de l'exposition, à alléger le programme en onze points qui a été dressé par le rapporteur de la Commission Whitley : on peut réduire à trois points essentiels les questions que l'on avait l'intention de soumettre à ces Conseils de patrons et d'ouvriers. Elles examineraient en premier lieu les questions de conditions du travail : salaires, heures de travail, hygiène des ateliers. En second lieu, ils examineraient tout ce qui intéresse le développement technique de l'industrie. En troisième lieu, ils auraient pour objet d'étudier les questions de législation ouvrière, d'émettre des vœux rédigés d'accord entre patrons et ouvriers, et qui pourraient influer sur le gouvernement lorsque le gouvernement voterait des lois en ces matières.

Le second point, celui qui tend à dire qu'ouvriers et patrons devraient collaborer pour travailler au développement technique dé l'industrie, est celui sur lequel un certain nombre d'ouvriers se fondèrent pour croire qu'il y aurait là une manière d'établir un commencement de contrôle ouvrier dans l'industrie, non pas le contrôle ouvrier absolu, mais un contrôle joint des ouvriers et des patrons, *joint control,* comme disent les Anglais.

On a donc commencé, en 1918, à former un certain nombre de ces Conseils. Si l'on se borne à examiner les statistiques officielles, il faut admettre que le mouvement a admirablement réussi. Il existe, à l'heure actuelle, environ soixante Conseils, qui groupent, nous dit le Ministère du Travail, plus de trois millions d'ouvriers. Statistiques peut-être sujettes à caution : je n'ai pas l'intention, cependant, de les discuter. La question que je veux poser, c'est de savoir dans quelle mesure ces *Whitley Councils* ont véritablement contribué à introduire, dans l'industrie britannique, un commencement de contrôle ouvrier.

Dans l'article que j'ai publié, il y a deux ans, sur cette question, dans la *Revue d'Économie Politique,* j'ai essayé de montrer que les *Whitley Councils* n'avaient introduit aucun élément véritablement nouveau dans l'économie de la Société industrielle. Il s'était déjà constitué spontanément, dans un certain nombre d'industries où les ouvriers étaient particulièrement bien organisés, des bureaux de conciliation mi-patronaux, mi-ouvriers, qui poursuivaient un double objet : 1° conclure des contrats collectifs entre patrons et ouvriers ; 2° une fois conclus ces contrats collectifs, veiller en permanence à l'exécution des contrats. J'essayais de montrer que les *Whitley Councils* n'avaient fait qu'imiter ces institutions et, sous les auspices de l'État, avec la bonne volonté enfin obtenue des patrons, créer des Conseils mixtes, des bureaux de conciliation dans une série d'industries où les ouvriers, moins bien organisés, n'en avaient pas encore constitué.

Je n'ai pas le loisir, durant le peu de temps dont je dispose, d'entrer dans le détail des preuves que je donnais au cours de cet article, mais je me bornerai à vous en soumettre deux, qui me paraissent décisives.

Première preuve. J'ai dit que l'organisation de ces Conseils mixtes était à trois étages ; des Conseils nationaux en haut ; à mi-hauteur, des Conseils de districts ; en bas, des Comités siégeant dans chaque usine, dans chaque entreprise particulière. Or, les syndicalistes tenaient principalement à la constitution de ces *Works' Committees* pour les raisons que j'ai indiquées tout à l'heure. Ils considéraient qu'un bureau central de Syndicat, représentant non point tout le personnel d'une entreprise, mais tous les ouvriers d'une certaine spécialité, quelle que fût la diversité des entreprises dans lesquelles ils étaient employés, pouvait faire peu de chose en vue de reprendre au patronat la direction des entreprises elles-mêmes. Au contraire si, dans chaque entreprise, tous les ouvriers, sans distinction de spécialités, se groupaient pour tenir tête aux patrons, ils pourraient accomplir ensemble cette usurpation tant désirée.

Or, qu'est-il arrivé ? En fait, si nous nous reportons aux statistiques fournies par le Ministère du Travail, nous constatons qu'il s'est formé un grand nombre de Conseils nationaux avec un bureau central pour l'Angleterre tout entière, ou pour l'Angleterre et l'Écosse réunies ; que les Conseils de districts sont déjà moins nombreux, mais que, lorsqu'on arrive aux *Works' Committees,* c'est à peine si on en trouve un petit nombre, épars à la surface du royaume. Non seulement il y en a très peu, mais, chose plus grave encore, le petit nombre de *Works' Committees* qui ont été organisés ne l'ont pas été dans un esprit révolutionnaire ; ce sont, au contraire, des patrons philanthropes qui les ont fondés pour rompre la solidarité syndicale, pour créer une solidarité spéciale entre eux-mêmes et les ouvriers de leurs usines, par opposition à la solidarité qui unissait ou pourrait unir leurs ouvriers aux ouvriers syndiqués des autres entreprises.

J'ai étudié les rapports publiés par le Ministère du Travail. Mieux que cela, une grande entreprise, que j'ai visitée dans le pays de Galles, me fait l'honneur, depuis deux ans, de m'envoyer régulièrement les comptes rendus d'un gros *Works' Committee,* qui fonctionne sous son patronage. C'est une grande entreprise, qui couvre plusieurs villages, et qui renferme, parmi ses employés et ses ouvriers, tous les habitants de plusieurs municipalités. Vraiment, il n'y a rien de révolutionnaire dans ces conversations périodiques, dont je reçois le compte rendu. J'ai quelquefois l'impression que j'assiste à un débat de Conseil municipal ; il s'agit de moyens de transport, d'éclairage à l'électricité ou au gaz, de conditions de travail : remaniement des horaires, relèvement des salaires. Jamais rien qui ressemble, de si loin que ce soit, à une participation de la classe ouvrière à la gestion de l'entreprise.

Deuxième preuve. Si vraiment les *Whitley Councils* devaient apporter aux ouvriers organisés quelque chose de plus que ce qu'ils avaient obtenu jusqu'à présent par leurs bureaux de conciliation pour discuter les conditions de leur travail avec les patrons, que devrait-il se produire ? Toutes les grandes organisations ouvrières qui ont déjà constitué ces bureaux de conciliation se seraient empressées de former des *Whitley Councils*, afin d'obtenir ce nouvel avantage. Est-ce pourtant ce qui est arrivé ? En aucune façon.

Admettons les chiffres officiels, bien qu'ils doivent être, comme tous les chiffres officiels, tenus pour suspects : il est difficile de savoir sur quelles données on se fonde pour évaluer le nombre d'ouvriers employés dans une industrie. Admettons encore une fois le chiffre de trois millions et demi d'ouvriers. Mais n'oublions pas que les ouvriers représentés au Congrès annuel des Trade Unions sont, à eux seuls, plus de huit millions. Ce n'est donc 3u'une minorité du mouvement ouvrier anglais qui est représenté ans les *Whitley Councils*. Or ce chiffre de trois millions et demi ne sera pas dépassé, c'est un maximum ; un grand nombre de corporations ont mit comprendre au gouvernement que jamais elles ne feraient partie des *Whitley Councils*. Quelles sont ces corporations ? Ce sont précisément celles qui étaient le mieux organisées qui, déjà, dans leurs bureaux de conciliation, traitaient d'égal à égal avec les patrons pour toutes les conditions du travail. C'est ainsi que la puissante organisation des ouvriers du coton a refusé de constituer des *Whitley Councils* ; il n'y a pas de *Whitley Councils* chez les cheminots ; il n'y en a pas chez les ouvriers mineurs, qui sont plus d'un million en Angleterre et en Écosse ; il n'y en a pas davantage pour la métallurgie, pour la mécanique, pour les constructions maritimes. Vous voyez la singularité de la chose

Les syndicats ouvriers qui ont voulu former des *Whitley Councils* sont ceux qui n'étaient pas encore organisés et qui cherchaient à s'aider de l'appui du gouvernement pour faire ce qu'ils n'avaient pas réussi à faire de leurs propres forces et ce qui avait déjà été fait par les mineurs et par les ouvriers du coton, par exemple.

C'est ainsi que les ouvriers ou employés de l'État n'avaient pas réussi, jusqu'alors, à faire reconnaître leurs syndicats. Le jour où l'État a pris l'initiative d'inviter les patrons et les ouvriers du pays à former des Commissions mixtes, il était pris à son propre piège. Pouvait-il refuser à ses ouvriers, à ses employés, ce qu'il offrait à tous les employés et à tous les ouvriers du royaume ? En fait, dans les syndicats qui ont formé des *Whitley Councils,* il s'en trouve sept cent mille qui sont des employés de l'État et des municipalités. Il y a là un fait important. La formation des *Whitley Councils* a consacré, en Angleterre, la reconnaissance par l'État des organisations syndicales. Mais, pour ce qui est des attributions de ces Conseils mixtes, il n'y a rien de nouveau à noter ici. L'État s'est tout simplement résigné à accepter enfin ce que beaucoup de grands industriels avaient accepté avant lui. Je n'observe pas même, en cette affaire, un commencement de ce que j'ai appelé plus haut le contrôle ouvrier.

Je dois prévoir pourtant une objection. On me dira que le fait, pour les ouvriers, de se grouper en syndicats pour former des Commissions mixtes et dicter, s'il se peut, au patronat, les conditions de leur travail, constitue déjà, par lui-même, un contrôle ouvrier. Je le veux bien. Je demande cependant s'il ne convient pas de distinguer, dans l'organisation d'une industrie, entre deux fonctions bien différentes.

La première, c'est la fonction du directeur de travaux, qui, placé à la tête de l'entreprise, sert les besoins de la clientèle, peut-être même les rend plus intenses, ou en provoque la naissance, met la production au service de la consommation par l'amélioration de l'outillage technique et l'utilisation savante du travail ouvrier. La seconde consiste, dans l'usine, à défendre, contre le patronat, les intérêts de l'ouvrier. Il est très bien, en effet, que le consommateur soit servi par une production aussi abondante et aussi peu coûteuse que possible. Encore ne faut-il pas sacrifier aux intérêts du consommateur les intérêts du producteur lui-même. Or, l'ouvrier ayant droit à un minimum de salaire, de loisir et d'hygiène, je veux bien qu'on appelle « contrôle ouvrier » la fonction qu'exerce le Syndicat quand il « contrôle » les conditions du travail dans l'usine, et empêche que le producteur soit sacrifié à la folie de la production. Mais ce n'est pas là ce que veulent dire les *guild socialiste* quand ils réclament pour les ouvriers organisés le « contrôle de l'industrie ». Ils demandent que les chefs élus des syndicats soient mis à la tête de la production pour servir les intérêts du consommateur. Nous passons, ainsi, de l'exercice d'une certaine fonction à l'exercice d'une autre fonction. Or, ce passage, les *Whitley Councils* ne l'ont pas opéré.

Tous les *Whitley Councils* qui se sont constitués l'ont été pour traiter des conditions de travail, pour obtenir, par des discussions à l'amiable, que le patronat tienne compte, dans la gestion de l'industrie, des intérêts de la classe ouvrière. On ne peut pas dire qu'un seul d'entre eux ait commencé de réaliser l'invasion de la gestion patronale par la classe ouvrière.

« Soit, me dira-t-on, les *Whitley Councils* n'ont pas permis à la classe ouvrière d'accomplir le pas en avant que les *guild socialists* désiraient lui voir accomplir, et de passer du contrôle sur les conditions du travail au contrôle ouvrier proprement dit, qui consisterait, pour les Syndicats, à prendre la direction de la production industrielle. Mais vous venez de nous montrer comment, à côté des Syndicats qui ont constitué des *Whitley Councils,* il y en avait d'autres, nombreux et puissants, qui ont refusé d'entrer dans la nouvelle organisation. Est-ce que ceux-là, par leurs propres forces, qui sont grandes, n'ont pas essayé de faire quelque chose pour conquérir quelque chose de ce contrôle ouvrier, qui préoccupe, à l'heure actuelle, les doctrinaires et les agitateurs ? »

Je n'en disconviens pas. Cette préoccupation du contrôle ouvrier ne pouvait pas ne pas se manifester dans de grands Syndicats, aussi puissamment organisés pour la lutte que le sont ceux des chemins de fer et des mines. Laissant donc de côté les *Whitley Councils,* voyons ce que les ouvriers des mines de charbon ont essayé de faire, à grand bruit, mais, jusqu'à présent, sans beaucoup de succès, pour résoudre le problème du contrôle ouvrier.

Je vous demande de remonter avec moi jusqu'à la lin de la guerre, aux mois qui suivent immédiatement l'armistice. En dehors du reste du monde syndical anglais, trois grandes corporations, qui comptent beaucoup plus d'un million d'ouvriers syndiqués, à savoir les ouvriers du transport, les ouvriers des chemins de fer et les ouvriers mineurs, ont formé ce qu'on appelle le Triple Alliance industrielle pour faire masse contre le patronat et contre l'État et imposer en bloc le respect de leurs revendications. Dans les premiers mois de 1919, les ouvriers mineurs, les ouvriers des chemins de fer et les ouvriers du transport présentent de concert leurs revendications. Grave problème pour M. Lloyd George de donner satisfaction à tout le monde sans aller au delà de ce qu'un gouvernement raisonnable peut accorder, sans provoquer une révolution.

Il eut l'art de donner satisfaction aux cheminots et aux ouvriers du transport. Les mineurs se trouvèrent donc isolés. Leurs revendications étaient triples. Les unes portaient sur les salaires : ils demandaient des relèvements de salaires de 6 shillings par tonne ; ils demandaient également une réduction des heures de travail à sept et six heures par jour, au lieu de huit. Enfin, ils demandaient la nationalisation des mines.

Quand ils demandaient la nationalisation des mines, ils la demandaient en ce sens nouveau qu'ils réclamaient à l'intérieur des mines nationalisées l'établissement du contrôle des ouvriers sur l'exploitation minière. Et voici bien une occasion de faire comprendre, par un exemple frappant, avec quelle rapidité les idées ouvrières anglaises avaient évolué sur ce point. En 1912, l'année même où les ouvriers mineurs anglais obtinrent la loi qui leur accordait le salaire minimum, le parti du travail anglais déposa sur le bureau de la Chambre des Communes un projet de loi pour la nationalisation des mines. Ce *bill* est extrêmement curieux à analyser ; il n'y est pas question de contrôle ouvrier ; le seul objet poursuivi par ceux qui le rédigèrent, c'est la reprise par l'État, es conditions du rachat et, ensuite, de l'exploitation par l'État.

Tout a changé en 1919. Cette fois, ce que les ouvriers demandent, en même temps que la nationalisation et encore plus que la nationalisation, c'est rétablissement du contrôle ouvrier.

M. Lloyd George, pour donner satisfaction aux ouvriers, sans pourtant s'engager tout de suite, obtint que la question fût soumise à l'examen d'une grande Commission d'enquête. Cette Commission d'enquête, d'abord, et à la hâte, réglerait la question des salaires et des heures de travail, pour lesquelles les mineurs réclamaient satisfaction absolue et immédiate. Ensuite, et plus à loisir, elle aborderait le grand problème de la nationalisation avec contrôle ouvrier.

La première question, salaires et heures de travail, fut réglée conformément aux exigences ouvrières, dans les derniers jours de mars. Après quoi, depuis le mois d'avril jusqu'au mois de juin, la Commission se réunit en une seconde session pour étudier à fond le grand problème. Je n'entrerai pas dans le détail des travaux de cette Commission [1] ; mais je crois vous intéresser en vous disant quelle a été l'attitude des différents membres sur la question du contrôle ouvrier. Il y a là, en raccourci, comme un tableau des opinions du monde anglais, tant ouvrier que patronal, sur cette question critique.

La Commission se composait de douze membres ; sur ces douze membres, six étaient des patrons, six des ouvriers ou des théoriciens socialistes, tels que M. Sidney Webb, par exemple. Au-dessus de ces douze membres, un président impartial, le juge Sankey. Voici quelles furent les conclusions auxquelles les uns et les autres aboutirent.

Sur les six patrons, cinq se prononcèrent nettement contre la nationalisation ; ils se bornèrent à demander que l'on instituât dans l'industrie minière, à tous les degrés, des *Whitley Councils,* Ils ne désiraient certainement pas établir le contrôle ouvrier : ils considéraient l'institution de *Whitley Councils* dans les charbonnages comme étant, à leur point de vue, la plus anodine de toutes les solutions concevables.

Un des six représentants du patronat, sir Arthur Duckham, se sépara pourtant de ses collègues, et déposa un projet séparé. Il demanda qu'on fît sortir, par voie législative, l'industrie minière anglaise de l'état chaotique où elle était. J'ai été effectivement frappé quand, au printemps de 1919, j'ai visité le pays de Galles, d'un fait qui a été pour moi une révélation : l'industrie de l'extraction du charbon n'est, en Angleterre, que très faiblement concentrée. Il arrive encore aujourd'hui, fréquemment, que de petites gens de Cardiff ou de Swansea, de simples boutiquiers, se groupent à deux ou trois pour sonder le flanc d'une montagne galloise et courir la chance de faire fortune. Sir Arthur Duckham demanda que l'État anglais intervînt pour concentrer les mines en un nombre restreint de grandes Sociétés régionales qui auraient une sorte d'existence légale, Dans le Conseil d'administration qui présiderait à la ges-

---

1 V. Coal Industry Commission, vol. I and II. Reports and Minutes of Evidence ; vol. III. Appendices, Charts, and Indexes [Cmd. 359, 360, 361].

tion de chacune de ces Sociétés régionales, on réserverait quelques places à des représentants des travailleurs : sur sept membres, dont se composerait chaque Conseil d'administration, deux, selon le plan de sir Arthur Duckham, seraient des ouvriers.

Les six membres ouvriers et socialistes demandèrent, de leur côté, la nationalisation, avec contrôle ouvrier. À la tête de l'industrie on placerait un Conseil des mines, dont les membres seraient pour moitié nommés par le gouvernement et, pour l'autre moitié, nommés par les Syndicats des mineurs. Au-dessous de ce Conseil, on répartirait l'ensemble des charbonnages en un certain nombre de régions ; le projet des mineurs prévoyait quatorze régions : à la tête de chacune de ces régions, il y aurait encore un Conseil mixte, constitué, pour une moitié, par des représentants des Syndicats, et nommé, pour l'autre moitié, par le gouvernement. Enfin dans chaque charbonnage, il y aurait un *Works' Committee*, qui s'appellerait, dans l'espèce, *Pit Committee,* « Comité de Puits d'extraction ». La moitié du *Pit Committee* serait encore formée d'ouvriers : au *Pit Committee* appartiendrait de gérer l'extraction.

Le juge Sankey, président de la Commission, trancha la question en faveur de la moitié ouvrière : il se prononça en faveur de la nationalisation des mines avec contrôle ouvrier. Sans entrer dans le détail du projet Sankey, qu'il me suffise de dire que d'une façon générale, la différence entre le projet Sankey et le projet des mineurs, c'est que le projet Sankey, au lieu d'admettre, aux deux degrés supérieurs, dans le Conseil national des mines et dans les Conseils de district, une double représentation gouvernementale et syndicale, admettait une triple représentation : d'une part, des représentants des mineurs ; d'autre part, des représentants des techniciens ; enfin, et en troisième lieu, des représentants des consommateurs. Il devait y avoir en outre, à la base, ainsi que le demandaient les mineurs, des *Pit Committees,* Mais ces *Committees* auraient pour unique objet de protéger la sécurité et la santé des mineurs : l'exploitation même de la mine ne rentrait pas dans leurs fonctions.

Les ouvriers mineurs se rallièrent au projet Sankey, qui fut adopté, en conséquence, par sept voix contre six, J'étais alors en Angleterre. L'impression dominante, dans le grand public, dans la presse, c'était que l'on marchait rapidement vers la nationalisation des chemins de fer et des mines : celle des chemins de fer était tenue pour acquise, celle des mines de charbon semblait inévitable. Telle était l'apathie, tout au moins apparente, de la classe patronale. Tel était l'état d'effervescence de la classe ouvrière.

M. Lloyd George, en peu de mois, sut dominer la situation et laisser tomber dans l'oubli ce grand programme de nationalisation avec contrôle ouvrier. Je n'ai pas le loisir de raconter avec quelle dextérité il sut démontrer au public anglais que, sans doute, il s'était déclaré lié à l'avance par les conclusions de la grande Commission qu'il avait nommée lui-même en février ; que, néanmoins, il ne se considérait pas comme lié par le rapport Sankey. Il proposa un projet qui ressemblait au projet mixte de sir Arthur Duckham. Pas de nationalisation. De grandes corporations minières et, dans chacune de ces grandes Compagnies, des bureaux mixtes de conciliation, dont les attributions demeuraient vagues.

Pendant ce temps, il laissait se développer l'agitation ouvrière, inquiet de voir jusqu'où elle irait et dans quelle mesure elle serait dangereuse. Les ouvriers mineurs, au commencement de septembre, firent appel au Congrès des Trade Unions, qui se réunissait alors à Glasgow, lui demandèrent de prendre position sur la question de la nationalisation des mines. Mais les ouvriers mineurs se rendirent compte tout de suite qu'ils allaient se heurter à l'inertie de leurs camarades, et que la masse ouvrière n'était pas disposée à faire grève — car c'est à la grève générale de solidarité qu'il fallait en venir — pour obtenir, en faveur des mineurs, la nationalisation et le contrôle.

Le Congrès de Glasgow renvoya la question à un Congrès spécial, dont les membres seraient spécialement mandatés pour l'étudier. Le Congrès spécial se réunit en décembre, et conclut à un nouvel ajournement. Il décida qu'un nouveau Congrès spécial serait convoqué après l'ouverture de la session parlementaire : on serait alors mieux éclairé sur l'attitude du Parlement et du gouvernement.

Le Parlement rentra en séance au mois de février, et M. Lloyd George déclara que, non seulement il avait toujours été hostile à toute nationalisation, mais que, par-dessus le marché, il abandonnait son projet du mois d'août, puisque ce projet n'avait pas l'agrément de la classe ouvrière. La Chambre des communes lui donna raison, à une écrasante majorité. Alors, le deuxième Congrès spécial, mis au pied du mur, refusa net, à une grosse majorité, de faire grève pour appuyer la demande des mineurs. Chose grave, le secrétaire du Syndicat des cheminots, J.-H. Thomas, membre de cette Triple Alliance qui s'était constituée jadis pour permettre aux cheminots, aux mineurs et aux ouvriers du transport de faire bloc dans leurs revendications, parla énergiquement contre la grève. Les mineurs se trouvèrent réduits à leurs seules forces. Ils se demandèrent s'ils allaient faire grève pour obtenir la nationalisation et le contrôle ouvrier. Ils décidèrent que non. Ils changèrent complètement l'orientation de leurs revendications.

Au lieu de demander la nationalisation et le contrôle ouvrier, problèmes qui, visiblement, n'agissaient pas sur les masses ouvrières, ils se mirent à demander un relèvement de salaire. Au mois de septembre, ils ont menacé de faire grève si on ne leur accordait pas satisfaction sur ce point. Le gouvernement a fini par capituler à peu près devant leurs exigences.

Aujourd'hui même, la question se pose d'une façon aiguë de savoir ce qui va se passer lorsque, dans quinze jours ou trois semaines, on va « décontrôler » l'industrie des mines, c'est-à-dire supprimer le contrôle de l'État sur les charbonnages anglais, les rendre au régime de la liberté. Or, quelle est, en cet instant critique, la question corporative qui passionne les masses ouvrières ?

Est-ce la question de la participation à la gestion industrielle ? Est-ce la question du contrôle ouvrier ? Je n'en crois rien. D'après les renseignements de source privée qui me sont parvenus, je vois que l'on discute beaucoup la question de savoir quelle représentation on donnera aux ouvriers une fois les mines rendues à la liberté, dans les bureaux de conciliation. Est-ce que ce seront les ouvriers qui éliront directement leurs représentants dans ces bureaux ? Est-ce que ce seront, au contraire, les Syndicats qui enverront leurs représentants y siéger ? Mais, de quelque façon que la question soit résolue, les bureaux qui seront institués seront toujours des bureaux de conciliation à l'ancienne mode, ayant pour unique objet de défendre les conditions du travail, et non pas de gérer les exploitations minières. Actuellement, la seule question qui intéresse la masse ouvrière des charbonnages anglais est celle de savoir comment les ouvriers seront salariés une fois que les mines seront retombées sous le régime de la liberté.

Avant la guerre, en 1912, était intervenue une loi qui établissait le salaire minimum dans les mines de charbon, mais qui n'accordait pas un salaire minimum pour toute l'étendue du Royaume-Uni ; elle divisait le Royaume-Uni en un certain nombre de régions ; dans chaque région, une Commission mixte fixait un salaire minimum qui, ensuite, avait force de loi.

La guerre est arrivée. On a unifié toute l'organisation des mines sous le contrôle de l'État. Du moment que l'on faisait la péréquation des profits, il n'y avait aucune raison pour ne pas faire la péréquation des salaires. Depuis 1917, les ouvriers mineurs touchent un salaire uniforme dans toute l'Angleterre. Mais, lorsqu'on sera revenu au régime de la liberté, il n'y aura plus de péréquation des profits. Il est donc clair que, dans les régions où l'extraction est plus difficile, les patrons ne pourront pas payer à leurs ouvriers un salaire aussi élevé que dans les régions plus heureuses. Ou bien, ils iraient à la faillite : ils seraient déjà tombés en faillite sans la péréquation. Les patrons demandent donc des salaires variables suivant la région. Les ouvriers insistent pour qu'on maintienne le régime du salaire minimum unique.

Si je suis entré dans ces détails, qui semblent, à première vue, ne pas rentrer dans mon sujet, c'est afin de montrer que la même conclusion, à laquelle nous arrivions tout à l'heure, en étudiant les *Whitley Councils,* s'impose encore à nous, si nous étudions l'histoire récente du Syndicat des ouvriers mineurs et de ses revendications. Si on laisse de côté les doctrinaires, la question qui intéresse profondément les ouvriers, ce n'est pas la question de la gestion industrielle, c'est la question des salaires, ou, d'une façon plus générale, des conditions de travail. Il a suffi de quelques mois pour que, cédant à la force des choses, l'état-major syndical des mineurs soit retombé, en quelque sorte, de la première sur la seconde.

Je me résume. Étudiant, il y a deux ans, les *Whitley Councils,* j'arrivais à cette conclusion que cette institution était appelée à un avenir médiocre, en raison du malentendu profond qui divisait ouvriers et patrons, lorsqu'ils entraient dans les *Councils.*

Du côté ouvrier, ou, pour parler plus exactement, socialiste, s'était répandue la conviction qu'on allait insensiblement établir le droit de regard des ouvriers sur la gestion des industries, et, par là-même, à la longue, la participation des ouvriers à la gestion. C'est ce que certains syndicalistes ont appelé *l'encroaching control,* le contrôle par voie d'empiétements.

Un des premiers Conseils inscrits sur la liste officielle des *Whitley Councils*, le premier, en réalité, qui se soit constitué, celui qui est généralement considéré comme ayant servi de modèle à tout le mouvement, c'est le Conseil de l'industrie du Bâtiment. Il a été fondé sur l'initiative de M. Malcolm Sparkes, un patron excentrique, un quaker, pacifiste outrancier, qui ne croit ni à la guerre des races ni à la guerre des classes. Il a voulu, en faisant siéger côte à côte en nombre égal, dans une Commission mixte, patrons et ouvriers, permettre aux ouvriers de s'initier à la direction technique et commerciale de l'industrie, aux patrons d'apprendre à se considérer comme les simples collaborateurs de leurs salariés. Il a élaboré, soumis à l'approbation du Conseil, un vaste plan de réforme de l'industrie du bâtiment. Le bâtiment deviendrait une grande corporation fermée, purement ouvrière, qui rémunérerait les capitaux engagés à un taux immuable, assurerait aux travailleurs un traitement fixe, et réussirait d'ailleurs à réduire au minimum les périodes de morte saison et de chômage. Ce serait la réalisation, obtenue des patrons à l'amiable, d'une véritable « guilde », conforme au rêve des *guild socialiste*.

Au moment où je parle, tout le système échafaudé par M. Malcolm Sparkes est en train de craquer. Soumis à l'approbation du Conseil du Bâtiment, il a été purement et simplement renvoyé à la sous-commission qui l'avait élaboré. Cet échec n'a rien de surprenant : ce qui est admirable, c'est que M. Malcolm Sparkes ait su, deux années durant, obtenir du Syndicat des entrepreneurs du bâtiment, je ne dis pas l'acceptation, mais simplement la discussion et l'examen de son projet [1]. Car la préoccupation des patrons, fort nombreux, qui ont encouragé l'expérience des *Whitley Councils,* n'avait que peu de chose en commun avec l'« utopie » de M. Malcolm Sparkes.

---

1 Sur la curieuse histoire de ce mouvement, qui serait digne d'une monographie, v. en particulier les opuscules suivants : Masters and Men, a new Copartnership, by Thomas Foster. — A Memorandum on Industrial Self-govemment, Together with a draft scheme for a Builders' National Industrial Parliament, by Malcolm Sparkes. — The Industrial Council for the Building Industry. The story of a revolution in industrial revolution. — Sur le mouvement commercial de la Guilde du Bâtiment, v. the Building Guild, its principles, objecte and structure, published by the Cooperative Press Agency, Manchester.

En Angleterre, — et je crois que la chose serait plus vraie encore de l'Allemagne, — un certain nombre de capitalistes se demandent si le patronat n'aurait pas intérêt, par la constitution d'une sorte de régime corporatif, à créer, dans chaque industrie, une solidarité d'intérêts entre les patrons et les ouvriers de cette industrie. Les patrons garantiraient aux ouvriers ce à quoi ils tiennent plus qu'à tout au monde, à savoir la sécurité. Ils leur promettraient la constitution d'un fonds qui les assurerait contre le péril du chômage. Ils leur proposeraient d'accepter un système de participation aux bénéfices. Ils leur demanderaient, en revanche, une fois directement intéressés à la prospérité de l'entreprise, de vouloir bien les aider à obtenir l'aide de l'État, la protection contre la concurrence étrangère et la hausse des prix par la révision du régime douanier. Sir Allan Smith, le grand homme de l'*engineering* et du *shipbuilding*, préconise une organisation de l'industrie qui ne diffère pas beaucoup, croyons-nous, de celle dont nous venons d'exposer le principe.

Or, entre ces deux conceptions, l'une ouvrière, l'autre patronale, la divergence est évidente. D'un côté, on vise à l'expropriation progressive du patronat, à l'élimination du profit. De l'autre côté, on veut intéresser la classe ouvrière à l'accroissement du profit capitaliste. Un jour ou l'autre, disais-je, il y a deux ans, le malentendu deviendra manifeste, et, ce jour-là, sera consommé l'échec des *Whitley Councils,* Mais, aujourd'hui, j'irai plus loin encore. Je pronostiquerai, dans la classe ouvrière, le déclin de tout ce grand mouvement de propagande en faveur de l'établissement du contrôle ouvrier, parce qu'il ne répond peut-être pas aux besoins profonds du prolétariat de la grande industrie.

Ce que demande la classe ouvrière, ce n'est pas la participation aux chances de gain, comme aussi aux risques de perte, qui sont inséparables de la gestion d'une grande entreprise. Elle est avide de sécurité, veut un salaire stable et des garanties contre le chômage. Elle a constitué ses syndicats pour défendre, dans les usines, en opposition aux exigences patronales, ses conditions de travail : elle n'assigne pas d'autre fonction à ses représentants syndicaux.

Et ceux-ci le comprennent bien. « Les fonctions nouvelles que l'on veut attribuer aux chefs des Trade Unions, me disait un trade-unioniste, très haut placé dans la hiérarchie syndicale, ne rentrent pas dans leurs attributions. La fonction du *Trade Union leader*, c'est de défendre les intérêts des ouvriers contre les patrons. Il est l'avocat des ouvriers : on pourrait aller jusqu'à dire qu'il n'a pas le droit de regarder de trop près, dans chaque cas, si les ouvriers ont tort ou raison. Il est leur plaideur attitré. Vouloir que, pardessus le marché, il devienne l'associé du patron dans la gestion de ses affaires, c'est lui demander plus qu'il ne peut donner. C'est lui demander de sortir de son rôle, et les ouvriers ne le lui pardonneraient pas. Il serait fatalement amené, un jour ou l'autre, à expliquer aux ouvriers que leurs demandes ne sont pas raisonnables, il cesserait donc d'être ce qu'il est, par essence : l'avocat de la classe ouvrière. Voyez le rôle difficile des syndiqués que les Coopératives placent à la tête de leurs fabriques : ils sont condamnés, par le fait de la situation qu'ils occupent, à parler à leurs ouvriers, le langage que parleraient des patrons. Quelle n'est pas leur impopularité ! »

La différence est profonde entre la fonction sociale du chef d'industrie, qui est de rendre la production aussi intense que possible, et la fonction sociale du chef de Syndicat, qui est d'empêcher que cette intensification de la production se fasse au détriment du bien-être physique et moral de l'ouvrier. Associer le chef de Syndicat à la gestion de l'industrie, c'est vouloir lui faire jouer deux rôles à la fois ; c'est commettre une erreur de sociologie. Je ne conteste pas que l'on puisse faire place à un certain nombre de représentants syndicaux dans les Conseils d'administration des grandes entreprises. Mais il devrait être bien entendu, afin d'éviter toute déception, qu'ils ne seront pas là pour rendre la production plus active : ils n'y seront que pour plaider la cause de la classe ouvrière contre ceux qui désirent intensifier la production à tout prix. Ils joueront le rôle d'un frein, non d'un moteur.

J'ai dit, et ne veux que vous inviter, avant de finir, à voir deux éléments distincts dans les observations que je viens de présenter.

Premièrement, l'énonciation d'un fait, qui ne souffre, il me semble, aucune discussion. C'est que l'opinion travailliste anglaise, après avoir paru, il y a deux ans, si ardente à réclamer l'établissement du contrôle ouvrier, s'est singulièrement apaisée. Au printemps de 1919, il était difficile de résister à l'impression que l'Angleterre était sur le bord d'une révolution sociale, non pas violente à la manière moscovite, mais cependant profonde, et qui allait transformer de fond en comble l'organisation industrielle. Un an Elus tard, je ne trouvais plus qu'apathie à l'égard de ces problèmes, et les seules questions qui maintenant retenaient l'attention des états-majors syndicaux, c'était l'amélioration des conditions de travail, le relèvement des salaires.

Deuxièmement, l'interprétation de ce fait. L'échec du *guild socialism* est-il un fait passager, négligeable pour qui ne s'abandonne pas aux impressions du moment ? Ou bien est-il un fait significatif, qui s'explique par des causes profondes ? J'ai penché pour la dernière hypothèse. Je crois que les syndicalistes, avec leur programme de reprise du contrôle de l'industrie par les syndicats professionnels, commettent, sur les fonctions réelles du syndicat, ce que j'appelais tout à l'heure une erreur de sociologie. Mais je ne prétends pas à l'infaillibilité et c'est sur ce second point — non sur le premier — que j'aimerais avoir le bénéfice de vos objections.

ÉTAT PRÉSENT DE LA QUESTION SOCIALE EN ANGLETERRE [1]

Au lendemain de l'armistice, dans la joie de la victoire enfin conquise, dans l'attente du traité de paix qui devait désarmer l'Allemagne à jamais, l'Angleterre s'abandonnait à l'espoir qu'une ère nouvelle s'ouvrait pour le genre humain en général, pour la démocratie anglaise en particulier. L'éblouissant homme d'État, qui, depuis six ans — faut-il dire : depuis quatorze ans ? — préside aux destinées de la nation, promettait de faire tout ce qui était en son pouvoir pour que l'Angleterre devînt un pays « digne des héros qui l'habitaient », pour que la misère fût abolie, la question sociale résolue, par la collaboration des classes jadis rivales, aujourd'hui réconciliées. Et il se flattait de pouvoir faire beaucoup. Les leçons de la guerre, à cet égard, semblaient encourageantes.

On avait vu le Parlement, en pleine guerre, voter à l'unanimité, par le miracle de ce que nous avons appelé en France l'« union sacrée », une loi de réforme électorale et une loi d'éducation dont le radicalisme aurait soulevé, avant 1914, des résistances peut-être,

---
[1] Étude publiée dans la *Revue politique et parlementaire* (Paris 1922).

invincibles. On avait vu l'État assumer, avec le consentement de tous les partis, une foule de fonctions que le collectiviste le plus déterminé, quelques années plus tôt, n'aurait pas osé réclamer pour lui d'emblée. L'État monopolisait, au moment où la paix survint, tout le commerce de la nation ; il décidait quelles exportations, quelles importations seraient licites ; il limitait la faculté de consommation de chaque citoyen ; il exploitait toutes les mines de charbon ; il gérait tous les chemins de fer et toute la flotte marchande ; il fabriquait des munitions et exerçait son contrôle sur toutes les industries qui de près ou de loin, intéressaient la conduite de la guerre. Ce beau travail d'organisation, par lequel on avait gagné la victoire, allait-il être interrompu brusquement ? Était-ce une raison, parce qu'on avait la paix, pour revenir à l'anarchie d'autrefois ? Les ouvriers ne le pensaient pas ; les intellectuels, pas davantage. Et le premier ministre, dont l'intelligente sensibilité est toujours si prompte à suivre les mouvements de l'opinion, semble lui même avoir pendant quelques mois, en toute sincérité, songé à prolonger en temps de paix, pour le bien de la classe ouvrière, ce prodigieux étatisme de guerre auquel la victoire venait de donner un tel prestige.

Un projet de loi fut introduit en 1919 par le gouvernement en vue de remédier à la crise naissante du logement ; Le projet de loi imposait aux autorités locales l'obligation de soumettre au gouvernement central, dans un délai de trois mois, des plans pour l'édification, aux frais des contribuables, du nombre de maisons nécessaires pour le logement des classes ouvrières ; ces plans auraient force de loi à partir du jour où ils seraient approuvés par le ministère ; et le ministère n'aurait le droit de leur refuser son approbation et de les renvoyer aux autorités locales pour être révisés que dans le cas où il les jugerait « inadéquats », en d'autres termes trop timides.

Un autre projet de loi fut introduit, à l'effet de constituer un ministère des Voies et Communications. Rentreraient dans le domaine de ce ministère : les chemins de fer, les tramways, les canaux et les cours d'eau, les routes, les ponts, les bacs, les ports, les docks, les jetées et la fourniture de l'électricité. Tous les pouvoirs qui déjà, en ces matières, appartenaient au gouvernement par le régime du temps de guerre, passeraient immédiatement, et pour une durée de deux ans, au nouveau ministère. Mais le nouveau ministère acquerrait, par le *bill*, de bien autres pouvoirs. Il pourrait, par simple décret, acheter « à l'amiable ou par contrainte », et exploiter totalement ou partiellement, un moyen quelconque de communication, chemin de fer ou tramway, canal, port ou dock. Le Parlement n'aurait, sur un tel décret, qu'un droit négatif de veto, pendant un laps de trente jours. La mention qui était faite de l'« électricité » dans le *bill* primitif fut bientôt supprimée ; mais cela ne voulait pas dire que les étatistes battaient en retraite. Un *bill* spécial proposait de créer des *Electricity Commissioners*, simples fonctionnaires, les uns inamovibles, les autres amovibles, du *Board of Trade*, qui auraient le pouvoir de créer dans tout le pays des *electricity districts* et des *electricity district boards*. Ces bureaux locaux, où devraient siéger des représentants des syndicats ouvriers, mais où l'élément électif n'entrerait que pour une faible part, auraient le droit d'acquérir des stations génératrices d'électricité, ou d'en construire de nouvelles. La production de la lumière et de la force électrique tendrait à devenir un service public. Pour qu'elle le devînt sur toute l'étendue du royaume, il ne faudrait que la bonne volonté persistante du *Board of Trade*.

Les mines de charbon restaient en dehors des dispositions de ces projets de loi étatistes. Il y avait cependant bien des années que les ouvriers mineurs réclamaient, outre le relèvement de leurs salaires et la diminution de la journée de travail, la nationalisation des charbonnages. Ils présentaient au début de 1919 les mêmes réclamations, menaçant de paralyser toute l'industrie du royaume par la grève générale des charbonnages s'ils n'étaient pas écoutés. Ils le furent. Une grande commission d'enquête fut nommée. Présidée par le juge Sankey, elle se composait, sans compter le président, de douze membres : six représentants de » grandes organisations capitalistes, six défenseurs des intérêts ouvriers. Sur la question de la nationalisation, elle se divisa, quand on vint à voter, en deux fractions égales. Mais le président ut pencher la balance en faveur de la thèse ouvrière. Or, le gouvernement avait clairement laissé entendre qu'il ferait siennes les conclusions de la Commission Sankey. Pendant quelques semaines, au cours de l'été 1919, il parut que la nationalisation des chemins de fer et des charbonnages était virtuellement consommée.

Depuis combien d'années, infatigablement, M. et Mme Webb ne travaillaient-ils pas à socialiser, à « bureaucratiser » l'Angleterre ? C'est pour atteindre ce but qu'ils avaient multiplié les brochures de propagande de la « Société Fabienne » ; écrit leurs grands ouvrages, volontairement tendancieux, d'histoire sociale ; fondé à Londres cette « École d'Économie politique » qui devait servir d'école d'administration à l'État socialiste dont ils rêvaient de doter leur patrie. Pendant la guerre, il est probable que leur germanophobie n'avait pas été bien intense ; mais ils avaient évité de se compromettre dans la société des pacifistes délirants. Ils s'étaient tenus cois : la politique étrangère ne rentrait pas dans leur compétence. Et ils avaient tiré parti de la guerre pour le triomphe de leurs idées ; M. Webb, membre de la Commission Sankey, pouvait se dire que c'était avec un plein succès. Également significative fut la déposition, devant cette Commission, de lord Haldane. Il venait d'être, pendant la plus grande partie de la guerre, victime d'une sorte d'ostracisme. On l'accusait d'avoir, par germanophilie, trompé le peuple anglais sur les véritables dispositions d'esprit du peuple allemand ; d'avoir, pour mettre les choses au mieux, joué entre Londres et Berlin un double jeu bien équivoque. Le fait qu'on l'invitait à venir déposer devant la grande Commission des Mines, prouvait que la faveur lui revenait. On reconnaissait qu'il était le seul, au ministère de la Guerre, à avoir fait quelque chose pour mettre l'armée anglaise en mesure d'intervenir sur le continent ; que s'il avait su le faire, c'était précisément à cause de cette « germanophilie », de cette admiration pour les méthodes allemandes et prussiennes qui lui était tant reprochée. Il vint expliquer, fort de son expérience administrative et de son étatisme hégélien, comment il fallait procéder pour rendre l'État capable d'initiative industrielle, pour communiquer à tous les services publics quelque chose de cet esprit d'honneur collectif, de ce zèle patriotique, qui fait la poésie et la grandeur morale du service de guerre. Cette déposition, publiée sous forme de brochure par les soins de deux jeunes socialistes, prend, à la date où elle fut faite, toute la valeur d'un manifeste [1].

Mais quoi ? Tout le résultat de la guerre n'aurait été, suivant le vœu secret des Webb et de lord Haldane, que de faire triompher, chez

---

1 The Problem of Nationalization, by the Viscount Haldane of Cloan. With an introduction by R.-H. Tawney and Harold J. Laski, London, Allen and Unwin, 1921.

les nations qui venaient de vaincre la Prusse, le militarisme et le bureaucratisme prussiens ? Les vainqueurs avaient trop bruyamment parlé, dans d'innombrables proclamations, le langage de la liberté, pour que la chose fût possible ; et, depuis longtemps, les milieux socialistes étaient traversés par des courants d'idées très différents, auxquels la guerre conférait une force nouvelle.

Déjà, depuis une dizaine d'années, certains socialistes, héritiers de la vieille tradition ruskinienne, s'étaient insurgés contre ce qu'il y avait de sec, de prosaïque, de volontairement terre à terre, dans le collectivisme bureaucratique des Webb. Une société où toute l'industrie serait gérée comme le sont, sous nos yeux, les postes et les télégraphes, était-ce bien là cette nouvelle terre, ce nouveau ciel, que tant de prophètes avaient promis à la classe ouvrière ? Et ils rêvaient — tels M. A. J. Penty —, d'un régime non bureaucratique, mais corporatif, qui ramènerait dans la société moderne quelque chose de la poésie du moyen âge chrétien. D'autres, M. G.-D.-H. Cole au premier rang, avaient été apprendre à Paris la leçon du syndicalisme révolutionnaire ; ils demandaient si ce n'était pas une mystification, après avoir promis aux ouvriers l'abolition du salariat, que de vouloir les transformer simplement, eux et leurs anciens patrons avec eux, en salariés de l'État. Les uns et les autres avaient élaboré ensemble cette doctrine nouvelle, le *Guild Socialism*, qui, sans aller jusqu'à exiger, comme le syndicalisme pur, la suppression radicale de l'État politique, demandait que chaque industrie, une fois transformée en service social, fût soumise au contrôle direct des ouvriers de cette industrie, corporativement organisés.

La guerre vint. Tous les ouvriers qui n'avaient pas été envoyés aux armées, avaient subi dans les usines un dur régime de discipline quasi-militaire. De forts salaires pour eux, leurs femmes et leurs enfants ; mais la suspension de toutes les règles syndicales qui leur permettaient, en temps de paix, de ménager leur effort ; et, de plus, s'ils voulaient exprimer leur mécontentement, la suspension, consentie par les états-majors syndicaux, du droit de grève. Ils s'étaient donc insurgés tout à la fois contre le gouvernement qui les mettait au travail et contre les chefs de la hiérarchie syndicale, suspects de conspirer avec le gouvernement à leurs dépens. Ils avaient réclamé pour les ouvriers groupés en syndicats locaux dans chaque usine, sous des chefs directement élus, un droit au contrôle de la gestion de cette usine. Et cette fermentation était déjà, pour le gouvernement, une grave difficulté quand, à la suite de la Révolution russe, elle devint, dans l'été de 1917, plus grave encore. Comment des ouvriers surmenés, énervés, n'auraient-ils pas été touchés par la nouvelle que les ouvriers russes, groupés en *Soviets* d'usines, avaient, en quelques semaines révolutionné un grand État de plus de cent millions d'âmes ? Le ministère anglais, fidèle à une tradition d'opportunisme qui a toujours été en Angleterre consacrée par le succès, transigea avec ces revendications nouvelles. Une Commission, qui, du nom de son président, a généralement été appelée le *Whitley Committee*, avait été invitée à étudier les moyens à employer pour améliorer, d'une manière permanente, les relations entre patrons et ouvriers, hâta ses travaux, et préconisa, dans une série de rapports qui parurent en 1917 et 1918, la constitution, à tous les degrés de la production industrielle, de comités mixtes de patrons et d'ouvriers, pour délibérer en commun sur les questions qui intéressaient les uns et les autres. Nous avons raconté ailleurs, en détail, l'histoire de ces *Whitley Councils*. Comme on assignait, en termes vagues, à ces conseils mixtes, l'étude des mesures à prendre pour assurer le progrès technique de l'industrie, on pouvait admettre, si l'on était optimiste, qu'il s'agissait d'un premier pas vers le *Guild Socialism,* ou encore, pour parler le langage des conservateurs alarmés, vers le « soviétisme » d'usine.

Le gouvernement s'empressa de donner suite aux vœux exprimés par le comité Whitley. Le comité avait demandé que l'institution des *Trade Boards*, nommés par le gouvernement,[1] composés de patrons, d'ouvriers, et d'un certain nombre d'experts non professionnels, et ayant pour fonction de fixer les salaires dans les industries où les ouvriers étaient exceptionnellement mal organisés et exceptionnellement mal payés, fût renforcée et généralisée. Il obtint satisfaction, par le fait d'un nouveau *Trade Boards Act*, qui fut voté à la fin de 1918, avant même la fin de la guerre. Le gouvernement encouragea d'ailleurs la formation de *Whitley Councils* partout où patrons et ouvriers en manifestèrent le désir, et dans les services publics eux-mêmes. Une « Conférence Industrielle Nationale » fut enfin convoquée, où représentants du patronat, et représentants de la classe ouvrière vinrent siéger sur un pied d'égalité. La Conférence, dont M. Cole, le doctrinaire du *Guild Socialism*, était le secrétaire, se prononça en faveur de la journée légale de huit heures et du salaire minimum légal. Elle préconisa la réunion, deux fois par an, d'un *National Industrial Council,* assemblée consultative de quatre cents membres élus pour moitié par les associations patronales, pour moitié par les syndicats ouvriers. Autant de victoires pour l'idée nouvelle, étrangère à l'ancien collectivisme bureaucratique, de ce qu'on a appelé le « contrôle ouvrier ». Mais nulle part les progrès de cette idée nouvelle ne furent plus manifestes que dans le cours des débats de la grande Commission des Mines.

Quand les ouvriers mineurs et les Congrès syndicaux ou socialistes réclamaient avant la guerre la nationalisation des mines, ils se bornaient à la réclamer pure et simple, sans s'inquiéter de savoir quelle part serait faite aux ouvriers eux-mêmes dans la gestion de l'industrie minière. Tout a changé en 1919, et les six membres ouvriers ou socialistes de la Commission Sankey votent en faveur de tout un plan de contrôle ouvrier. Au sommet, un *Mining Council* de dix membres, placés sous la présidence du ministre des Mines : cinq nommés par le ministre, sur lesquels deux représenteront les consommateurs, et cinq nommés par le syndicat des mineurs. À l'étage inférieur, deux *District Mining Councils* de dix membres, dont cinq élus par le syndicat des mineurs. À la base et dans chaque exploitation, un *Pit Committee* de dix membres, dont cinq élus par les mineurs. Ce plan n'a pas obtenu, dans la Commission, la majorité des suffrages ; mais les mineurs, en se ralliant au projet du président Sankey, ont donné à celui-ci la majorité. Et ce projet lui-même contient tout un système, plus compliqué que le système ouvrier, de contrôle syndical. À la base, et dans chaque exploitation, un *Local Mining Council* de dix membres. L'entrepreneur, le sous-entrepreneur, l'entrepreneur commercial ; quatre membres élus par les ouvriers ; trois membres élus par le « Conseil » placé immédiatement au-dessus du Conseil local dans la hiérarchie des conseils, à savoir le *District Council,* Ce *Local Council* aura pour fonction exclusive de permettre aux ouvriers « de faire entendre leur voix pour le règlement de toutes les questions qui intéressent leur sécurité et leur santé ». Au-dessus des *Local Councils,* quatorze *District Mining Councils* de quatorze membres. Président et

Vice-Président nommés par le ministre. Quatre membres élus par les ouvriers du district. Huit membres élus par le Conseil « national » qui se trouve placé au-dessus des Conseils de District dans la hiérarchie des Conseils. Parmi ces huit membres, quatre devront être désignés pour représenter les consommateurs, deux pour représenter les techniciens, deux pour représenter le côté commercial de la gestion minière. Au sommet enfin, un *National Mining Council*, élu par les Conseils de District à raison d'un membre pour cinq millions de tonnes extraites. Les membres du Conseil, élus pour trois ans, éliront eux-mêmes un Comité permanent *(Standing Committee)* de dix-huit membres, sur lesquels six représenteront les ouvriers, six les consommateurs, six le côté commercial et le côté technique. Tel est le système qui aurait dû servir de base au *bill* gouvernemental si M. Lloyd George avait tenu sa promesse.

Mais il ne l'a pas tenue. Bien loin que les deux tendances du collectivisme bureaucratique et du *Guild Socialism* se soient renforcées l'une par l'autre pour aboutir à la réalisation d'un régime où l'État politique et le syndicat ouvrier se seraient partagé la gestion des grandes industries, à commencer par les mines et les chemins de fer, il est arrivé tout au contraire qu'elles se sont annulées l'une l'autre. Le capitalisme, avec l'assistance du gouvernement, les a manœuvrées l'une contre l'autre, et a utilisé, très savamment, le *Guild Socialism* de M. Cole pour éluder le collectivisme bureaucratique des Webb. Comment il semble, d'une manière tout au moins temporaire, y avoir réussi, c'est que nous voudrions brièvement raconter.

Voyons d'abord ce qui s'est passé pour les mines. Dans la grande Commission Sankey, six avocats du capitalisme siégeaient en face de six défenseurs de la thèse ouvrière. Ils étaient, bien entendu, hostiles à la reprise par l'État des exploitations minières. Mais le mauvais rendement du travail ouvrier les préoccupait, et ils savaient que ce rendement ne deviendrait pas meilleur, tant que l'ouvrier n'apporterait pas à sa tâche un esprit de bon vouloir et de « coopération ». Comment créer cet] esprit de coopération ? L'expédient des *Whitley Councils* se présenta à leur esprit. Instituez, demandèrent-ils, des *Pit Commette es* à la base, un peu plus haut, des *District Committees*, un *National Council* au sommet. Ces Comités ne seront investis d'aucune fonction de gestion. Mais patrons et ouvriers, en nombre égal, y discuteront à l'amiable les questions qui intéressent directement le bien-être de l'ouvrier : salaire, durée de la journée de travail, hygiène des ateliers. Et voilà, grâce aux *Whitley Councils*, la paix sociale assurée sans recours au collectivisme d'État, ou même à la syndicalisation intégrale. Un des six représentants patronaux, sir Arthur Duckham, élabora même un plan plus audacieux. Pour remédier à la dispersion excessive des exploitations minières, il demanda qu'elles fussent groupées en un nombre restreint de grandes compagnies régionales, chacune de ces grandes compagnies étant gouvernée par un *Board*, où l'État d'une part et le syndicat ouvrier d'autre part seraient représentés. Un Comité mixte discuterait les questions des salaires. Dans chaque puits d'extraction, un *Pit Committee* remplirait toutes les fonctions que le *Whitley Report* avait proposé d'assigner aux nouveaux « conseils ». Ici encore, quoique avec plus d'audace, un système de transactions amiables entre patrons et ouvriers était proposé, pour éluder le collectivisme d'État.

Lorsque, le 19 août, M. Lloyd George prit la parole aux Communes pour expliquer quelle serait l'attitude du gouvernement en ces matières, il commença par refuser de se considérer comme lié par les conclusions de la Commission Sankey. Puis il préconisa, s'inspirant des idées de sir Arthur Duckham, une politique non de « nationalisation », mais d' « unification v, et, dans chacune des entreprises unifiées, un système de contrôle mixte. À la tête, un comité directeur, où entreraient quelques représentants ouvriers. À la base, des *Pit Committees,* qui auraient pour unique fonction de veiller à ce que toutes mesures fussent prises pour assurer la sécurité et la santé des travailleurs. Dans une étrange brochure de propagande populaire, lancée par lui au mois de septembre, sous le titre de *The Future*, et où il essayait de définir l'ensemble de son programme de reconstruction sociale, il demandait, en termes values, « la réorganisation et la gestion économique des mines » ; il demandait encore que l'on donnât aux mineurs une part de contrôle sur les conditions de l'industrie (*minera to help shape conditions of industry*). Une allusion était faite, dans la brochure, aux *Whitley Councils*, dont il demandait le développement. Bref, le gouvernement offrait de s'entremettre entre patrons et ouvriers, pour les encourager à nouer des relations pacifiques dans une industrie mieux organisée : il refusait d'assumer la responsabilité de l'exploitation des mines.

Les ouvriers mineurs s'indignèrent, songèrent à faire grève, firent appel aux autres corporations ouvrières pour organiser, de concert avec eux, la grève générale. Mais le Congrès des Trade Unions se déroba, et renvoya à un « Congrès Spécial » le soin de décider quelle forme d'action il fallait adopter pour forcer la main des ministres. Le Congrès Spécial se déroba également et renvoya l'examen de la question à un deuxième « Congrès Spécial » qui se tiendrait au cours des premiers mois de 1920, après la réunion du Parlement. Le Parlement se réunit. Une fois de plus, au cours de la discussion de l'adresse, M. Lloyd George prit la parole pour expliquer son programme minier, plus modeste encore que l'avait été le programme d'août : il s'enhardissait dans la mesure où l'apathie des masses ouvrières devenait plus manifeste. Il se bornait maintenant à proposer l'institution d'un Comité consultatif, où siégeraient des représentants ouvriers, pour donner son avis au gouvernement sur les conditions du travail ouvrier. Il n'était plus question de réaliser l'unification des mines, et d'établir des *Whitley Councils* dans chaque exploitation. Les propriétaires ne voulaient pas de ce système. Les mineurs n'en voulaient pas non plus. La cause était entendue. Le programme d'août avait fait son office : simple nuage de fumée derrière lequel le gouvernement avait pu battre en retraite, et répudier le programme de la nationalisation.

Le deuxième « Congrès Spécial » se réunit en mars : et les mineurs se virent encore une fois abandonnés par les autres corporations ouvrières. Feraient-ils grève à eux tout seuls ? Ils n'osèrent, et adoptèrent une tactique nouvelle : ils firent porter tout leur effort non plus sur la question de la nationalisation, trop abstraite pour intéresser vraiment les masses ouvrières, mais sur la question du relèvement des salaires, qui, avec la hausse constante du coût de la vie, était pour elles une nécessité vitale. Par une grève, qui éclata en octobre et dura près de trois semaines, ils obtinrent des avantages. Mais, déjà, les conditions économiques se modifiaient ; avec l'effondrement des cours du charbon, il ne pouvait plus être question pour les mineurs d'obtenir des relèvements de salaires. Ce fut le patronat qui prit l'offensive.

C'est le 31 août 1921 que, normalement, le régime de contrôle gouvernemental, institué pendant la guerre dans les charbonnages, allait prendre fin. Le gouvernement devança l'échéance, et fixa au 31 mars le jour où les propriétaires de mines redeviendraient maîtres de leurs exploitations. Quelques jours avant le 31 mars, les patrons notifièrent à leurs ouvriers, dans toute l'Angleterre, à quelles conditions nouvelles, variables suivant les régions, ils devraient reprendre le travail. Les ouvriers refusèrent d'accepter ces conditions nouvelles, ces abaissements, souvent considérables, de leurs salaires. Grève ouvrière, dirent les patrons. Lock-out patronal, répliquèrent les ouvriers. Grève ou lock-out, la crise dura trois mois.

Les revendications ouvrières étaient doubles. Les mineurs ne voulaient pas, en premier lieu, des salaires différents selon les régions ; mais, pour le même travail accompli, un même salaire — ou du moins un salaire minimum fixe — à tous les ouvriers. Mais il y avait telle région —- le pays de Galles du Sud notamment — où les patrons établissaient, pièces en mains, que s'ils payaient à leurs ouvriers les mêmes salaires que touchaient les mineurs du Yorkshire, ils iraient à la ruine. Alors les ouvriers proposaient que tous les profits de toutes les exploitations minières fussent versés à un fonds commun (*national pool*). Sur ce fonds commun, il serait possible de payer des salaires égaux aux ouvriers de toutes les régions. En liant la question du *national pool* à la question du *national wage*, les ouvriers mineurs espéraient, par un détour, soulever de nouveau la question de la nationalisation des mines. Mais ils se heurtèrent à la résistance catégorique du gouvernement, à l'apathie des autres corporations ouvrières. Ils n'eurent en fin de compte ni le *national pool*, ni le *national wage*. La loi minière qui fut votée par le Parlement n'accordait aux partisans du contrôle ouvrier que la faculté d'établir, s'ils pouvaient, des *Whitley Councils* dans les mines. Est-ce pour aboutir à cette faillite du programme de nationalisation que le système des *Whitley Councils* avait été proposé, au lendemain de la Révolution russe ?

En ce qui concerne les chemins de fer, même histoire.

Le *bill* qui avait été déposé par le gouvernement en février 1919, pour l'établissement d'un ministère des Voies et Communications, fut bien voté par le Parlement, mais non sans avoir subi de graves amendements. Le nouveau ministère, qui s'appela, selon la rédaction finale de la loi, « Ministère des Transports », perdit le pouvoir, que lui avait conféré le *bill* primitif, de nationaliser par simple décision administrative, les lignes de chemins de fer, les canaux ou les ports. Il est permis de douter que le Premier Ministre ait beaucoup regretté cette modification apportée au plan qu'il avait d'abord approuvé. Car, entre le 15 février, date à laquelle le *bill* fut d'abord introduit, et le 15 août, date à laquelle l'*Act* fut définitivement promulgué, nous avons vu combien le zèle « reconstructeur » de M. Lloyd George avait faibli. Le problème n'était plus, pour lui et pour ses collaborateurs, de se faire conférer les pouvoirs nécessaires pour nationaliser dictatorialement les chemins de fer. Le problème était de liquider au plus vite cette question embarrassante de la nationalisation, par le retour au régime normal d'avant-guerre.

La nationalisation des chemins de fer, immédiatement après l'armistice, paraissait tellement certaine, tellement prochaine, que le *Labour Party* semble s'en être d'abord désintéressé. C'est sur les questions de salaires que les cheminots faisaient porter l'effort de leurs revendications et de leurs grèves. Non qu'il fût possible de soulever les questions de salaires, sans aborder le problème de l'organisation des chemins de fer. Le gouvernement, à la fin de 1919, institua, pour régler à l'amiable les questions de salaires et de conditions du travail, un *Central Board,* mi-partie ouvrier, mi-partie patronal, et un *Central Wages Board,* dont furent membres en nombre égal des administrateurs, des ouvriers, et des représentants des consommateurs. Un « Comité Consultatif », fut en même temps constitué : douze administrateurs, quatre ouvriers, tous nommés par le gouvernement. Il allait falloir bientôt cependant aborder de front le problème de la réorganisation des chemins de fer, puisqu'on mois d'août 1921, le régime de contrôle gouvernemental établi pendant la guerre expirait. En juin 1920, sir Eric Geddes, ministre des Transports, rendit public le projet gouvernemental.

C'était, en fin de compte, le projet minier de sir Arthur Duckham dont le gouvernement essayait l'application au régime des chemins de fer. Unification, amalgamation, mais non pas nationalisation : car avec la nationalisation, le péril bureaucratique paraissait trop grave. On ne reviendrait donc pas au régime anarchique d'avant-guerre : tant de compagnies concurrentes desservant les mêmes localités, entrecroisant au hasard leurs réseaux. L'État obligerait les compagnies anglaises à se fondre en un nombre restreint de grands groupes. À la tête de chaque groupe, un conseil d'administration, où les employés enverraient des représentants siéger à côté des représentants des actionnaires. Les ouvriers pouvaient-ils se plaindre d'un programme aussi généreux ? Et si l'on s'éloignait du système collectiviste, n'était-ce point pour faire un premier pas dans la direction du *Guild Socialism* ?

C'est sur ce projet que s'engagea le débat. Il dura près d'un an, sans jamais passionner l'opinion. En mars 1921, le *Labour Party* déposa son contre-projet. Rachat immédiat de tous les chemins de fer par le Ministère des Transports. Direction unitaire des chemins de fer, une fois rachetés, par sept Commissaires. Le Président et deux autres Commissaires nommés par le Ministre, un Commissaire nommé par le Trésor, et trois autres par le Gouvernement, sur la recommandation des trois grands syndicats de la voie ferrée. Bref, au projet gouvernemental : contrôle ouvrier, mais pas de nationalisation, le *Labour Party* opposait un programme renforcé : nationalisation et contrôle ouvrier.

Mais il ne s'agissait, comme on s'en aperçut bientôt, que d'une démonstration de façade. Le 3 mai 1921, en pleine grève des mineurs, fut publié un accord signé, à l'amiable, entre les compagnies de chemins de fer et les trois syndicats de la voie. M. J.-H. Thomas, le secrétaire de la *National Union of Railwaymen*, avait mené secrètement toute la négociation, sans même en référer au bureau de son syndicat. Il avait, d'accord avec les grandes compagnies, abandonné le programme de la nationalisation. Il avait, en outre, déférant au vœu des compagnies, renoncé à demander qu'il fût fait place aux ouvriers dans les conseils d'administration. Il s'était contenté d'obtenir le maintien des deux grands *boards* institués par le gouvernement à la fin de 1919 et, par-dessus le marché, l'établissement de *Whitley Council* à trois étages : Conseils locaux, Conseils sectionnaux, Conseils de réseau. À ceux qui, du côté travailliste, protestaient, un an plus tôt, contre le projet Geddes, le ministre répondait : « De quoi vous plaignez-vous ? Le Collectivisme dont vous vous réclamez a fait son temps. L'avenir est au *Guild Socialism*. »

À ceux qui maintenant, dans les milieux communistes, protestent contre la trahison de M. J.-H. Thomas, les défenseurs socialistes de celui-ci répondent : « De quoi vous plaignez-vous ? Nous ne sommes pas des *Guilds Socialists* ; et il n'est pas dans les pians du collectivisme orthodoxe d'abandonner aux syndicats la gestion des industries nationalisées. » En attendant, les industries, à la gestion desquelles les ouvriers n'ont point part, ne sont pas même nationalisées. Le tour est joué, et le système des *Whitley Councils* a rempli son office. Il a permis au capitalisme de dresser l'un contre l'autre Collectivisme d'État et *Guild Socialism*, et de les anéantir l'un par l'autre. Dans les chemins de fer, comme dans les mines, au mois d'août 1921, le capitalisme sortait vainqueur d'une crise qui avait duré deux années.

Nous avons insisté sur ces deux cas des mines de charbon et des chemins de fer parce qu'ils permettent, croyons-nous, mieux que tout autre, de comprendre par quelle tactique silencieuse et patiente les classes dirigeantes ont su en Angleterre, sous le ministère Lloyd George, maîtriser l'agitation ouvrière. Mais il en faudrait citer bien d'autres, si on voulait tracer un tableau complet de cette liquidation du socialisme de guerre.

C'est ainsi que toute une législation était en voie d'élaboration, pour la fixation légale des conditions de travail : elle tombe en ruines. Le Ministère, conformément aux vœux émis par la « Conférence Industrielle » de 1919, avait promis le dépôt d'un projet de loi pour la limitation légale de la journée de travail à huit heures, et l'ouverture d'une enquête sur les meilleurs moyens à employer pour la fixation d'un salaire national minimum. Le projet de loi sur la journée de huit heures n'a pas été déposé, et on n'a plus entendu parler de l'enquête. La loi du temps de guerre qui réglait temporairement les salaires — deux fois renouvelée — a fini par expirer sans être remplacée par une législation permanente. La loi qui réglait les salaires des travailleurs agricoles a été abrogée, en même temps que la loi qui maintenait, pour le bénéfice des fermiers, le cours des blés. Enfin, la loi de 1918 sur les *Trade Boards* qui, généralisant le principe de la loi de 1909, donnait au Ministère du Travail le pouvoir arbitraire de créer des *Trade Boards* partout où, à son gré, les ouvriers étaient indûment mal payés, a soulevé des protestations, et une commission d'enquête a été nommée, pour examiner s'il n'y aurait pas lieu de la réviser. Cette commission, dont faisaient partie trois secrétaires de syndicats, vient de déposer son rapport ; s'il est pris en considération par le Parlement, toutes les additions, inspirées par une préoccupation socialiste, que la loi de 1918 faisait à la loi de 1909, semblent devoir être purement et simplement abolies.

Écrasée d'impôts directs, à un point dont le contribuable français peut difficilement se faire idée, la bourgeoisie a protesté contre l'énormité des dépenses budgétaires, demandé des économies. La fameuse Commission Geddes sur les dépenses publiques a, le 1er mars dernier, déposé son rapport, et proposé, sur les divers services, des réductions de dépenses qui s'élèveraient jusqu'à quatre-vingt-sept millions de livres sterling, plus de deux milliards e francs d'avant-guerre, plus de quatre milliards de francs d'après-guerre. Mais cette politique d'économies à outrance, comment la pratiquer sans compromettre cette nouvelle politique, qui assignait à l'État, dans le domaine social, une part si grande d'initiative ? Il ne semble pas que la politique dont l'*Electricity Bill* de 1919 devait fournir les cadres ait reçu même un commencement d'exécution. En vertu du *Housing Bill* de la même année, les premiers programmes ont été arrêtés pour la construction de cent soixante-seize mille maisons. Soixante-huit mille sont construites, soixante-neuf mille sont en voie de construction, trente-neuf mille restent à construire, et peut-être seront-elles construites, si l'on trouve l'argent. Mais le Ministère vient de déclarer que l'on ne ferait pas de nouveaux plans de construction, et envisage la possibilité de mettre en vente les maisons déjà construites, à moitié prix, pour diminuer les frais qui courent encore : plus de dix millions de livres par an, pendant soixante ans. Enfin l'*Education Act* de 1918 semble tomber en désuétude. Seul le *County Council* de Londres en avait commencé l'application, et mis en branle l'organisation de cours post-scolaires qui devaient prolonger jusqu'à la dix-huitième année, pour tous les enfants de la capitale, l'enseignement obligatoire. Mais déjà, l'an passé, il a limité à la quinzième année la durée de l'obligation scolaire ; et il est possible qu'à la suite des récentes élections municipales, nettement hostiles au parti populaire, les cours post-scolaires, par mesure d'économie, soient bientôt totalement supprimés [1].

M. et Mme Sidney Webb, M. Bernard Shaw, M. H.-G. Wells restent aujourd'hui, comme il y a déjà dix ou vingt ans, des collectivistes convaincus. Et ils ne cessent de publier ouvrages de science, pièces de théâtres, romans, pour la propagation de leur doctrine. Mais ce sont des sexagénaires : et toujours il convient de se demander si leurs idées sont celles de 1940, ou celles de 1900. Regardons-y d'ailleurs de plus près. Dans les deux beaux ouvrages trop peu remarqués du public français, qu'ils viennent de publier

« Une Constitution pour la Communauté Socialiste de Grande-Bretagne », « Le Mouvement des Coopératives de Consommateurs » [2] — M. et Mme Sidney Webb font bien des concessions au syndicalisme : ne faut-il pas y voir le signe d'une sorte d'inquiétude d'esprit ? L'ouvrage le plus marquant que M. H.-G ; Wells ait publié depuis la guerre, le plus marquant peut-être qui ait paru en Angleterre, c'est cette audacieuse Histoire du Monde [3], qui commence à la Nébuleuse pour s'achever au Traité de Versailles. Est-il, quant aux derniers chapitres, conçu dans un esprit socialiste ? M. H. G. Wells affirmerait sans doute qu'il l'est et ne serait pas en défaut' de produire bien des textes à l'appui de cette affirmation. Pourquoi cependant cette perpétuelle dénonciation de l'impérialisme romain, cette glorification du libéralisme anglo-saxon, me donne-t-elle invinciblement l'impression, pendant que je lis son « Histoire », d'avoir affaire à un disciple non de Karl Marx ni même des Webb,

---

1 Pour toutes les répercussions de la nouvelle politique d'économie sur le programme social de 1919, voir : *Labour and National « Economy ».* Published by The National Joint Council representing the General Council of the Trade Union Congress, The Executive Committee of the Labour Party, and The Parliamentary Labour Party, 1922.

2 *A Constitution for the Socialist Commonwealth of Great Britain,* Longmans, Green and C°, 1920. — *The Consumers' Cooperative Movement,* printed, by the authors for the cooperators and trade unionists, 1921.

       Nous avons dans le titre du premier de ces deux ouvrages, traduit « Commonwealth » par « Communauté ». « Commonwealth » est le mot, redevenu très en vogue chez les Anglo-Saxons, dont les Anglais du temps de Cromwell, se servaient pour désigner leur t République ». Il est pourtant difficile de dire « République » en français, pour désigner une forme de société qui, tout en étant profondément démocratique, s'accommode aujourd'hui de l'hérédité monarchique.

3 *The Outline of History, being a plain history of life and mankind,* written with the advice and editorial help of Mr. Ernest Darker, Sir H.-H. Johnston, Sir E. Ray Lankester, and Professor Gilbert Murray, London, G. Newnes, 1921.

mais de Buckle ou de Herbert Spencer ?

Il y a toute une génération d'hommes, plus jeunes que les Webb, que M. Bernard Shaw, que M. H.-G. Wells, et dont la foi socialiste demeure ardente. Le fondateur du *Guild Socialism,* M. F.-D. Cole, est de ceux-là : dire quel usage le capitalisme a su faire des critiques dirigées par lui contre le collectivisme bureaucratique, ce n'est pas contester l'ardeur de sa foi. Peut-on d'ailleurs concevoir un socialisme plus radical que celui dont M. J.-H. Tauney nous expose les principes dans son vigoureux petit livre sur « la Société Acquisitive [1] ». Mais l'un et l'autre ont passé la trentaine. Leur socialisme est d'avant-guerre. Il s'est fortifié des leçons de la guerre, ou, pour parler plus exactement, des leçons des bureaux du temps de guerre. Quels progrès ne faisait pas alors le Socialisme d'État ? Serait-il possible aux classes dirigeantes de revenir, — quand serait rétablie la paix, — sur tant de progrès accomplis ? Mais voici la paix rétablie, et nous avons vu quelle réaction s'est produite. Que pensent, en ces temps de désenchantement, les jeunes gens, non seulement de trente ans, mais de vingt ans seulement ? Tous les témoignages que j'ai recueillis s'accordent à me les représenter comme perplexes, et attendant quelque nouveau prophète, ou sceptiques et professant une sorte de positivisme cynique. Lecteurs de Freud, non de Karl Marx. Et, s'il est un aîné qu'ils consentent à tenir pour un maître, c'est l'excentrique Bertrand Russell. Or, il est bien arrivé à celui-ci d'accepter parfois l'étiquette socialiste, en haine de la tyrannie qu'exercent les puissances 'argent. Je doute cependant qu'il l'accepte encore aujourd'hui ; et je suis sûr que si quelqu'un, dans cinquante ans ou dans un siècle, écrit l'histoire de la pensée moderne en Angleterre, il classera Bertrand Russel parmi les individualistes, les libertaires, mais non parmi les socialistes.

Le *Labour Party* est plus solide que jamais : rien n'est venu ébranler la vaste organisation, fondée sur les circonscriptions électorales du royaume, qu'il s'est donnée en 1918, qu'il a perfectionnée par des amendements successifs en 1919 et en 1920 ; et, s'il a perdu des sièges aux dernières élections municipales (la déplorable gestion financière de certaines municipalités travaillistes explique cet échec), il a remporté de nombreuses victoires, lorsqu'au cours

---

[1] *The Acquisitive Society.* — London, G. Bell and Sons, 1921.

des douze derniers mois des élections partielles lui ont fourni l'occasion de renforcer sa représentation parlementaire. Il espère, aux prochaines élections générales, doubler, peut-être tripler, le nombre de ceux qui, à la Chambre des Communes, défendent les intérêts de la classe ouvrière. Le « Congrès des Trade Unions » qui représente plus de six millions d'ouvriers, a également renforcé sa constitution, formé un « Conseil général », semblable sous bien des rapports au « Comité Confédéral » de notre « Confédération générale du Travail », et capable de prendre des décisions au nom de l'ensemble des ouvriers organisés sans être obligé d'en référer toujours à un Congrès. Il ne s'agit d'ailleurs pas ici, comme en France, d'opposer à l'organisation politique des ouvriers une organisation rivale, purement syndicale. Jamais l'union n'a été plus intime entre politiques et syndicaux. Ce nouveau « Conseil général » a constitué, d'accord avec le Comité Exécutif du *Labour Party,* un « Conseil Mixte National » pour délibérer en commun sur la politique à suivre ; et on fait tomber les cloisons (je parle à la lettre et non au figuré) qui séparent dans Eccleston Square la maison où siègent les services des *Trade Unions Congress* d'avec celle où siègent les services du *Labour Party,* Mais ce qu'il est précisément intéressant de constater, ce qu'il faut essayer d'expliquer, c'est que la débâcle du collectivisme de guerre ait pu coïncider avec ce renforcement méthodique de l'organisation ouvrière.

De tous les partis ouvriers du monde entier, le parti ouvrier anglais est le moins doctrinal. C'est un parti de classe, qui défend au jour le jour les intérêts de la classe ouvrière, et, s'il arrive que d'une manière générale les revendications de cette classe s'harmonisent avec les principes du socialisme, il peut arriver qu'à l'occasion cette harmonie n'existe pas. Alors le parti ouvrier anglais, précisément parce qu'il est si peu dogmatique, est moins embarrassé que nul autre pour rejeter à l'arrière-plan son programme spécifiquement collectiviste. On ne peut dire que la liquidation récente des lois qui soumettaient toute l'industrie et tout le commerce du royaume au contrôle de la nation se soit faite contre la résistance de l'état-major syndical et travailliste. Elle s'est faite avec la connivence, osons dire plus, avec la collaboration de cet état-major.

Nous avons vu le rôle joué par M. J. H. Thomas dans le règlement final de la question des chemins de fer. Mais c'est encore lui qui, depuis l'automne de 1919 jusqu'au printemps de 1921, a usé de toute son autorité pour empêcher les cheminots, les ouvriers du Transport et l'ensemble des corporations ouvrières, de joindre leurs forces à celles des mineurs, et d'arracher ainsi à un gouvernement intimidé la nationalisation dos mines. Les ministres l'ont récompensé de tant de services rendus en faisant de lui un Conseiller Privé. Les communistes ont flétri sa trahison, l'ont accusé de s'être vendu. Mais les communistes ne comptent guère en Angleterre. Il a fait condamner ses diffamateurs et reste, malgré ces faveurs gouvernementales, malgré ces attaques révolutionnaires, le secrétaire du Grand Syndicat des Cheminots. Il est toujours — avec M. Henderson et M. Clynes, des conciliateurs, des modérés comme lui-même — une des grandes figures du Parti Travailliste. Quelle est donc la politique actuelle du Parti, telle que ces trois opportunistes la définissent ? Elle est commandée par les circonstances économiques du jour ; et, parce que ces circonstances ont brusquement changé, il y aura bientôt deux ans, la politique économique du parti devait changer aussi.

Toute l'histoire économique de l'Europe occidentale depuis vingt ans est dominée par un grand fait, qui est la hausse rapide du coût de la vie. C'est un fait qui ne date pas de la guerre, bien qu'il ait revêtu depuis la guerre un caractère de gravité inouïe. IL s'explique, depuis la guerre, par l'émission illimitée de papier-monnaie, en même temps que par la diminution de la production. Il s'expliquait avant la guerre par la productivité accrue des mines d'or. C'est un fait qui exerce nécessairement sur la distribution de la richesse publique des conséquences révolutionnaires. Quiconque vit soit sur un traitement fixe, soit sur le revenu, pareillement fixe, d'une fortune antérieurement acquise, sent venir la gêne, a l'impression d'appartenir à une classe qui tombe en décadence. À la misère de ceux-là s'oppose l'opulence de quiconque — industriel ou commerçant — à quelque chose à vendre : d'où l'ascension rapide d'une classe de « nouveaux riches », qui expulse les vieux riches de leurs maisons et de leurs domaines. Mais les ouvriers salariés, dans quelle catégorie les rangerons-nous ? Sont-ils les victimes, ou les bénéficiaires, du nouvel état de choses ? Leur situation, très instable, est difficile à définir. S'ils peuvent, par la grève ou par la menace de la grève, obtenir le relèvement de leurs salaires, ce relèvement, provoqué par la hausse du prix de la vie, suit cette hausse, alors qu'il devrait la précéder pour que les ouvriers fussent vraiment heureux. Bref, de perpétuels relèvements de salaires donnent à l'ouvrier l'impression de sa force. Mais, à la poursuite d'une prospérité qui toujours lui échappe, il reste un mécontent qui rêve de victoires nouvelles. Il est un révolutionnaire.

Une crise survient. Les industriels et les commerçants ne trouvent plus à écouler leurs stocks. Ils abaissent — le moins possible — le prix de vente de leurs produits. Ils abaissent — le plus possible — les salaires de leurs ouvriers ; ils réduisent — le plus possible encore — le nombre de ceux-ci. Si les ouvriers font grève pour défendre leurs salaires, la grève ne gêne guère les employeurs. Car, d'une part, elle est condamnée à échouer ; et, d'autre part, elle réduit le nombre des travailleurs au moment précis où les patrons désirent restreindre la production. Elle ne fait qu'ajouter des chômeurs volontaires à la foule, déjà immense, des chômeurs involontaires. Le nombre de ceux-ci, bien qu'il tendît lentement à augmenter en Angleterre dans le courant de l'été 1920, ne dépassait pas encore deux cent mille au début de l'automne. Rapidement, il s'est élevé, dépassant le demi-million à la fin de novembre, le million à la fin de janvier 1921, le deuxième million à la fin de mai. Il s'est toujours maintenu depuis lors aux approches de ce chiffre, ne tombant qu'une seule semaine, accidentellement, au-dessous d'un million et demi. Et le problème du chômage a retenu toute l'attention des *leaders* ouvriers.

Dans l'arsenal des formules collectivistes, il en est bien dont on pourrait essayer l'emploi pour résoudre le problème. On entend parfois vaguement parler, dans les milieux socialistes, d'un système en vertu duquel le gouvernement, grand entrepreneur de travaux publics, se réglerait, pour les engager, sur l'état du marché du travail. Il en ralentirait l'exécution en temps d'activité industrielle, il la rendrait plus intense, en temps de crise, pour trouver un emploi à la main-d'œuvre devenue surabondante. Mais, en admettant que les États de l'Europe Occidentale doivent jamais être capables de suivre un plan rationnel, il s'agit ici de projets à longue échéance, qu'on ne saurait appliquer d'urgence à la crise actuelle. L'État n'a pas mis en réserve, avant la crise, les fonds nécessaires pour occuper, aujourd'hui, deux millions de chômeurs. Faudrait-il es demander à l'impôt ? Déjà les classes moyennes se révoltent contre l'excès des charges fiscales. Quelque autre remède s'impose.

Avant la guerre, l'Angleterre, dépassant le modèle allemand, avait institué un système d'assurances non seulement contre les accidents et les maladie ?, mais encore contre le chômage. La loi de 1911 avait, par voie de première expérience, institué ce système, qui reposait sur une triple contribution des patrons, des ouvriers et de l'État, pour le bénéfice de trois grandes catégories ouvrières : le bâtiment, la mécanique, et les constructions maritimes, au total deux millions deux cent cinquante mille ouvriers. Puis le gouvernement avait, en 1916, étendu le bénéfice de la loi de 1911 à un million et demi de travailleurs employés par certaines industries de guerre. Enfin, au moment où, en 1920, la crise ne faisait que s'annoncer, une loi d'ensemble avait été votée, s'appliquant à toute personne déjà assurée par la loi contre la maladie : au total, douze millions de travailleurs. Ce qui a été fait, depuis le début de la crise, c'est d'étendre le bénéfice de cette législation aux femmes et aux enfants des ouvriers chômeurs. Un fonds a été créé à cette fin, en novembre, pour une durée de six mois ; et les dispositions de cette loi spéciale viennent d'être incorporées à une loi générale qui doit demeurer en vigueur jusqu'en juin 1923. Par où l'on est franchement sorti du système de l'assurance sociale pour passer à celui de l'assistance pure et simple.

Mais un secours hebdomadaire de quinze shillings, même augmenté d'un secours de cinq shillings à l'épouse et d'un shilling à chacun des enfants âgés de plus de quatorze ans, ce n'est pas assez pour tirer l'ouvrier de la misère. Même si on portait l'allocation à une livre sterling, comme le *Labour Party* le demande, par l'augmentation de la part contributive de l'État, ce ne serait pas assez encore. Au lieu de se contenter d'expédients à peine faits pour rendre le mal supportable, ne serait-il pas possible de trouver un remède radical, qui supprimerait le mal ? Or, il en est bien un, et qui n'implique aucune intervention de l'État. Il s'agit de rendre à l'industrie britannique les marchés qu'elle fournissait avant la guerre, ou de lui en trouver de nouveaux en échange des marchés anciens. Mais pourquoi ces marchés nécessaires, a-t-elle tant de peine à les trouver ? C'est, répondent les pacifistes, la faute de la guerre, ou, pour parler plus exactement, du désordre européen qui a été la suite de la guerre. Dénivellement des changes : les pays à change effondré ont perdu tout pouvoir d'achat. Instabilité des changes : il est impossible d'entreprendre, tant que cette instabilité se prolonge, des .opérations commerciales à long terme avec les pays étrangers. Le véritable problème, pour l'Angleterre, ce n'est pas le problème de l'équilibre budgétaire, à résoudre par de fortes contribuions allemandes : c'est le problème du chômage, à résoudre par le relèvement des pays de l'Europe centrale et orientale et la réouverture de leurs marchés. Ainsi rentrent en faveur les idées, vieilles d'un siècle et demi, chères à ceux qui avaient accaparé pour eux-mêmes le nom d'« économistes ». Un individu ne s'enrichit pas en accumulant de l'or, mais par le travail et par l'échange avec d'autres travailleurs, dont l'enrichissement est la condition de son propre enrichissement. Adam Smith et Ricardo avaient enseigné cette doctrine. Leurs enseignements avaient été propagés dans les foules, par Richard Cobden, il y a trois quarts de siècle, par Norman Angell, l'auteur de la « Grande Illusion », à la veille de la guerre ; John Maynard Keynes est aujourd'hui leur successeur. Le *Labour Party* adopte ces idées. Mais sont-elles siennes ? Adam Smith et Ricardo, Richard Cobden, Norman Angell et Maynard Keynes, loin d'être socialistes, sont des doctrinaires libéraux, des adversaires conscients du socialisme.

Ce recul de l'idée socialiste en Angleterre, que toujours l'examen des faits nous ramène à constater, nous n'osons dire qu'il doive être permanent. Les socialistes peuvent alléguer que le développement rapide du collectivisme d'État, à partir de 1914, était un phénomène anormal, et qui n'avait rien à voir avec les progrès réguliers du socialisme ; que la réaction apparente n'est qu'un retour aux conditions normales du temps de paix ; et qu'une fois ce retour effectué, une fois la crise économique franchie, le collectivisme européen reprendra le cours de ses progrès. Peut-être. Il n'en est pas moins vrai que le *Labour Party* vient de manquer une occasion, singulièrement favorable, pour réaliser sans secousse la nationalisation des chemins de fer et des mines. Et le Parti, l'occasion ayant été manquée — manquée, nous avons essayé de le faire voir, avec sa connivence —, se trouve dans une situation paradoxale. Solidement constitué pour la lutte électorale, il s'installe au Parlement comme étant le parti d'opposition régulière à la coalition des partis bourgeois. Mais quand il cherche à définir un programme capable de lui rallier, au jour des prochaines élections générales, les masses populaires, le voilà qui retombe non sur un programme spécifiquement socialiste, mais sur le vieux programme qui fut, il y a un demi-siècle, en Angleterre, celui du libéralisme bourgeois. *Peace and Plenty,* la Paix et l'Abondance. L'Abondance par la Paix. La Paix avec les ennemis d'Allemagne et de Russie, avec les rebelles d'Irlande, d'Égypte et des Indes. La Paix partout, toujours, et à tout prix.

Depuis que cet article a été écrit, le *Labour Party* vient de tenir son congrès annuel (Edimbourg, 27-30 juin). Des motions ont été soumises à son approbation, en faveur de la nationalisation du sol, des mines, des chemins de fer, de tous les moyens de production, de distribution et d'échange. Il est probable qu'elles ont été votées : pourquoi le Congrès se serait-il refusé à accomplir les rites anciens ? Mais le compte rendu sommaire que j'ai sous les yeux ne prend pas même la peine de me dire si, oui ou non, elles l'ont été : tant la question passionne peu, à l'heure actuelle, l'opinion générale, et l'opinion du *Labour Party* lui-même. Peut-on oublier que l'*Independent Labour Party,* en avril, a supprimé de son programme toute allusion à la reprise par la nation des moyens de production ? Sans doute, il ne faut pas confondre cette petite secte avec le vaste Parti du Travail qui l'englobe : ce n'en est pas moins sous la pression de cette secte que le Congrès des Trade Unions s'était rallié, il y a une trentaine d'années, à la thèse de la nationalisation intégrale.

Au moment même où siégeait le Congrès travailliste, six leaders du Parti publiaient leur programme sous le titre de *What We Want and Why.* Nous ne connaissons encore l'ouvrage que par un premier compte rendu. Il ressort cependant que le livre est nettement collectiviste, demande en particulier la nationalisation des chemins de fer avec participation des ouvriers à la gestion et regrette qu'on n'ait pas saisi, il y a deux ans, pour effectuer cette réforme, des circonstances aussi favorables. Mais quelle n'est pas notre surprise en constatant que l'article où il est traité de la nationalisation des chemins de fer a pour auteur M. J.-H. Thomas lui-même ! En vérité les mystères du parlementarisme britannique sont insondables : M. J.-H. Thomas a-t-il envoyé quelques exemplaires de *What We Want and Why,* embellis de sa dédicace, aux directeurs de compagnies avec lesquels il a signé le pacte de mai 1921 ?

2 juillet 1922. Élie Halévy.

UNE INTERPRÉTATION DE LA CRISE MONDIALE DE 1914-1918 [1]

1. Vers la Révolution.

Permettez-moi, avant de commencer, de vous exprimer mes sentiments de gratitude. Que l'Université d'Oxford m'ait fait, il y a trois ans, docteur *honoris causa*, que le Comité Rhodes m'ait choisi, cette année, comme *memorial lecturer*, de tels honneurs, je peux vous l'assurer, m'inspirent plus de modestie que d'orgueil. Ils ne m'induisent pas à me regarder comme plus grand que je ne suis. Mon œuvre a été une œuvre de patience : c'est cette patience que vous avez voulu récompenser. Vous comprendrez facilement quelle haute valeur a pour un historien du peuple anglais cette récompense qui lui vient du véritable centre de la culture anglaise. Il y voit quelque chose de plus que la récompense du passé, un encouragement pour l'avenir. Mon œuvre est loin d'être achevée. Pour qu'elle soit menée à bonne fin, il me faudra la force nécessaire, la santé, l'absence d'inquiétudes, faveurs qu'il n'est pas en votre pouvoir de m'accorder. Mais aussi confiance c » moi et continuité de patience : cela, vous pouvez me le donner, vous me l'avez donné. C'est pourquoi je vous remercie de tout cœur.

Mais ce n'est pas seulement en mon nom que je veux vous exprimer ma gratitude, c'est aussi au nom de mon pays, au nom de la France. Le premier conférencier du *Rhodes Memorial,* une des grandes figures du *Commonwealth* britannique des nations, était un homme d'État canadien. Le second conférencier fut un éminent savant américain qui, s'il n'appartenait pas à ce *Commonwealth,* faisait tout au moins partie de ce qu'on pourrait nommer le *Com-*

---
[1] Conférences prononcées à Oxford en 1929.

monwealth des nations où l'on parle anglais. Mais vous vous êtes souvenus que ce siècle est le siècle de la Société des Nations. Vous avez pensé qu'il serait peut-être bon de chercher un conférencier hors de ce monde où l'on parle anglais. Cecil Rhodes, qui était, essentiellement, un homme d'imagination, aurait certainement trouvé l'idée bonne. Et pour finir, ayant pris cette décision, vous avez invité un Français ; ce dont, une fois encore, je vous remercie. Votre décision a donné à l'Entente sa véritable signification, non pas d'un expédient diplomatique momentané, mais de quelque chose de plus durable, parce que spirituel ; de quelque chose qui n'est pas, espérons-le, fondé sur la peur d'un ennemi commun, mais sur ces vertus plus positives, foi, espérance et charité. Charité envers l'humanité prise dans son ensemble. Espérance dans le salut à venir de la race humaine, Foi dans la possibilité de travailler par la coopération entre les peuples, à la cause du savoir et de la culture, à tout ce que le XVIIIe siècle, le plus anglo-français de tous les siècles, appelait de ce beau nom : Les Lumières.

C'est dans cet esprit philosophique que je compte aborder mon difficile sujet. Je laisserai de côté les individus. Je ne m'étendrai pas sur l'histoire de la semaine qui a précédé la déclaration de guerre, si dramatique qu'elle soit. J'ignorerai les suggestions faites après coup par une nuée de critiques bien intentionnés, sur ce que tel souverain, tel premier ministre, ou tel ministre des Affaires étrangères aurait dû, tel jour, à telle heure, faire ou ne pas faire, dire ou ne pas dire, pour éviter la guerre. Pilules pour remédier à un tremblement de terre ! L'objet de mon étude c'est le tremblement de terre lui-même. J'essaierai de définir les forces collectives, les sentiments collectifs et les mouvements d'opinion publique qui, au début du XXe siècle, tendaient vers le conflit. C'est exprès que je dis « conflit » et non guerre, parce que la crise mondiale de 1914-1918 ne fut pas seulement une guerre — la guerre, de 1914 — mais une révolution — la révolution de 1917. Je ferai donc bien, dès le début, d'attirer votre attention sur quelques aspects de ces deux importants concepts, « guerre » et « révolution ».

Mon premier point sera qu'il y a une ressemblance frappante entre les deux concepts. Supposons qu'il existe, à une époque donnée, un équilibre à peu près complet entre les conditions d'existence politiques et les conditions d'existence économiques d'une nation, et que la répartition du pouvoir politique entre les différentes classes de cette nation corresponde, en fait, à la répartition du pouvoir économique. Supposons ensuite que le jour vienne où, la distribution du pouvoir politique restant le même, et ne pouvant, par des moyens normaux, être réadaptée à des conditions nouvelles, la répartition du pouvoir économique se trouve profondément modifiée. Supposons par exemple que la bourgeoisie, comme ce fut le cas dans la France du XVIIIe siècle, gagne énormément en puissance économique et en culture sans que ses pouvoirs politiques augmentent parallèlement. Pour la classe ainsi politiquement désavantagée, la tentation sera bien forte — presque aussi irrésistible qu'une loi de la nature — de recourir à la violence et à la révolution pour rétablir un équilibre nouveau. Supposons encore qu'à un moment donné la répartition du sol entre les différentes nations de l'Europe corresponde à peu près à leur force militaire, à leur développement économique, à leur degré de civilisation respectifs, et s'accorde en substance avec les sentiments de la grande majorité des sujets de chaque État. Mais supposons que plus tard une nation se soit énormément développée au point de vue militaire, ou économique, aux dépens d'une ou de plusieurs autres, ou qu'à l'intérieur de ses propres frontières de nouvelles nationalités aient pris conscience d'elles-mêmes et désirent s'affirmer comme États indépendants. Dans un tel cas de rupture d'équilibre les hommes n'ont pas encore découvert de moyen de redressement pacifique. Seule une explosion de violence, et ce qu'on appellera dans ce cas, non pas une révolution mais une guerre, pourra remettre les choses en place et rétablir un nouvel équilibre, qui durera plus ou moins longtemps.

En second lieu, et précisément parce que les deux notions de guerre et de révolution se tiennent de si près, il est souvent difficile de distinguer entre une révolution et une guerre. Une nation, — Irlande ou Pologne — qui a été absorbée par un Empire, désire s'affirmer comme État indépendant, et prend les armes contre ceux qui, d'après la constitution écrite, sont ses maîtres légitimes. Cet éveil d'une nation naissante, l'appellera-t-on révolution ou guerre nationale ? Ou encore, une révolution peut déborder les étroites limites du pays où elle a pris naissance. Les armées françaises, par exemple, pendant les années 1792 et suivantes, firent leur apparition en Belgique et en Rhénanie, et furent partout acclamées par le parti démocratique, tandis que leurs adversaires cherchaient le salut dans la fuite. Était-ce là une guerre au sens strictement militaire du mot, ou une révolution qui se propageait ?

Voilà pourquoi toutes les grandes convulsions qui ont secoué le monde au cours de son histoire, et l'Europe moderne en particulier, ont été en même temps des guerres et des révolutions. La Guerre de Trente ans fut à la fois une crise révolutionnaire, un conflit à l'intérieur de l'Allemagne entre les partis protestant et catholique rivaux, et une guerre internationale entre le Saint Empire romain, la Suède et la France. La Grande Guerre, (comme on l'appelait en Angleterre jusqu'à une époque récente), qui dura de 1792 à 1815, et qui avait commencé par être une révolution sociale en France, devint une guerre qui gagna toute l'Europe, jusqu'au jour où des révolutions ou des guerres nationales, se retournant contre la France, l'eussent rejetée —- après une série de triomphes et de désastres sans précédents dans l'histoire — à l'intérieur de ses frontières primitives. La dernière grande guerre, celle qui constitue mon actuel sujet, présente des caractères similaires.

Je définirai donc, dans ma première conférence, les forces qui, au début du siècle, travaillaient à la révolution. Dans la seconde, les forces qui travaillaient à la guerre. Je tenterai ensuite de montrer, dans ma conférence finale, de quelle aide peut être, pour débrouiller l'intrigue si bien mêlée de la crise mondiale de quatre ans, une juste connaissance de ces deux groupes de forces.

Quelles étaient les forces collectives qui travaillaient pour la révolution ? Un seul mot les résume, un mot d'un emploi universel : « socialisme » ; mot dont il est d'autant plus facile de définir le sens qu'il s'est, si l'on peut dire, cristallisé en une doctrine unique. Un homme — quoi que l'on pense de son enseignement, c'était sûrement un homme de génie, l'esprit le plus réellement international parmi les Internationalistes — avait fondé son système sur une étude approfondie de la Dialectique de Hegel, du Socialisme français et des Économistes anglais. Il ne sera sans doute pas inutile de résumer ici l'essence de la doctrine de Karl Marx.

À ses yeux, le trait fondamental de la civilisation moderne, c'est la lutte des classes, la guerre entre capitalistes et salariés. Les capitalistes possèdent tous les moyens de production ; ils forment une minorité, et une minorité qui se resserre constamment, la loi de la concurrence industrielle entraînant la ruine des petites entreprises, toujours battues, toujours absorbées par les plus grandes. La fonction des capitalistes a été bienfaisante, en ce qu'ils ont su, par leur capacité d'organisation, accroître, à un degré presque incroyable, la force productive de l'humanité. Mais ce n'est pas pour le bénéfice immédiat de la masse humaine qu'ils ont accompli cette œuvre féconde. Il ; ne l'ont réalisée que par une exploitation méthodique, par l'oppression, par la paupérisation des travailleurs salariés. L'humanité prendra sa revanche, mais 'seulement le jour, inéluctable — à l'avènement duquel le capitalisme travaille lui-même inconsciemment — où les masses exploitées composeront une si écrasante majorité par rapport au nombre sans cesse .décroissant et finalement insignifiant de leurs exploiteurs, qu'elles trouveront la voie libre, au prix d'un suprême sursaut, pour rentrer enfin en possession de leur héritage, pour s'emparer du contrôle des industries concentrées, et pour y travailler désormais, non plus au profit de quelques-uns, mais au bénéfice de tous.

Cette doctrine de Karl Marx m'a toujours paru choquante, en ce qu'elle rassemble la haine de la multitude contre les capitaines d'industries, c'est-à-dire, contre cette classe de capitalistes dont l'activité a été la plus nettement bienfaisante, à l'exclusion de beaucoup d'autres formes plus parasites de capitalisme. Mais on comprend sans peine qu'elle ait profondément remué les masses ouvrières. Elle s'accordait exactement aux conditions qui prévalaient dans les régions nouvellement industrialisées de l'Europe occidentale. Là, d'énormes masses de salariés, brusquement agglomérées, se trouvaient face à face avec des patrons arrogants, maîtres souverains de l'industrie, accapareurs de toute la richesse. La doctrine de Karl Marx fournissait à ces masses des raisons de haïr ceux qui d'instinct leur étaient odieux. Peu à peu on oublia qu'il y avait eu des socialistes en France et en Angleterre bien avant que Karl Marx eut commencé d'écrire. Marxisme et socialisme devinrent des termes synonymes.

C'est dans le plus important des pays d'Europe, en Allemagne, que le mouvement se développa tout d'abord. Un grand parti s'y était organisé, essentiellement basé sur le marxisme orthodoxe ; et les socialistes des pays voisins avaient, avec plus ou moins de succès, tenté d'imiter le parti socialiste allemand, de même que les soldats, les industriels, les réformateurs sociaux s'étaient partout efforcé d'imiter l'organisation militaire, l'ordre industriel, la législation sociale de l'Allemagne. Le parti social-démocrate s'était d'abord constitué (sous un autre nom) en 1875, avec un programme encore indéfini et une organisation imparfaite. Puis il avait dû subir une longue épreuve : plus de dix ans de persécution bismarckienne ; mais de cette épreuve, il était sorti triomphant, au moment où le jeune Guillaume avait congédié Bismarck, et où un nouveau régime de tolérance avait commencé pour les démocrates sociaux. Déjà, un million et demi d'électeurs votaient pour les candidats démocrates ; aux élections générales de 1905, le chiffre de trois millions fut atteint ; celui de quatre millions en 1912. Dans le plus grand pays d'Europe, quatre millions de votants brûlaient d'envoyer au Reichstag les membres d'un parti dont le programme était strictement révolutionnaire.

Le développement, constant et impressionnant, du nombre des marxistes allemands pose un important problème. Il n'y a jamais eu, dans aucun grand pays, quatre millions de révolutionnaires ; il n'y avait certainement pas en Allemagne, au commencement du XXe siècle, quatre millions d'adversaires résolus de la religion, d'antipatriotes conscients, d'hommes désireux d'abolir rapidement la propriété privée. Ce que les social-démocrates surent faire, ce fut de rassembler les mécontentements de toutes sortes. Et ce fut en jouant adroitement de la doctrine marxiste, qu'ils parvinrent à réunir et à garder cette masse énorme d'extrémistes et de modérés. Car, si le marxisme est, par son essence même, révolutionnaire, c'est aussi — et les chefs de la social-démocratie allemande le rappelaient sans cesse à leurs disciples — une doctrine fataliste. Le socialisme se réalisera inévitablement, mais seulement le jour où le processus naturel de la concentration capitaliste aura atteint son développement final. C'est alors que la catastrophe surviendra ; mais il serait dangereux et absurde d'en devancer l'heure et d'entraîner les masses dans une insurrection prématurée, qui n'aboutirait qu'à un échec. C'est ainsi que les social-démocrates allemands jouaient avec succès un jeu adroit et faisaient, jour après jour de nouvelles recrues, leur prêchant, jour après jour, la patience en même temps que l'espérance, poursuivant une politique, non pas tant d'action révolutionnaire que d'attente révolutionnaire, une politique d'ajournement.

Mais le jeu était un jeu difficile, et après les élections générales de 1912, la question se posa de savoir combien de temps un parti — un parti devenu numériquement formidable — pourrait continuer à le jouer. L'historien est en droit de se demander si une des raisons — nous sommes loin de dire la principale raison — qui décida l'aristocratie militaire allemande, en juillet 1914, à courir le risque d'une guerre européenne, ce ne fut pas le malaise croissant que lui faisait éprouver la pression grandissante du parti social-démocrate, et le sentiment que ce qu'il pourrait faire de plus sage, c'était de tenir hardiment tête au socialisme en s'affirmant une fois de plus comme le parti de la guerre et de la victoire. Il y avait, en vérité, quelque chose de paradoxal dans la structure de l'Empire allemand. Un pays hautement industrialisé — le plus industrialisé de tous les pays du continent, soumis à un régime politique féodal et absolutiste. Un Empire fondé, en 1866 et 1871, sur la base du suffrage universel, mais où la Prusse, centre de l'Empire, était condamnée à un système électoral qui n'était que la parodie des institutions démocratiques ; où le ministre était responsable, non devant l'assemblée électorale, mais devant le souverain héréditaire ; où un ministre n'avait pas le droit de démissionner, mais devait attendre qu'il plût au roi, ou à l'empereur, de le congédier. Voilà bien un de ces cas d'équilibre précaire qui appellent une révolution. Or, comme dans l'État allemand le seul parti représentant la démocratie pure et simple était en même temps un parti socialiste, il était difficile de voir comment la crise politique pouvait manquer d'être accompagnée d'un bouleversement social.

Nous verrons, par la suite, comment ces choses s'accomplirent. Personne cependant, au cours des années qui précédèrent immédiatement 1914, n'aurait pu dire que l'Allemagne était le centre de l'esprit révolutionnaire en Europe. Les centres révolutionnaires de l'Europe, c'est ailleurs qu'il faut les chercher, plus à l'ouest et plus à l'est, en France et en Russie.

Commençons par la France. Les conditions sociales qui y régnaient étaient très différentes de celles qui régnaient en Allemagne. Quand s'ouvrit le XXᵉ siècle, le suffrage universel était établi en France depuis plus de cinquante ans. Même sous le second

Empire la France avait été, en théorie tout au moins, —- puisque cet Empire était une monarchie fondée sur un plébiscite, — et après 1870 en fait, un pays où toutes les fonctions administratives, dépendaient directement ou indirectement, du vote populaire. Avec quels résultats ? Quand ils considéraient ces résultats, les révolutionnaires étaient amèrement déçus. Ils voyaient que les socialistes, une fois admis dans cette Chambre des Députés démocratiquement élue, devenaient, non plus des révolutionnaires, mais des parlementaires, non plus des socialistes, mais des radicaux, trop souvent même non plus des radicaux, mais des modérés. Ils s'aperçurent que la monarchie sociale de Bismarck avait doté les classes ouvrières, contre les risques de la vie industrielle, de lois de protection plus efficaces que le radicalisme français. Ils se demandèrent si ces échecs de la démocratie française ne tenaient pas à la nature même de toute démocratie. Se porter candidat n'implique-t-il pas mendier des votes de toute sorte — les votes bourgeois aussi bien que les autres ? Etre membre du Parlement n'implique-t-il pas qu'on s'intéresse à toute espèce de questions — nationales, diplomatiques, militaires, religieuses — qui sont sans rapport aucun avec le problème, purement économique, u bien-être des classes ouvrières ?

Une doctrine surgit alors, le *Syndicalisme*, doctrine qui ouvre réellement une ère nouvelle dans l'histoire du socialisme, et à qui il n'a manqué, pour être apprécié comme il le mérite, qu'un prophète de la taille de Karl Marx. Les syndicalistes condamnèrent comme stérile ce qu'ils appelèrent l'action indirecte de l'État ; ils interdirent aux chefs des syndicats d'entrer dans les assemblées démocratiquement élues, dans le fol espoir d'agir indirectement, par l'intermédiaire de l'État, sur les employeurs. Si les chefs ouvriers veulent rester réellement en contact avec les travailleurs et demeurer fidèles à l'esprit militant de la lutte des classes, ils n'ont d'autre devoir que de se tenir à l'écart de toute politique, et de mettre en œuvre la méthode d'action directe contre les employeurs. Que les travailleurs, en exerçant une pression constante sur les capitalistes, dans l'atelier et dans l'usine, par les contrats collectifs, par la grève, par le boycottage, conquièrent de plus hauts salaires, des journées plus courtes, un contrôle accru sur les conditions du travail et sur l'organisation même de l'industrie ; qu'ils groupent leurs unions, ou *syndicats,* en fédérations s'étendant sur tout le territoire, et ces fédérations elles-mêmes en une seule fédération de tous les métiers, la *Confédération Générale du Travail,* investie du pouvoir exécutif. Le jour viendra où, après une dernière grève générale révolutionnaire, la Confédération générale du Travail consommera la destruction du capitalisme et constituera une pure démocratie industrielle, une société des producteurs, débarrassée de toutes les fonctions politiques propres aux États militaires du passé.

Notre tableau du syndicalisme français n'est cependant pas encore complet. Un maître d'école bourguignon, nommé Gustave Hervé, inaugura une autre école de tactique révolutionnaire qui rallia plus ou moins complètement les syndicalistes extrémistes. Sa formule, c'était la grève des soldats, grève des soldats contre leurs officiers ; et tant qu'il se borna à exhorter les soldats à ne jamais se laisser employer comme briseurs de grèves, il y eut évidemment un étroit rapport entre ses idées et celles des syndicalistes révolutionnaires. Mais il alla plus loin, et il conseilla aux soldats, si la guerre éclatait, de ne pas seulement jouer, dans un esprit tolstoïen, le rôle de l'objecteur de conscience, en refusant de se battre ; il leur conseilla de garder les armes que les circonstances avaient placées entre leurs mains, afin de les diriger contre le gouvernement de leur propre pays, contre le militarisme, le patriotisme et le capitalisme. C'était là une doctrine qui ne ressemblait plus guère à la doctrine syndicaliste de la grève, et qui nous rapproche plutôt de la vieille formule « jacobine » ou « blanquiste » du *coup de main* dirigé contre les organes centraux du gouvernement, afin d'imposer une révolution au pays, grâce au contrôle politique de l'État. Mais ce qui est certain, c'est que les deux doctrines séduisirent les extrémistes, et que le mot « grève » fut employé dans les deux cas, si bien qu'il devint souvent difficile de no pas confondre l'« Hervéisme » avec le « Syndicalisme ». Le double programme de la grève générale des ouvriers et des soldats devait, en fait, être appliqué, et appliqué avec succès, comme nous le verrons bientôt, dans un autre pays que la France. Mais c'est en France, pendant les dix premières années du XXe siècle, que lé plan fut conçu.

Et à peine fut-il conçu qu'il gagna, comme un incendie, bien d'autres pays que la France. Il gagna l'Espagne et l'Italie, où le marxisme orthodoxe avait toujours eu beaucoup de peine à résister aux formes plus révolutionnaires du socialisme, où il avait été souvent forcé de pactiser avec elles. Le mouvement devint particulièrement violent en Italie, vers la fin de 1911, au moment de la guerre de Tripoli.

Dans la ville de Forli, un brillant agitateur organisa avec succès une grève générale de tous les travailleurs qui dura plusieurs jours, pour protester contre cette guerre. C'est ainsi qu'il se fit connaître, et, peu après, il était promu directeur de l'important journal, socialiste de Rome, l'*Avanti*. Le ton du journal devint nettement révolutionnaire, et la vente en fut considérablement accrue. Cet homme s'appelait Benito Mussolini.

Le mouvement gagna aussi le monde anglo-saxon. Il gagna les États-Unis, où ceux qui se qualifiaient de « *Industrial Workers of the World* » répandirent, parmi la masse des travailleurs non-qualifiés, cette idée de la grève révolutionnaire, l'opposant aux méthodes ultra-modérées de l'« *American Federation of Labour* ». Ils trouvèrent des imitateurs en Australie, ou les gouvernements travaillistes avaient du mal à s'entendre avec leurs ouvriers, et où les ouvriers mécontents furent heureux de découvrir, dans le syndicalisme, une bonne arme pour combattre leurs gouvernements. Deux Anglais, Ben Tillett et Tom Mann, entrèrent là-bas en contact avec les agitateurs syndicalistes. À Londres, vingt ans plus tôt, ils avaient été d'actifs révolutionnaires ; ils n'avaient pas réussi, et, découragés, ils avaient abandonné leur pays natal. Maintenant convertis à la nouvelle doctrine, ils la rapportèrent en Angleterre, où déjà elle avait commencé à pénétrer plus directement par-dessus la Manche. Pendant le critique été de 1911, au moment où les ultra-conservateurs livraient leur dernière bataille acharnée contre la loi parlementaire, au moment où la *Panther* mouillait devant Agadir, et où le gouvernement anglais croyait réellement à la possibilité d'une guerre immédiate avec l'Allemagne, Ben Tillett et Tom Mann se mirent à la tête d'une série de grosses grèves parmi les ouvriers du transport et les cheminots, grèves qui impliquaient un élément de violence tout nouveau en Angleterre et qui portaient la marque d'une influence étrangère. Puis, l'hiver suivant, ce fut la grève des mineurs, et, en 1913, les grèves générales en Afrique du Sud et à Dublin, qui vinrent si bizarrement, et de façon si inattendue, se mettre en travers des querelles entre colons anglais et colons hollandais, en Afrique du Sud, entre protestants et catholiques, en Irlande. Bientôt enfin, au cours des premiers mois de 1914, la nouvelle agitation des ouvriers des transports, des cheminots et des mineurs, éclata. Il s'agissait d'organiser ce qu'on appela la « Triple Alliance Industrielle », destinée à exercer une pression concertée sur les Associations de leurs patrons respectifs, et, éventuellement à préparer la grève générale. Leurs aspirations différaient naturellement de celles des utopistes et des extrémistes continentaux. Leurs objectifs bien définis, d'un intérêt immédiat, c'étaient des salaires plus élevés, moins d'heures de travail, et aussi la reconnaissance de leurs syndicats. Mais la situation n'en restait pas moins alarmante : le pays se trouvait en face d'un état de choses qui se rapprochait, comme gravité, de la crise à laquelle on n'aboutit qu'en 1926, après de longues années de trouble et d'incertitude.

Plus grave encore était la situation dans l'est de l'Europe, s'il nous est toutefois permis de considérer la Russie comme faisant partie de l'Europe. Mais ne me demandez pas de m'attarder, à ce propos, sur les débuts du bolchevisme avant la guerre. Qu'il vous suffise de savoir que, à partir de 1903, il y eut un parti bolcheviste ; mais c'était un très petit parti — la moitié du parti social-démocrate ; et le parti social-démocrate russe était loin de comprendre le parti socialiste russe tout entier. — Je comparerai l'influence des social-démocrates russes, dans le mouvement révolutionnaire, à celle des barons baltes dans les cercles réactionnaires. Les barons baltes constituaient un élément allemand, exotique : leur but, leur fonction, c'était d'introduire les méthodes, peut-être brutales mais ordonnées, de la bureaucratie allemande, dans une société semi-asiatique, incapable, anarchique et corrompue. Les social-démocrates russes constituaient aussi un élément exotique : ils étaient les adeptes du socialisme marxiste, et les admirateurs de la science allemande ; ils étaient, comme l'étaient aussi les barons baltes, les ennemis conscients de la nonchalance, de l'incapacité orientales. Ils comprenaient, ils expliquaient, que le temps n'était pas encore venu pour une révolution socialiste en Russie. Le pays, d'après la philosophie du progrès de Karl Marx, devrait d'abord subir un long et pénible processus d'« occidentalisation » et d'industrialisation. Le parti socialiste révolutionnaire, authentiquement russe, celui-là, et très puissant, n'était pas de cet avis. Il méprisait l'Occident et il considérait que la Russie pouvait être fière d'ignorer les maux qu'apportent l'industrialisme et une société basée sur la concurrence. Son socialisme était agraire. Il croyait que pendant que les socialistes occidentaux inventent des systèmes compliqués et pédants pour échapper aux horreurs de la vie d'usine sans abolir l'usine elle-même, le moujik russe, dans la simplicité de son âme inculte, avait, du premier coup, découvert la vraie formule du communisme pur. Pour résoudre la question sociale, il fallait tout simplement conserver le « Mir », la communauté villageoise, ou la rétablir, là où elle risquait d'être détruite par la pression de l'individualisme occidental. Quant aux méthodes à employer pour en venir là, les révolutionnaires sociaux admettaient, s'ils ne les conseillaient pas ouvertement, les méthodes anarchistes et terroristes de l'assassinat en masse. Non pas l'assassinat de tel ou tel homme d'État, pour mettre à sa place un autre homme plus populaire, mais l'assassinat, au hasard, de fonctionnaire sur fonctionnaire, afin de plonger la société tout entière dans un état de panique constante, afin de disloquer les rouages gouvernementaux, et de préparer l'avènement de la liberté universelle par l'universelle anarchie.

En fait, une révolution s'était déjà accomplie en Russie, une révolution formidable, en 1905-1906, à la fin de la désastreuse guerre avec le Japon. On avait alors pu croire, pendant quelque temps, que le tsarisme allait sombrer dans la tourmente. Mais cette tourmente, il l'avait, somme toute, surmontée. Et l'on est même en droit de se demander si la marée révolutionnaire russe d'avant-guerre n'atteignit pas son plus haut niveau vers 1905, pour se retirer ensuite. Peut-être même l'agitation syndicaliste, qui déferla sur la France entre 1906 et 1910, ne fut-elle qu'un remous de la révolution russe ; et l'agitation anglaise de 1911, le remous de l'agitation française. Il n'est, ici, possible de rien affirmer ; mais ce qui est certain c'est qu'aucun nomme d'État responsable, au début de 1914, n'aurait pu se dire assuré contre tout risque d'explosion révolutionnaire. En Russie, le récent assassinat de Stolypine était un dangereux symptôme ; de même la grande grève qui éclata dans les rues de Saint-Pétersbourg au moment précis où Poincaré rendait officiellement visite au tsar, en juillet 1914. L'hervéisme continuait à s'insinuer dans l'armée française. En Angleterre, la triple Alliance industrielle se préparait ouvertement à faire pression sur la communauté pour la soumettre à ses exigences. « Prenez garde, disait sir Edward Grey au comte Mensdorf le 23 juillet 1914, une guerre serait suivie d'un complet effondrement du crédit et de l'industrie en Europe. De nos jours, dans nos grands États industriels, elle entraînerait un état de choses pire qu'en 1848 [1]. » « Prenez garde, disait quelques jours plus tard, lord Morley à ses collègues ; étant donné l'état d'esprit actuel des travailleurs, un si formidable bouleversement de la vie industrielle serait forcément gros de dangers publics. L'atmosphère guerrière ne peut être favorable à l'ordre sous un régime démocratique dont l'humeur ressemble à celle de « 48 » [2]. »

En 1848, une révolution avait commencé à Paris, qui gagna toute l'Europe occidentale, et qui eut un caractère à la fois républicain et socialiste. Mais ce qui se produisit en 1914, ce fut, non pas une révolution, mais une guerre ; non pas même, comme en 1789 une révolution suivie de guerres, mais une guerre qui, provisoirement tout au moins, rejeta le péril révolutionnaire à l'arrière plan. D'où nous avons le droit de conclure que, quelque puissantes que fussent les forces qui travaillaient à la révolution dans l'Europe d'avant guerre, celles qui travaillaient à la guerre étaient plus puissantes encore.

2. — Vers la guerre.

Après avoir tenté, dans notre première conférence, de décrire les forces collectives qui, avant que ne commençât la crise mondiale de 1914, travaillaient pour la révolution, il nous faut maintenant essayer de définir celles qui travaillaient pour la guerre.

La philosophie dite « économique » ou « matérialiste » de l'histoire, suggère une première interprétation. Il nous faudrait, si nous nous ralliions à cette philosophie, considérer les forces collectives qui travaillent pour la guerre comme un phénomène économique. La structure d'une société capitaliste est telle, dirions-nous, que, dans un pays donné, le marché intérieur ne peut plus absorber le produit total de son industrie. S'il le pouvait, cela signifierait que <u>les salaires sont</u> assez élevés pour racheter le produit intégral de

[1] *Documents anglais sur les origines de la guerre*, vol. XI, p. 70.
[2] Vicomte Morley. *Memorandum on Resignation,* août 1914, p. 5.

leur travail, puisque les salariés de toute sorte forment l'immense majorité de la nation. Mais, si tel était le cas, où le capitaliste prendrait-il son profit ? L'instinct du profit va donc le contraindre à se tourner vers les marchés extérieurs, et du côté des nations moins développées industriellement que la sienne. Et comme, les unes après les autres, toutes les nations s'industrialisent de plus en plus, il trouvera de nouveaux débouchés pour ses produits dans les parties non civilisées du globe, propres à la colonisation mais impropres à l'immigration. Toutefois le jour doit arriver, et il arrive en effet, où les nations se disputent en foule ces marchés coloniaux, et où le monde devient trop petit pour cette mêlée. D'où la guerre, conséquence naturelle de la surproduction et de la concurrence nationale.

Je ne crois pas à la conception matérialiste de l'histoire. Naturellement, je n'entreprendrai pas ici une discussion philosophique de ce sujet qui demanderait, si on voulait le traiter à fond, non pas une conférence, mais une série de conférences. J'attirerai seulement votre attention sur quelques faits, tirés des années qui précédèrent immédiatement la guerre de 1914. Ils vous permettront, je crois, de mesurer combien cette théorie explique mal le cours réel de l'histoire.

Le point brûlant en Europe, de 1911 à 1914, ce fut assurément le Maroc, objet d'une âpre compétition entre la France, dont l'Angleterre soutenait les droits, et l'Allemagne. S'agissait-il d'un conflit entre le capitalisme français et le capitalisme allemand ? En 1909, les deux gouvernements avaient conclu un accord : une sorte de prépondérance politique au Maroc était accordée à la France ; et France et Allemagne s'entendirent pour exploiter en commun les ressources naturelles du pays. Cet accord ne se heurta, de part et d'autre, à aucune opposition des grands chefs d'industrie. Il y eut même, derrière l'acte diplomatique, un pacte d'alliance entre Krupp et Schneider, les deux puissantes maisons industrielles de la Ruhr et du Creusot, qui fournissaient le matériel de guerre à leurs pays respectifs. Ce qui brisa l'accord de 1909, du moins du côté de la France, ce fut la résistance' acharnée des nationalistes français, qui le jugeaient trop international, et des socialistes français, qui le jugeaient trop capitaliste. Voilà donc un cas où l'industrialisme ayant agi comme un facteur de paix entre la France et l'Allemagne, se trouva battu par des forces étrangères à l'ordre économique, et plus fortes que lui.

L'accord fut rompu. Une armée française marcha sur Fez. L'Allemagne envoya un navire de guerre mouiller devant Agadir. On put croire que l'Allemagne voulait la guerre, qu'elle était armée et prête à l'entreprendre. Soudain, le gouvernement allemand abandonna la plus grande partie de ses revendications, et accepta un compromis extrêmement modéré. On admet généralement que ce changement d'attitude inattendu fut provoqué par la panique qui se produisit à la Bourse de Berlin dès que la menace de guerre se précisa ; le gouvernement allemand, assailli par une foule atterrée de financiers, de commerçants, d'industriels, apprit d'eux que la guerre signifiait leur ruine et un désastre pour le pays tout entier. Une fois encore, le capitalisme représentait la paix ; et comme il se trouva être cette fois la force dominante, il écarta la guerre.

Mais ceux qui soutiennent la thèse de l'origine économique de la guerre sont aussi ceux qui voient surtout dans la guerre de 1914 un conflit entre l'Angleterre et l'Allemagne. Que faut-il donc penser des relations anglo-allemandes avant 1914 ? Est-il vrai, comme tant de socialistes le répètent sur le continent, que les capitalistes anglais, les grands marchands de la City, désiraient la guerre ? Ce qui frappe, au contraire, l'observateur impartial, c'est, de la part des cercles commerciaux et industriels, une constante et ardente aspiration à la paix. « Le commerce suit le pavillon. » Ce refrain avait pu être populaire quelques années auparavant, à l'époque où, assez paradoxalement, les impérialistes anglais préconisaient une alliance de leur pays avec sa principale rivale sur les marchés mondiaux, l'Allemagne. Tout autre est à présent le refrain populaire : « La guerre ne paie pas. » Un écrivain raisonnable et lucide, dans un livre dont la vente, en Angleterre et hors d'Angleterre,, fut immense, avait entrepris de dissiper l'« Illusion d'Optique », la « Grande Illusion », selon laquelle un grand pays pourrait s'enrichir par une guerre victorieuse. Enrichissement réalisable peut-être aux premiers âges de la société, quand le conquérant, vainqueur d'une tribu, pouvait faire de chacun des vaincus un esclave. Mais dans le monde moderne, basé sur l'échange, le vainqueur ne peut même plus tirer profit du vaincu sans courir le risque, non de le ruiner, mais de se ruiner soi-même. Cette théorie fit son chemin dans les milieux commerçants et financiers. À la veille même de la guerre, nous voyons banquiers, boursiers, propriétaires de mines, hommes du coton, de l'acier, du charbon, se presser dans les appartements du Chancelier de l'Échiquier, pour lui dire leur terreur à la perspective de l'Angleterre se laissant entraîner dans le conflit.

Cependant, la guerre éclata, et l'Angleterre s'y jeta ; et ces faits posent un problème : que vaut le type de pacifisme préconisé par Norman Angell ? Car, tandis que les partisans de la théorie économique des causes de la guerre croyaient que — et justement à cause de sa structure hautement industrialisée — le monde occidental allait vers une guerre inévitable, Norman Angell au contraire — parce qu'il jugeait que la structure de l'Europe occidentale travaillait pour la paix, croyait en la stabilité d'une paix qui avait déjà duré quarante ans. Ne sommes-nous donc pas en droit de déclarer que les faits ont très vite démenti sa théorie ? Quatre années seulement après les prophéties optimistes de Norman Angell, les trois grandes nations capitalistes de l'Europe occidentale ne firent-elles pas la guerre ? À cette question, je répondrai par une autre question : « L'Allemagne, la France et l'Angleterre se firent-elles la guerre ? » Peut-être pourrais-je donner à ma question une forme moins paradoxale et demander : « Supposons que l'Allemagne, la France et l'Angleterre aient, à elles seules, composé le monde entier ; supposons qu'il n'y ait eu, sur la surface du globe, que ces trois pays et, tout autour, les mers profondes. Auraient-elles fait la guerre ? »

Peut-être y a-t-il quelque chose à dire en faveur de cette théorie, courante avant la guerre, selon laquelle le système de la « paix armée », reposant sur le service militaire obligatoire et le suffrage universel, contribua, tout ruineux qu'il fût, au maintien de la paix ; car c'étaient ceux-là même qui étaient, en fin de compte, responsables de la déclaration de guerre qui auraient à affronter tous les risques de la guerre le jour où celle-ci serait déclarée.

Plus d'une fois, en tout cas, au cours des quarante et quelques années qui avaient suivi la guerre franco-allemande de 1870, l'Allemagne et la France, ou la France, l'Allemagne et l'Angleterre, avaient bien paru frôler la guerre. Tantôt, l'un de ces pays avait subi un cruel échec diplomatique ; tantôt, un compromis avait été hâtivement accepté ; mais toujours les nations rivales s'étaient arrêtées avant d'en venir aux coups et au massacre. Vers 1912 cependant, la situation était certainement en train de devenir intolérable et on se mit, dans des cercles de plus en plus étendus, à douter du maintien de la paix. Mais pourquoi le gouvernement allemand se décida-t-il, en 1913, en faveur de cet accroissement formidable de sa puissance militaire qui sembla, enfin, rendre la guerre inévitable ? Ce ne fut ni à cause du conflit naval anglo-allemand, ni à cause des dissensions franco-allemandes relatives à l'Alsace-Lorraine et au Maroc. Ce qui détermina le gouvernement allemand à envisager l'éventualité d'une guerre européenne, ce fut la crise qui se préparait, non dans l'Occident industriel et capitaliste, mais dans les communautés encore primitives de l'Europe sud-orientale. La guerre se communiqua d'Est en Ouest ; c'est l'Orient qui l'imposa à l'Occident.

Pendant toutes les années qui vont des guerres prussiennes de 1860-1870 à la grande guerre de 1914, la paix dépendit surtout des rapports entre l'Allemagne et la Russie. Il existait une vieille tradition d'amitié entre les cours de Saint-Pétersbourg et de Berlin, qui fut complétée, aux jours de « la Sainte Alliance », par l'amitié avec l'Autriche. Cette entente entre les trois monarchies autocratiques fut haïe, et qualifiée d'impie, par tous les libéraux d'Occident. Mais, indubitablement, elle travailla en faveur de la paix. Les trois souverains n'avaient jamais oublié les guerres jacobines de conquête des dernières années du XVIIIe siècle ; ils sentaient — et ils no se trompaient pas — que guerre et révolution sont deux notions qui se touchent de très près ; ils voyaient, dans leur alliance, un système d'assurance mutuelle contre les dangers de révolution et de guerre. Sous une forme modifiée et atténuée, ce système fonctionna jusqu'à la veille de la guerre de 1914. Bismarck compléta son alliance avec l'Autriche par une alliance avec la Russie. Quand il tomba, le traité d'alliance avec la Russie ne fut pas renouvelé ; mais, après un très court intervalle, l'amitié entre l'Allemagne et la Russie se resserra de nouveau au point de devenir, en fait, une alliance. La conclusion de l'« Entente » entre l'Angleterre et la France, dirigée contre l'Allemagne, ne la refroidit pas, malgré ce fait que la France était l'alliée de la Russie. L'amitié germano-russe survécut même à la convention anglo-russe de 1907, qui fut un *rapprochement* très artificiel et très superficiel, et qui n'empêcha pas la Russie de conclure avec l'Allemagne, au moment précis de la crise d'Agadir, un arrangement au sujet du chemin de fer de Bagdad : arrangement qui était, en fait, une entente germano-russe du Proche Orient. La rupture ne se produisit qu'en 1912. Et pourquoi ? Par l'effet de quelque prétention qui aurait opposé les deux dynasties ? Personne, à Saint-Pétersbourg, ne songeait à conquérir la moindre terre allemande ; personne, à Berlin, ne rêvait d'agrandir l'Allemagne aux dépens de la Russie. Les deux gouvernements n'avaient, à cet égard, qu'un seul objectif, et le même : maintenir la Pologne dans un état de division et d'assujettissement. Non, ce qui arriva à partir de 1912, c'est que les deux gouvernements se trouvèrent séparés, et de plus en plus, par de puissantes vagues de passions collectives. Pour comprendre la nature de ces forces collectives, qui furent la cause réelle de la guerre, il faut que vous me permettiez de vous transporter plus loin vers l'Est, jusqu'en plein Extrême-Orient asiatique.

Là-bas, en 1905, un événement capital s'était produit, quand le Japon avait détruit la flotte russe, battu sur terre l'armée russe, et chassé les Russes des bords du golfe de Petchili. Cette guerre russo-japonaise fit tressaillir toutes les terres d'Asie. Les Européens n'étaient donc pas ces demi-dieux qu'ils croyaient être, et qu'ils avaient, par la force des armes, contraint tout l'univers extra-européen à reconnaître en eux ? Enfin, l'Orient se dressait contre l'Occident, et secouait le joug des blancs d'Europe. N'essayons pas de traduire un tel fait dans la langue du matérialisme historique. Il ne s'agit pas ici de capitalisme japonais aux prises avec le capitalisme russe. Le conflit était de nation à nation, de civilisation à civilisation. La base de l'histoire n'est pas matérialiste, mais bien idéaliste ; et c'est l'idéalisme qui fait les guerres et les révolutions.

Il y avait, cependant, une différence entre le Japon et le reste de l'Asie. Grâce à son aristocratie féodale et à sa monarchie guerrière, il avait toujours su se protéger des invasions. Partout ailleurs des aristocraties aveulies et des monarchies corrompues s'étaient laissé conquérir par les armées européennes ou acheter par l'or européen. Impossible donc aux peuples d'Asie de chercher du côté de leurs aristocraties et de leurs monarchies un secours contre l'oppression occidentale. Ils ne pouvaient compter que sur eux mêmes, et il leur fallait faire ce qu'en ce moment précis, en réponse à leur défaite militaire on Mandchourie, les Russes (peuple, lui aussi, à demi asiatique) étaient en train de faire : se révolter contre leurs dirigeants, et sauver la nation en y instaurant des institutions libres. Aussi voyons-nous se produire en Asie, pendant les dix années qui précédèrent la guerre, une renaissance de ces idées de libéralisme militant et de nationalisme démocratique qui, pendant la première moitié du XIXe siècle, avaient joué un rôle si important dans l'histoire de l'Europe. En Europe, au début du XXe siècle, on pouvait être tenté de traiter ces idées de démodées ; car le socialisme international ne rendait hommage que du bout des lèvres au principe des nationalités. Mais en Asie, juste à ce moment, elles commençaient de nouveau à ébranler le monde.

Dès 1906, le mouvement révolutionnaire contraignit le gouvernement impérial de Chine à promettre des réformes politiques et administratives et à préparer un projet de constitution. Ce mouvement s'intensifia après la mort, naturelle ou non, de l'impératrice douairière, en 1908. En mars 1911, la Monarchie accepta le principe de la responsabilité ministérielle. En 1912, un an après l'abdication de l'Empereur, la République Chinoise fut proclamée. Ainsi s'effondra, en Extrême-Orient, la plus ancienne des grandes monarchies militaires du monde.

Aux Indes, depuis vingt ans déjà, un Congrès National avait pour programme l'obtention du « Home Rule » par des moyens légaux et une propagande pacifique. Mais après la victoire du Japon et la révolution russe, le mouvement nationaliste hindou prit une forme plus révolutionnaire. Gandhi, inspiré sans aucun doute par les enseignements de Tolstoï, prêcha la résistance passive aux ordres d'un gouvernement étranger, puis, de concert avec Tilak, le boycottage du commerce et des produits européens. Ce boycottage dégénéra rapidement en formes plus violentes d'agression, y compris le lancement de bombes sur le modèle russe. En 1907, les révolutionnaires plongèrent le Congrès National dans les plus grandes difficultés, et le gouvernement anglais, comprenant enfin la gravité du mouvement, adopta une politique de concessions. Deux indigènes furent admis au Conseil Exécutif du vice-roi, ainsi qu'aux Conseils législatifs provinciaux.

En Perse, dès 1906, le Shah, accusé de vendre son pays à la Russie, fut assassiné ; et son successeur fut soumis au contrôle d'une assemblée élue par le peuple, le Medjlis. Il s'efforça de secouer le joug en dissolvant l'assemblée et, avec l'aide d'une armée russe il assiégea dans Tabriz les chefs de l'armée nationaliste. Il fut détrôné à son tour, et un nouveau Shah, âgé de douze ans seulement, fut placé derechef sous le contrôle du Medjlis. Plus tard les réactionnaires, sous le commandement du Shah détrôné, et avec l'appui russe, prirent leur revanche et finalement supprimèrent le Medjlis. Nous voyons néanmoins en Perse triompher momentanément un parti qui luttait à la fois pour la liberté politique et pour la liberté nationale.

En 1908, l'agitation atteignit le Bosphore, c'est-à-dire les confins mêmes de l'Europe. Le parti Jeune-Turc, en provoquant une insurrection militaire, obligea le Sultan à rétablir la Constitution de 1876, basée sur un parlement élu par le peuple. Le but du comité « Union et Progrès », qui mit en œuvre la révolution, était de faire une Turquie forte en la construisant sur le modèle occidental, et de la transformer en une nation unifiée dont les habitants deviendraient des. citoyens égaux, sans distinction de races, de croyances ni de langues. Ils échouèrent dans leur entreprise de faire de la Turquie une nation forte. L'Autriche annexa la Bosnie ; l'Italie annexa Tripoli et le Dodécanèse. Sur quoi le principe révolutionnaire des nationalités se retourna, pour ainsi dire, contre la Turquie. Une insurrection éclata en Crète, puis une autre en Albanie. Finalement la Serbie, le Monténégro, la Grèce, la Bulgarie formèrent une ligue pour séparer de la Turquie celles de ses provinces qu'ils revendiquaient au nom du principe des nationalités. Ainsi commença, vers la fin de 1912, ce qu'on peut appeler soit une guerre — en tant que conflit entre la Turquie et quatre nations étrangères — soit une révolution — en tant que soulèvement armé d'habitants de la Turquie, non contre l'envahisseur, mais contre l'armée turque elle-même. Nous glisserons sur l'histoire sinistre des deux guerres balkaniques ; il suffit ici de rappeler qu'en août 1913 le démembrement de l'Empire turc était, pour ce qui concerne ses provinces européennes, un fait accompli.

Un grand historien, Albert Sorel, avait écrit dès 1878, l'année du Congrès de Berlin : « Le jour où l'on croira résolue la question d'Orient, l'Europe verra se poser la question d'Autriche. » Voici que se produisait l'effondrement de l'Empire Ottoman ; le temps était venu pour la monarchie austro-hongroise de s'effondrer à son tour. La monarchie dualiste comprenait une majorité de races étrangères soumises au contrôle de deux races dominantes, l'allemande et la hongroise. Depuis longtemps déjà ces races soumises se montraient rétives ; et à partir du moment où le gouvernement autrichien en 1909 et le gouvernement hongrois en 1911 avaient accordé à leurs sujets le suffrage universel, les deux Parlements de Vienne et de Budapest étaient devenus des pandemoniums de nationalités rivales. Maintenant que par leur victoire les trois millions de Serbes émancipés venaient de doubler le territoire et la population de leur patrie, comment les cinq millions de Tchèques et les six millions de Slaves du sud, encore assujettis à l'Autriche et à la Hongrie, n'auraient-ils pas rêvé de suivre pareil exemple ? Dans toutes les parties de l'Empire austro-hongrois, la sédition se propageait.

La monarchie des Habsbourg était ainsi mise face à face avec un problème angoissant. Allait-elle se résigner à la catastrophe imminente et laisser son territoire se démembrer ? Ou prendrait-elle hardiment les devants, en déclarant la guerre à la Serbie pour l'intégrer à la partie slave de la monarchie, laquelle d'État dualiste se transformerait alors en un État trialiste, non plus Autriche-Hongrie, mais Autriche-Hongrie-Slavie ? Ce dernier plan était en faveur dans le parti militaire qui se groupait autour de l'héritier du trône, l'archiduc François-Ferdinand. Mais qui donc pouvait ignorer, s'il voulait voir clair, qu'aussitôt la guerre déclarée à la Serbie par l'Autriche, les sentiments panslavistes prendraient une telle puissance qu'aucun gouvernement russe ne résisterait à leur impulsion ? Qui donc pouvait ignorer, s'il voulait voir clair, que dès que la Russie déclarerait la guerre à l'Autriche, les sentiments pangermanistes contraindraient le gouvernement allemand à entrer en lice à son tour ; et qu'ainsi la guerre austro-serbe deviendrait une grande lutte pour la suprématie, en Europe centrale, des Teutons ou des Slaves ? Et tout le monde savait bien aussi que l'Allemagne, si jamais elle déclarait la guerre à la Russie, était résolue à ne pas tolérer la présence sur son flanc ouest d'une armée qui, après tout, était, après la sienne, la meilleure armée d'Europe. On savait que l'Allemagne marcherait donc d'abord sur Paris pour anéantir la puissance militaire de la France, avant de refluer vers l'est et de régler son compte à la Russie. Et ici encore personne n'ignorait, s'il voulait voir clair, que l'état-major allemand, très sagement d'ailleurs, jugeait la frontière franco-allemande entre le Luxembourg et la Suisse trop étroite pour le déploiement de l'armée allemande, de sorte que celle-ci devrait traverser le territoire de la Belgique pour porter rapidement à la France le coup de massue nécessaire. Et chacun comprenait que si jamais la côte belge et la côte du nord de la France se trouvaient tomber sous la domination allemande, la Grande-Bretagne, sentant son prestige et sa sécurité en danger, entrerait en guerre aux côtés de la Belgique et de la France. Ainsi chacun savait bien, s'il voulait voir clair, non seulement qu'une guerre européenne était imminente, mais aussi quels étaient les grands contours que cette guerre devait prendre.

Mais comment, alors, expliquer ce fait que ni la première ni la seconde guerre des Balkans ne dégénérèrent en guerre générale ? L'Angleterre désirait ardemment le maintien de la paix. Le gouvernement allemand s'effrayait d'une guerre austro-serbe qui risquait de brouiller l'Allemagne et l'Italie et de disloquer la Triple-Alliance. Mais la raison principale ce fut peut-être qu'il subsistait, aux trois Cours de Berlin, de Vienne et de Pétersbourg, assez de l'esprit de la « Sainte Alliance » pour faire sentir à ces trois gouvernements militaires qu'une guerre entre eux serait une sorte de lutte fratricide, qu'elle pourrait les vouer tous trois au désastre, et que la paix restait le meilleur parti pour préserver en Europe l'ordre monarchique.

Alors, après dix mois encore de paix, survint le meurtre de l'archiduc François-Ferdinand et de sa femme. Il fut commis dans les rues de Sarajevo, où la visite de l'archiduc était, à elle seule, un défi à la Serbie. Les meurtriers étaient deux révolutionnaires de Bosnie. Le meurtre fut-il préparé en Bosnie ? Dans ce cas nous pouvons indifféremment le nommer : geste révolutionnaire, meurtre d'un tyran, ou germe d'une guerre d'indépendance. Fut-il, comme c'est probable, préparé en Serbie ? Dans ce cas nous pouvons le nommer, soit assassinat révolutionnaire d'un tyran éventuel, soit signal d'une guerre nationale des Serbes contre les oppresseurs de la Bosnie. Mais, de toutes façons, une chose est certaine, c'est que la Grande Guerre fut, dès son début, une guerre pour la liberté des peuples ; qu'elle fut telle, non pas du jour où les armées allemandes violèrent la neutralité de la Belgique — simple incident au cours d'une guerre déjà commencée — mais du jour où, par le meurtre de l'archiduc François-Ferdinand, l'insurrection des Slaves du sud commença.

Ce fut alors que les Empires centraux prirent la responsabilité de déclarer la guerre à la Serbie, à la Russie, à la France. Mais pourquoi prirent-ils cette effroyable responsabilité ? Il faut transformer la question pour pouvoir y répondre. Demandons-nous non *à qui*, mais *à quoi* doit être imputée cette triple déclaration de guerre. Et la réponse sera : « À l'état de décomposition de l'Empire austro-hongrois, au fait que le principe révolutionnaire des nationalités le travaillait au dedans de ses frontières, et qu'il était sur le point de se rompre en une série d'États indépendants. » Dès l'instant que se produisait un événement aussi formidable que le démembrement de l'Autriche, il ne fallait rien de moins qu'un miracle pour l'empêcher de se développer en une guerre générale. La diplomatie européenne n'accomplit pas ce miracle. Et ce fut la guerre.

3. — Guerre et Révolution.

Notre but étant de saisir les causes de la crise mondiale de 1914-1918, nous avons concentré notre attention, non sur les agissements de tel ou tel homme d'État, non sur les incidents de l'histoire diplomatique, mais sur les mouvements d'ensemble de l'opinion publique, sur ces forces collectives qui, avant que la crise n'éclatât, travaillaient à la rupture. Et nous avons ainsi été amenés à distinguer deux espèces de forces. Les unes dressaient classe contre classe à l'intérieur de chaque pays, ou pour parler en termes plus exacts, elles divisaient chaque pays en deux, dans toute l'Europe, sans tenir compte des nationalités. Les autres étaient exclusivement nationales ; elles unissaient toutes les classes à l'intérieur de chaque pays contre les classes, également unies, à l'intérieur de chacun des autres pays. De ces deux forces, laquelle l'emporterait en puissance ? Il parut, d'après ce qui arriva en 1914, que les émotions nationales et guerrières agissaient plus profondément sur l'esprit humain que les émotions internationales et révolutionnaires. Mais ces dernières, un moment submergées, n'étaient pas anéanties ; elles ne tardèrent pas à surgir de nouveau, et avec une intensité accrue par les souffrances de la guerre. Les unes et les autres jouèrent ainsi, dans l'évolution de la crise, un rôle d'importance égale. Ne pouvant, dans cette troisième et dernière conférence, exposer l'histoire de la guerre, je voudrais du moins vous donner quelque idée d'une méthode nouvelle pour aborder une telle histoire, par l'étude de l'action et de l'interaction de ces forces collectives.

Je diviserai l'histoire de la guerre en deux parties ; avant et après la révolution russe de 1917. Je ne puis commencer l'étude de la première partie sans demander ce qu'il advint du grand plan napoléonien élaboré par l'état-major allemand en vue d'obtenir une victoire foudroyante et écrasante. Le plan échoua. Il échoua à l'ouest avec la bataille de la Marne. Et bien des facteurs contribuèrent naturellement à la victoire française de septembre 1914. Les Français étaient persuadés (bien à tort, mais cette confiance, quoique erronée, leur fut salutaire) qu'une formidable armée russe marchait sur Berlin. Ils savaient que cent mille soldats anglais se battaient à leurs côtés, avec la promesse d'autres soldats à venir. Ils auraient pu se rendre compte (mais en fait ils n'y pensaient guère, car l'idée d'une lutte prolongée ne les avait pas encore effleurés) de l'énorme appoint qu'apportait au parti des Alliés la flotte anglaise : la possibilité d'assiéger l'Allemagne et de la réduire en l'affamant. Mais, tout bien considéré, la victoire française de la Marne fut, essentiellement, une victoire nationale, une victoire remportée par la nation française contre l'impérialisme allemand. Les Allemands échouèrent à l'est aussi. Il n'y eut pas de marche conquérante sur Saint-Pétersbourg, complétant la marche sur Paris. Une armée russe, qui avait envahi la Prusse Orientale, fut rejetée en Russie. Une guerre confuse s'ensuivit, non pas sur le territoire allemand, ni, à proprement parler, sur le territoire russe, mais dans les plaines de la Pologne ; un conflit sans intérêt, sans objet, entre l'impérialisme allemand et l'impérialisme russe.

Il est vrai que sur d'autres points de ce qu'on peut appeler le champ de bataille européen le triomphe des Empires Centraux put, momentanément tout au moins, paraître décisif : mais ces triomphes furent aussi les plus précaires, précisément parce qu'ils reposaient sur l'écrasement des groupes nationaux.

L'Allemagne n'avait pas déclaré la guerre pour conquérir la Belgique ; mais l'homme est ainsi fait, que quand il a mis la main sur quelque chose, il n'est guère disposé à lâcher prise. Et maintenant que la Belgique, on peut dire tout entière, était occupée par l'armée allemande, il n'était pas un homme d'État responsable, à Berlin, qui aurait, la guerre durant, admis la signature d'un traité de paix qui n'aurait, d'une façon plus ou moins déguisée, annexé la Belgique à l'Allemagne. Mais la chose était-elle possible ? Comment l'Allemagne pourrait-elle jamais absorber ces six millions d'étrangers, dont une partie parle français, dont aucun ne parle allemand, qui ont derrière eux une longue tradition d'indépendance nationale et de liberté démocratique ? Victorieuse, l'Allemagne eût été obligée de tenter la chance, et d'échouer. Telle s'annonçait la Némésis de la victoire.

Dans le sud, la Serbie disparut un moment sous le flot de l'armée autrichienne. L'entrée en guerre de l'Italie n'amena que des résultats insignifiants. La Roumanie se joignit aux Alliés pou" être, à son tour, complètement envahie en 1916, non par une armée autrichienne, mais, en fait, par une armée allemande ; et les plaines de la Hongrie auraient été par deux fois dévastées par les Russes si les Allemands n'étaient accourus, sauvant ainsi la Hongrie, et du même coup l'Autriche. Ce fut donc à la puissance militaire allemande que l'Autriche dut son salut. Seule la présence de l'armée allemande sauvait l'Autriche du démembrement. Mais l'armée allemande ne pouvait pas rester là indéfiniment. Selon toute apparence, dès que la paix serait signée, dès que l'Allemagne serait démobilisée, l'Autriche-Hongrie s'en irait en morceaux. La guerre n'avait fait que retarder l'échéance.

Telle était la force de l'idée nationale que les Allemands aussi s'avisèrent d'y recourir à leur profit pour affaiblir, matériellement et moralement, leurs adversaires. Ils ne se bornèrent pas à dénoncer l'impérialisme français en Afrique du Nord, l'impérialisme anglais en Egypte et dans les Indes. En Europe même, ils trouvèrent moyen d'exploiter le sentiment nationaliste contre la Belgique, contre l'Angleterre, contre la Russie.

La Belgique est, jusqu'à un certain point, une nation artificielle. Pour une part, et la plus grande, elle est flamande, c'est-à-dire germanique de race et de langue ; l'autre partie, plus petite, la Wallonie, parle un dialecte roman, le plus septentrional de tous les dialectes romans. L'Allemagne s'entendit à jouer des Flamands contre les Wallons ; elle suscita, dans les provinces flamandes de la Belgique, — et avec beaucoup plus de succès qu'il ne nous a plu, en France et en Angleterre, de le reconnaître, — un « parti activiste » qui revendiqua, et qui obtint, la division administrative de la Belgique en deux régions hétérogènes.

Contre l'Angleterre et l'Écosse, ses conquérants saxons, l'Irlande avait vécu, à travers le XIXe siècle, dans un état de rébellion chronique. En juillet 1914, juste avant la crise, le pays se trouvait au bord même de la guerre civile. Une fois la guerre déclarée par l'Angleterre et l'Allemagne, des sentiments mêlés de loyauté chevaleresque et de prudence politique retinrent l'Irlande un certain temps. Peu de temps. L'Allemagne se mit à jouer le jeu que la France avait pratiqué durant d'autres guerres : elle utilisa l'Irlande contre l'Angleterre. En avril 1916 apparut sur les côtes occidentales d'Irlande un navire auxiliaire allemand, escorté d'un sous-marin, sous la direction d'un Anglais illuminé, sir Roger Casement. Le navire fut coulé, et Casement arrêté. Mais quatre jours après, des troubles très graves éclatèrent à Dublin, où la bataille dura quatre jours, accumulant morts et ruines. Et c'est de ce moment que l'indépendance absolue, — ou pratiquement absolue — de l'Irlande, s'imposa comme un terme désormais inévitable.

Le cas de la Pologne offrait à la propagande allemande un argument souverain pour confondre la légende selon laquelle la Russie se battait pour la libération des Slaves, de tous les Slaves. Nulle part les Polonais n'étaient maltraités autant que dans la partie de la Pologne qui avait été livrée à la Russie ; en Pologne prussienne, ils étaient tout au moins à l'abri des persécutions religieuses, et ils ne vivaient pas asservis à un système de barbarie et d'analphabétisme universel ; quant aux Polonais d'Autriche, ils jouissaient d'une liberté complète, liberté de langue, liberté de religion. Gardons-nous donc d'être surpris en voyant que Pilsudski, le futur maréchal polonais, s'engagea dans l'armée autrichienne, afin de lutter pour la délivrance de la Pologne ; que les Empires centraux rétablirent une pleine liberté linguistique dans toute la partie russe de la Pologne ; qu'enfin, en novembre 1916, quand le territoire presque entier de cette Pologne fut aux mains des armées austro-hongroises, les deux gouvernements ;victorieux proclamèrent leur intention de transformer immédiatement ces provinces russes en un État indépendant, doté d'un monarque héréditaire et d'une Constitution.

Telle était la situation vers la fin de 1916. L'Allemagne n'avait pas remporté la victoire foudroyante sur laquelle elle avait spéculé en juillet 1914, et à mesure que les mois s'écoulaient, elle savait qu'il lui serait de plus en plus impossible de jamais réparer sa défaillance initiale sur la Marne. Aussi devenait-elle avide de paix ; et cette paix, elle l'envisageait comme une paix de compromis : mais les Alliés ne pouvaient l'imaginer sous le même jour, puisque l'Allemagne, dont les armées occupaient partout — aussi bien au sud qu'à l'ouest et à l'est — des territoires appartenant à ses ennemis, se trouvait par cela même en position de dicter les termes d'un tel compromis. C'est à ce moment que commence la seconde phase de la guerre, marquée par deux grands événements : les États-Unis entrent en guerre — la Russie, après une révolution, s'en retire.

Il me paraît inutile d'insister sur l'importance, dans l'histoire de la guerre, du premier de ces deux événements. Ce fut l'entrée en guerre de l'Amérique qui rendit enfin décisive la victoire des Alliés. Jusqu'aux premières semaines de 1917, l'Amérique n'avait jamais cessé, malgré le blocus anglais, de ravitailler de son mieux l'Allemagne à travers les ports Scandinaves. C'est à l'Angleterre et non à l'Allemagne qu'allaient tous les griefs américains : ne violait-elle pas la « liberté des mers » ? La folle résolution de l'état-major allemand d'intensifier la guerre sous-marine contre tous les neutres (Amérique comprise) aussi bien que contre les Alliés rallia soudain les États-Unis à la conception anglaise du blocus ; et ceux-ci se mirent alors à appliquer rigoureusement toutes les règles contre lesquelles ils avaient protesté quand ils avaient eu à les subir en leur qualité de puissance neutre. L'isolement de l'Allemagne devint absolu. Simultanément, au cours du printemps 1918, le débarquement de millions de jeunes Américains, inexperts il est vrai, mais frais et enthousiastes, venait, avant même que les Alliés n'eussent le temps de porter la guerre sur le sol allemand, rendre désespérée la situation des Allemands sur les champs de bataille.

Mais la révolution russe est l'événement dont je voudrais tout particulièrement marquer l'importance, pour des raisons qui apparaîtront bientôt.

Si nous voulons en comprendre les antécédents, il nous faut remonter aux premiers temps de la guerre, à l'époque où les sentiments révolutionnaires des classes laborieuses semblaient avoir perdu toute puissance devant les appels instinctifs de la solidarité nationale. Vainement quelques chefs, isolés, ou groupés, tentèrent-ils de demeurer fidèles au principe doctrinal de la paix à tout prix. L'enthousiasme patriotique des masses eut vite fait de les balayer. La plupart d'entre eux furent gagnés par l'enthousiasme guerrier de leur entourage. Ce qu'on peut dire en faveur des Socialistes qui s'employèrent ainsi à soutenir la guerre entre leurs patries respectives c'est qu'une certaine dose de Socialisme pénétra la politique de toutes les nations belligérantes. Partout, les gouvernements éprouvèrent le besoin de contrôler l'ensemble des moyens de communication et de transport, le commerce d'importation et d'exportation, les mines, et toutes les branches de la production qui étaient nécessaires à l'alimentation, à l'équipement, à l'armement des troupes. En outre, pour se concilier les classes ouvrières, les gouvernements mirent les secrétaires des syndicats dans leur confidence, et ils firent marcher toutes les industries qu'ils contrôlaient en accord complet et formel avec les organisations ouvrières. Certains socialistes nourrirent même la folle espérance que la guerre avait produit un miracle, et qu'au jour de la paix, l'Europe pourrait bien découvrir qu'un régime permanent de Socialisme d'État et ensemble de Syndicalisme se trouvait réalisé sans les horreurs d'une révolution, sinon sans les horreurs de la guerre.

Pourtant, très vite, le prolétariat recommença à s'agiter. Les ouvriers étaient bien payés, mais assujettis à un régime de stricte discipline militaire, et quand ils se plaignaient, on leur donnait à entendre qu'en vertu d'accords signés par leurs chefs avec les dirigeants de chaque État, les membres des syndicats avaient renoncé au droit de grève. Les pacifistes intransigeants entrèrent en contact avec ces travailleurs mécontents, et là se reforma, et grandit, un mouvement révolutionnaire, dirigé à la fois contre le capitalisme et contre la guerre. Sur le continent, quelques-uns de ces révolutionnaires parvinrent à gagner la Suisse ; ils s'y réunirent et discutèrent en commun les possibilités d'un retour rapide à la paix. Non qu'ils fussent là dessus d'accord même entre eux. À Zimmerwald, en Suisse, juste un an après la Marne, comme quelques internationalistes recherchaient quelle sorte de pression pourrait être exercée sur leurs gouvernements respectifs en faveur de la paix, ils furent interrompus par l'un d'entre eux, un homme au type mongol, indolemment couché sur un canapé : « La paix ! Pourquoi parlez-vous de paix ? Vous n'aurez pas la paix avant d'avoir eu la révolution sociale. Rentrez chez vous tant que vous êtes, et commencez la révolution. » — « Vous en parlez à votre aise, répondit un des délégués allemands, vous êtes en exil, bien loin de votre pays natal. La seule chose logique que vous pourriez faire serait de rentrer vous-même en Russie et d'y commencer la révolution. Mais je ne vous le conseillerai pas, sachant ce qui m'adviendrait si j'allais en Allemagne y prêcher la révolution. Il n'y aurait pas de révolution. Mais je serais fusillé le lendemain matin. » Peu de mois après, l'autre retourna en Russie, et fit la chose. C'était Lénine.

La révolution russe commença en mars 1917, par une grève générale des ouvriers à Pétrograd, suivie d'une grève générale des soldats sur le front. Ce fut une révolution conforme au plan syndicaliste et hervéiste, à la fois contre la guerre et contre le capitalisme, conduite par ces Conseils d'ouvriers et de soldats que le monde entier connaît aujourd'hui sous le nom de Soviets. Après une vaine tentative pour dissoudre la Douma, le Tsar abdiqua. Suivirent, sous la direction nominale d'un gouvernement provisoire, six mois d'amour universel, d'universelle anarchie et d'attentats à chaque coin de rue. Le moment vint où ce régime, comme tous ses pareils, dut finir par quelque espèce de dictature. Un premier essai de coup d'État fut tenté par les militaires avec Kornilov ; il échoua. Les Bolcheviks social-démocrates en tentèrent un autre avec Lénine, et réussirent. Douze ans ont passé, et les dictateurs prolétariens tiennent toujours le pouvoir à Moscou. Quels furent les effets de la révolution russe sur le cours de la guerre ?

Pour autant qu'ils furent préjudiciables à la cause des Alliés occidentaux, ces effets sont manifestes. Pendant de longs mois sinistres, on put croire que les conséquences de la défection russe faisaient plus que contrebalancer celles de l'intervention américaine. D'une part, des troupes allemandes en nombre croissant purent être librement utilisées sur le front occidental, jusqu'à ce qu'en février 1918, après la paix de Brest-Litowsk, il ne restât pratiquement plus de soldats allemands du côté oriental. D'avril 1917 à mai 1918, les Français, les Italiens, les Anglais, puis, de nouveau les Français, essuyèrent une série de graves défaites. D'autre part, et par des voies plus subtiles, l'esprit révolutionnaire russe, exerça, à l'ouest, une influence pernicieuse sur le moral des nations alliées. Les gouvernements français et anglais envoyèrent des socialistes en mission en Russie, pour obtenir des socialistes russes, au nom de la solidarité démocratique, fidélité à la cause de la coalition antigermanique. Mais ce qui arriva, c'est que la volonté de guerre et de victoire s'affaiblit dans l'esprit de ces envoyés français et anglais ; ils revinrent convertis à la cause de la paix, quelques-uns d'entre eux même (les Français sinon les Anglais) convertis à la cause du communisme. Les grèves se multiplièrent en Angleterre, provoquées autant par le dégoût de la guerre que par une propagande consciemment anti-guerrière.

Pourtant, sous d'autres aspects, dont il faut aussi tenir compte, la révolution russe exerça une action favorable aux Alliés et à leur victoire finale.

En premier lieu, la révolution contribua à déterminer l'entrée en guerre de l'Amérique. C'est le 3 février 1917, quatre jours après l'annonce par l'Allemagne d'une intensification de la guerre sous-marine, que les relations diplomatiques furent interrompues entre les États-Unis et l'Allemagne. Mais la guerre n'était pas déclarée ; et, pendant bien des semaines encore, les États-Unis hésitèrent à se jeter dans le conflit. Ce fut seulement le 21 mars, c'est-à-dire une semaine exactement après l'abdication du Tsar, que le Président Wilson convoqua le Congrès pour une session extraordinaire qui devait se réunir le 2 avril ; et dans son message au Congrès, le Président Wilson exalta la révolution russe. C'est que les États-Unis étaient la seule grande puissance qu'aucun dessein de conquête, ni en Europe ni ailleurs, ne portait à se joindre aux combattants ; il leur fallait, pour se battre, une cause désintéressée et idéaliste. Or, il était difficile de représenter la guerre comme une guerre contre l'impérialisme tant que l'un des Alliés, et à certains égards le plus formidable, offrait, rassemblés, tous les traits de l'impérialisme oppresseur, sous sa forme la plus odieuse. Grâce à la chute du Tsarisme, la guerre pouvait maintenant être proclamée au nom du programme démocratique tracé par les « Quatorze Points » du Président Wilson. On peut même se demander si ce programme de Wilson n'a pas, dans une certaine mesure, directement ou indirectement, consciemment ou non, subi l'influence de la nouvelle formule des Russes : « Paix sans annexion et sans indemnités. »

En second lieu, l'Allemagne, tout comme la France et l'Angleterre, fut pénétrée par les influences bolcheviques ; la seule différence est que cette action y fut plus directe et plus profonde. En août 1914 la nation allemande, y compris les social-démocrates, avait été pratiquement unanime dans son adhésion à la guerre. Un seul social-démocrate, un excentrique, s'était abstenu d'approuver le gouvernement ; autour de lui s'était groupée par la suite une petite bande de révolutionnaires extrémistes, les spartakistes. Ils formèrent, après mars 1917, le noyau du parti communiste allemand qui se modela sur Moscou. Mais à mesure que le temps passait, une minorité toujours grandissante de social-démocrates s'était refusée à voter les crédits de guerre demandés par le gouvernement. Ce ne fut pourtant qu'après la révolution russe que cette minorité rompit avec la majorité et constitua un parti séparé, le parti social-démocrate indépendant, qui prit pour programme la paix immédiate. Une sérieuse mutinerie éclata dans la flotte en juillet 1917 ; ses instigateurs passèrent en conseil de guerre et furent fusillés. Mais le gouvernement, pour sa part, commença à comprendre qu'il lui fallait jeter du lest devant la tempête. C'est alors qu'apparut combien était précaire la constitution politique de l'Allemagne bismarckienne, car .elle se révélait incapable de résister à la tension d'une guerre prolongée ou d'une défaite commençante. En juillet 1917 Bethmann-Hollweg démissionna, et, des trois ministres fantômes qui lui succédèrent, chacun pencha un peu plus que le précédent vers les partis de gauche. Le gouvernement déposa des projets de loi qui démocratisaient profondément la constitution de la Prusse et qui introduisaient dans la constitution du Reich le principe de la responsabilité ministérielle. Finalement, en automne 1918, après des défaites répétées de l'armée allemande sur le front ouest, et lorsque le désastre fut en vue, une révolte éclata à Kiel parmi les marins. Des conseils de soldats et d'ouvriers se formèrent à travers l'Allemagne du nord. Le Kaiser s'enfuit en Hollande et l'armistice fut signé en novembre avec un gouvernement allemand républicain et socialiste. En Autriche, le pays où la catastrophe finale des Empires centraux avait réellement commencé, les révolutions qui éclatèrent furent à la fois sociales et nationales. Ce qu'on nomme la bataille de Vittorio Veneto, ce fut tout simplement la dislocation de l'armée austro-hongroise en ses éléments composants ; chacun d'eux reflua impétueusement vers sa patrie particulière, pour y provoquer, qui la révolution sociale à Vienne et à Budapest, qui la révolution nationale à Prague et à Agram.

Après que les puissances alliées et associées eurent poursuivi entre elles de laborieuses négociations, le traité de Versailles fut présenté au monde, et l'Allemagne le signa. Certains de ceux qui ont critiqué ce document si dénigré ont dénoncé son caractère révolutionnaire, lui reprochant d'avoir découpé des nations toutes jeunes dans le bloc des vieux États, à l'existence desquels l'Europe s'était graduellement accoutumée. Mais la question est de savoir si une guerre révolutionnaire pouvait s'achever autrement que par un traité révolutionnaire. Les traités qui ont créé une Pologne libre, une Tchécoslovaquie libre, une Yougoslavie libre, qui ont libéré l'Alsace de l'Allemagne et le Trentin de l'Autriche, se sont fondés sur le principe des nationalités ; ils représentaient le triomphe de tout ce pour quoi les libéraux du XIXe siècle avaient lutté. Non que la guerre ait été terminée avec la signature de ces traités. Elle s'éternisa en Russie, où vous pouvez à votre gré l'appeler soit une guerre civile entre le communisme et les adversaires russes du communisme, soit une guerre nationale par quoi la Russie soutint son indépendance contre ce qui était bien réellement une intervention étrangère de l'Angleterre et de la France. Mais une fois délivrée de ce péril intérieur, la Russie essaya de transformer ces guerres défensives en une guerre offensive de propagande communiste, dirigée contre la Pologne et l'Allemagne. Cette nouvelle guerre échoua sous les remparts de Varsovie. Et peut-être pourrait-on dire que la crise mondiale ne commença pas vraiment en 1914 pour s'achever en 1918, mais qu'elle commença en octobre 1912, avec la première guerre des Balkans, et qu'elle prit fin en août 1920 seulement, lorsque le dernier des traités d'après-guerre fut signé à Sèvres, lorsque l'armée bolchevique fut défaite en Pologne, qu'un essai de révolution communiste avorta en Italie, et que le fascisme commença d'y grandir. D'un bout à l'autre, cette guerre avait été une guerre de nationalités ; et la révolution russe, ce dissolvant de l'impérialisme, se trouvait avoir travaillé non tant au bénéfice du communisme ou même du socialisme qu'à celui de l'idée nationale.

Mon récit étant arrivé à son terme, je voudrais, pour conclure, ajouter quelques mots pour vous mettre en garde contre une erreur possible d'interprétation. Somme toute, à quoi tend ma méthode ? J'ai recherché les « causes » ou « responsabilités » de la guerre, non dans les actes des hommes d'État pris individuellement, mais en des forces collectives, anonymes, contre quoi les hommes d'État ont été sans pouvoir. Or, quelque heureux que puissent avoir été en Europe les résultats de la guerre — et dans l'ensemble je pense qu'ils ont été tels — il serait absurde de ne pas reconnaître, comme le gouvernement des Soviets nous le rappelle constamment — de façon aussi profitable que déplaisante — qu'il subsiste encore, à l'heure actuelle, une agitation ouvrière qui demande à être apaisée, et qu'il subsiste aussi des nationalités opprimées qui demandent à être libérées. Faut-il donc que nos hommes d'État se bornent à attendre passivement que ces forces collectives et anonymes s'imposent de nouveau, et qu'une nouvelle guerre, une nouvelle révolution — à la manière d'une inondation ou d'un tremblement de terre — submergent et secouent une fois de plus le monde ? Bref, mon interprétation de ('histoire implique-t-elle la faillite de toute politique ?

Elle signifie plutôt, si vous voulez bien m'entendre, que la responsabilité des maux qui tourmentent l'humanité doit être transférée des hommes d'État au commun peuple, c'est-à-dire à nous-mêmes. La sagesse ou la folie de nos hommes d'État est purement et simplement le reflet de notre propre sagesse ou de notre propre folie. Si donc, comme je crois, vous vous accordez avec moi pour penser que la justice dans les rapports politiques pourrait être achetée avec un moindre gaspillage de vies humaines et de richesses que n'en apportent une révolution, ou une guerre, ou une guerre révolutionnaire, vous devez comprendre aussi que ce résultat ne pourra être acquis si, dans nos pensées mêmes, une transformation ne se produit.

À nous de substituer un esprit de compromis à un esprit de fanatisme. L'Angleterre, en ces matières, nous montre assurément la route de la paix. Depuis plus de deux siècles, l'Angleterre n'a pas eu de révolution ; et, autant qu'il est possible de porter des jugements aussi entiers sur les affaires humaines, il semble qu'elle soit à jamais sauvegardée de la menace de révolution. Aussi l'histoire de l'Angleterre moderne nous prouve qu'il est possible d'extirper le fanatisme de classe et de parti. Pourquoi ne pas essayer d'employer les méthodes britanniques pour résoudre le problème de la guerre aussi bien que celui de la révolution ? L'institution de la Société des Nations est une tentative de ce genre. À Genève, les représentants de toutes les nations sont invités à se Réunir et à tenter de résoudre, dans un esprit de compromis, les différends qui, jusqu'à présent, n'avaient été résolus que par la guerre. Et, s'ils échouent, à se soumettre à l'arbitrage, aux conseils, aux ordres du Parlement de l'Humanité ?

Mais c'en est trop peu que de l'esprit de compromis. Le fanatisme national est quelque chose de beaucoup plus formidable que le fanatisme de classe. L'Angleterre a éliminé l'un mais non l'autre. Elle a pu être, pendant deux siècles, une nation sans révolution ; on aurait peine à dire qu'elle n'a pas été une nation belliqueuse. Même pendant cette dernière période de vingt-cinq années, où l'humanité semble avoir cherché, plus anxieusement que jamais elle n'avait fait jusqu'ici, comment on pourrait éviter la guerre par l'arbitrage, par le compromis, pouvons-nous citer un seul gouvernement, le gouvernement anglais compris, qui ait souscrit à aucun Pacte de Paix, et même au Pacte de la Société des Nations, sans faire, explicitement ou implicitement, quelque réserve ? Je tombais l'autre jour, par hasard, sur un débat qui eut lieu à la Chambre des Communes peu de mois avant la guerre, et dont les protagonistes étaient l'Irlandais Tim Healy, célèbre pour ses réponses primesautières, et lord Hugh Cecil : « Mais qu'est-ce donc qu'une nationalité ? » interrompit lord Hugh Cecil. — « Je vais dire au noble lord, riposta Tim Healy, ce que c'est qu'une nationalité. Une nationalité, c'est une chose pour laquelle l'homme est prêt à mourir. » Fort bien, mais aussi pour laquelle il est prêt à tuer ; et voilà l'obstacle. Du moins le fait demeure que l'homme n'est pas uniquement composé de sens commun et d'intérêt personnel ; telle est sa nature qu'il ne juge pas la vie digne d'être vécue, s'il n'y a pas quelque chose pour quoi il soit prêt à la perdre. Or je vois présentement que des millions d'hommes ?e montrèrent prêts, durant la grande crise mondiale, à donner leur vie pour leurs patries respectives. Combien de millions d'entre eux, ou de centaines de mille, ou de milliers, ou de centaines, seraient prêts à mourir pour la Société des Nations ? Y en aurait-il seulement cent ? Prenez garde, car c'est cela qui est grave. Tant que nous n'aurons pas développé un fanatisme de l'humanité assez puissant pour contrebalancer ou pour absorber nos fanatismes de nationalité, n'allons par charger nos hommes d'État de nos propres péchés. Cherchons plutôt des raisons de les excuser lorsque, à l'occasion, ils se sentent forcés de céder à la pression <le nos émotions fanatiques et désintéressées.

LE SOCIALISME ET LE PROBLÈME DU PARLEMENTARISME DÉMOCRATIQUE [1]

Voulez-vous me permettre de commencer par quelques mots d'explication ? C'est il y a deux mois environ qu'on me demanda de faire cette conférence, et le titre qu'on me proposa alors était *La politique anglaise depuis la guerre*. Je répondis oui pour ce qui était de la conférence, mais je protestai contre l'énormité du sujet. Traiter de toute la politique anglaise depuis la guerre en une heure dépassait mes capacités. Je demandai donc à mon tour si je ne pourrais limiter mon sujet et ne parler que de la politique extérieure ou de la politique intérieure de la Grande-Bretagne. Et ma première idée fut de choisir la politique extérieure. Mais il arriva que, vers Pâques, un groupe d'historiens anglo-français se réunit à Paris. Leur programme me tomba entre les mains, et je constatai que toutes les communications — quatre devaient être faites par es Anglais, deux par des Français — étaient consacrées aux affaires étrangères. Cela me parut un mauvais symptôme. Dites ce que vous voudrez, mais affaires extérieures, cela signifie, en général, guerre. J'abandonnai donc ma première idée, et je me mis à travailler la politique intérieure anglaise. Après tout, la structure intérieure de la société a bien aussi son intérêt, — en réalité, un intérêt plus grand que les rapports extérieurs entre les nations.

Mais je n'étais pas au bout de mes peines. À moi, Français, on demandait de faire ici une conférence sur la politique anglaise. J'avais

---

1 Conférence prononcée à *Chatham House,* le 24 avril 1934.

toujours cru que l'usage, à Chatham House, était de demander aux Hongrois de parler des affaires hongroises, aux Japonais de parler des affaires japonaises, aux Français, de parler de la France. Je me trouve donc placé dans une situation un peu délicate. Je n'ai pas le sentiment, ce soir, d'être un expert qui s'adresse à un groupe de profanes, mais un profane qui parle à un groupe d'experts. Ma façon de tourner la difficulté, ce sera de choisir un sujet général, un problème européen, et d'étudier, d'un point de vue qui n'est pas anglais, quelle forme le problème prend en Angleterre. Comme je suis un historien, ce n'est pas en termes logiques et philosophiques que je vous exposerai quel est ce problème universel, mais au moyen d'une série de faits historiques.

En France, au milieu du XIXe siècle, nous avons eu ce que vous appelleriez une révolution socialiste. Peu de mois plus tard, nous avions Louis Napoléon. L'Italie traversa, après la grande guerre, quelque chose que vous pourriez qualifier, une fois encore, de révolution socialiste : le résultat, ce fut Mussolini. En Allemagne, les socialistes gouvernèrent en fait le pays pendant dix ans : le résultat, ce fut Hitler.

Regardons les choses sous un angle différent. Supposons qu'à la fin du XIXe siècle l'Allemagne ait été gouvernée par un grand parti démocratique. Croyez-vous qu'elle aurait eu les grandes lois d'Assurance de Bismarck ? Ou supposons encore qu'en 1905, au lieu d'un petit Labour Party, qui n'exerçait qu'une sorte de pression morale sur les vieux partis, vous ayez eu un grand Labour Party, avec une majorité réelle à la Chambre des Communes, êtes-vous sûrs que le budget de 1909, et la Loi d'Assurances Nationales de 1911 auraient été votés ? Supposez qu'aux États-Unis il existe un parti du travail digne de ce nom, auriez-vous aujourd'hui — bonne ou mauvaise, la question n'est pas là — l'expérience Roosevelt ? J'en doute.

Pourquoi cette paralysie, cette incapacité des partis socialistes occidentaux ? Tel est le problème que je pose et que je vais tenter de résoudre pour vous ce soir. S'il y a de l'amertume dans mes paroles, ce ne sera pas l'amertume de la haine, mais l'amertume des espérances déçues.

Commençons par parler des chances du Labour Party en Angleterre depuis la guerre. Je pourrais raconter l'histoire sur un

LE SOCIALISME ET LE PROBLÈME DU PARLEMENTARISME DÉMOCRATIQUE

ton joyeux ; rien de plus facile. Je vous montrerais comme quoi la guerre a providentiellement travaillé, et de deux manières, en faveur du Labour Party anglais. D'une part, tous les groupes anti-guerriers, tous ceux que la guerre avait déçus, essaimant vers le Labour Party. D'autre part la guerre elle-même donnant une étrange leçon de socialisme à toutes les classes de la Société. Les plus conservateurs aidant à remettre entre les mains de l'État — afin de presser, d'accélérer le mouvement de la production, — un nombre énorme de fonctions dont jamais, avant la guerre, ils n'auraient songé à se déposséder. Voilà comment, grâce à la guerre, deux courants puissants sont venus grossir le fleuve du Travail. Statistiquement, je vous ferais observer qu'avant la guerre, moins de quarante membres du Labour Party siégeaient à la Chambre des Communes, et que, dans le pays, ils n'avaient probablement pas plus d'un demi-million d'électeurs. Trois ans plus tard, quatre millions. À la fin de 1924, cinq millions et demi, et en 1929, plus de huit millions d'électeurs. Puis vint le recul. Mais, aux dernières élections, il restait aux travaillistes plus de six millions d'électeurs. N'a-t-on pas le droit d'en conclure que l'avenir est à la cause du Travail et du Socialisme anglais ?

Mais quand, à Paris, je parle à mes élèves du mouvement travailliste anglais depuis la guerre, c'est une tout autre histoire que je crois devoir leur raconter — une morne et déprimante histoire, si on la regarde du point de vue du Travail. J'y vois une série de violentes attaques, repoussées par des contre-attaques très réussies — une succession de grosses défaites. Laissez-moi vous raconter, en la résumant, l'histoire des quatre grosses défaites subies par le travaillisme depuis 1918.

La première grande offensive du Travail après la guerre fut menée par les Trade-Unions plus que par les partis politiques. Les travaillistes qui siégeaient au Parlement contemplèrent la chose du dehors et n'en furent pas les chefs. *La « Triple Alliance »* des ouvriers des transports, des mineurs et des cheminots, se ligua pour paralyser toute la vie économique du pays, et pour acculer les classes possédantes à la capitulation. Je me rappelle nettement ces journées, car je fis, à cette époque, un long séjour en Angleterre. Tout le monde croyait que les huit heures seraient votées à bref délai par le Parlement, et qu'un salaire minimum allait être fixé pour le pays tout entier. Tout le monde s'attendait à la nationalisation des chemins de fer et des mines ; et non seulement à la nationalisation, mais, par l'intermédiaire des *Whitley Councils,* au contrôle ouvrier dans les industries nationalisées, et dans toutes les autres industries anglaises. Or, qu'arriva-t-il ? Après deux ans de luttes stériles, qu'obtint-on ? Une loi de sept heures dans les mines, une fusion (mais non pas une nationalisation) des chemins de fer. Et voilà. En fait, rien du tout. Le très habile homme d'État qui avait su déjouer les manœuvres du Parti Travailliste et du Parti Trade-Unioniste en Angleterre, c'était Lloyd George ; et le Parti Travailliste ne le lui a jamais pardonné. Les Conservateurs auraient pu lui en savoir gré, mais ils le détestaient pour d'autres raisons. En 1922 il disparut de la scène après avoir battu le Labour Party.

Vint ensuite, et cette fois sur le terrain politique, ce que j'appellerai la deuxième offensive du Travail. Vous vous rappelez qu'aux élections de 1923 le Parti Conservateur n'obtint pas la majorité des voix à la Chambre des Communes, et que ce furent les Travaillistes, et non plus les Libéraux, qui devinrent le principal parti d'opposition. Libéraux, Conservateurs et Unionistes s'entendirent pour remettre le pouvoir aux mains du Labour Party. Mr. Ramsay MacDonald accepta les fonctions de premier Ministre, et, en très peu de temps, il réussit à mettre sur pied un Cabinet qui, politiquement, intellectuellement, moralement et socialement, était certes des plus respectables. Qu'arriva-t-il alors ? Libéraux et Conservateurs s'étaient entendus pour confier le pouvoir à Mr. Mac Donald dans le but bien défini de chasser les Français hors de la Ruhr. Dès que la chose fut faite, ils s'aperçurent que Mr. Mac Donald était en train de lier la Grande-Bretagne à la Société des Nations un peu plus étroitement qu'ils ne le jugeaient nécessaire ; et aussi que Mr. Mac Donald travaillait à un *rapprochement* avec la Russie Soviétique, qui ne rentrait pas du tout dans leurs plans. Ils s'entendirent donc pour le jeter par-dessus bord, et Mr. Mac Donald disparut. Ce fut la seconde défaite du Labour Party. Il en a connues de pires au cours de son histoire : cette fois il avait tout au moins obtenu un résultat, en prouvant que le Labour Party avait été, et pourrait donc éventuellement redevenir, un parti capable de gouverner le pays. Mais ce n'en était pas moins une défaite.

Vient maintenant l'offensive numéro trois, qui nous ramène du terrain politique sur le terrain syndical. Le problème minier revient au premier plan. Rappelez-vous qu'en 1922-1923 vos mines traversaient une ère de prospérité. C'était le temps de la grosse grève des mines d'anthracite de Pennsylvanie. C'était aussi le temps de l'occupation de la Ruhr et de la résistance passive des mineurs allemands. Ces deux faits aidaient à maintenir très haut le prix du charbon anglais. Mais quand la question de la Ruhr eut été réglée et que les mineurs allemands se remirent au travail, la concurrence s'intensifia, le prix du charbon anglais tomba, et la situation des mines anglaises devint critique. Les propriétaires demandèrent plus d'heures de travail et de plus bas salaires. Les socialistes demandèrent la reprise des droits tréfonciers par l'État, la nationalisation des mines ou tout au moins la réorganisation de toutes les mines anglaises d'après un plan unique. En 1925, il sembla bien que le conflit était imminent. Grâce à l'heureuse intervention de Mr. Stanley Baldwin, une rupture fut pendant quelque temps évitée, mais, au bout de huit ou neuf mois, la grève générale éclata. Elle ne dura guère plus d'une semaine ; la lutte désespérée des mineurs, abandonnés à eux-mêmes, se prolongea pendant presque sept mois. Le résultat, vous le connaissez tous.

Ion seulement les mineurs n'obtinrent rien de ce qu'ils demandaient, mais ils durent accepter des salaires réduits, et l'abandon de la loi de sept heures obtenue en 19.19. Et un an plus tard, la loi sur les Trade-Unions fut votée : mesure extraordinairement réactionnaire. 1° toute grève de sympathie y était déclarée illégale ; 2° on défendait aux fonctionnaires de faire partie des syndicats affiliés au Congrès des Trade-Unions ; 3° les « piquets de grève » étaient définis en termes très durs, plus durs qu'on ne l'avait jamais fait depuis 1871 ; 4° il fut rendu difficile aux syndicats d'obtenir des souscriptions pour des fonds politiques. Défaite grave, dont on ne s'est jamais relevé.

Nous arrivons maintenant à la quatrième offensive : un triomphe pour le Labour Party, en apparence tout au moins. Ce fut en 1929. Les élections avaient donné aux travaillistes, sinon la majorité absolue, tout au moins quelque chose qui s'en rapprochait beaucoup. Survint alors la crise mondiale qui, se superposant à l'état de dépression chronique dont l'Angleterre souffrait depuis des années, rendit la situation vraiment intolérable. N'alliez-vous pas voir le nombre de vos chômeurs atteindre le deuxième million ? Ceux qu'il fallut mettre à l'abri de la famine dépassèrent bientôt ce chiffre. Devant cet état de choses, les socialistes avaient leur explication toute prête : une explication qui, à première vue, paraît tout à fait plausible. Ces crises, disaient-ils, sont des crises de surproduction, rendues inévitables par un système qui a le salaire pour base. Avec une petite minorité de capitalistes et une grande majorité de salariés, où le profit de l'industrie pourrait il aller ? S'il ne s'en va pas sur des marchés étrangers non encore industrialisés, il ne pourra jamais être absorbé, puisque les pauvres sont trop pauvres pour racheter, avec leurs salaires, tout le produit de leur travail ; ou bien alors il ne resterait rien pour faire le profit du capitaliste. Donc, tel est l'argument — ce qu'il faut, c'est mettre l'État en possession de tous les capitaux, et fonder une société qui reposera sur la consommation et non sur le profit. Et voilà où commence, selon moi, la tragédie. Avant les élections générales les chefs travaillistes avaient, semblait-il, trouvé commode d'ignorer la question du chômage. Ils auraient probablement continué à l'ignorer si Mr. Lloyd George, chef du parti libéral, ne les avait obligés, en lançant son propre programme, à affronter ce qui, d'un point de vue strictement socialiste, aurait dû être le pivot de leur élection. Mr. MacDonald réunit un petit Comité qu'on chargea d'étudier le problème. Il se composait de trois membres : Mr. Thomas, président, Mr. Lansbury et sir Oswald Mosley. Ce dernier insista pour que quelque chose fût fait, dans un esprit socialiste ; tout ce qu'il obtint, ce fut de se rendre très impopulaire dans les rangs de son parti. Vous savez ce qui s'ensuivit. Dégoûté, il se détacha des socialistes et devint le chef de ce qu'on appelle aujourd'hui le parti fasciste anglais, tandis que Mr. Ramsay MacDonald, Mr. Thomas et Mr. Snowden — aujourd'hui lord Snowden — disparaissaient au sein du parti Conservateur. Bizarre ironie ! Le parti qui était censé détenir la clef du problème se trouvait incapable de le résoudre, désespéré même à la pensée qu'on pourrait lui demander de le résoudre. Je sais, naturellement, quelle était leur excuse : ils ne pouvaient rien faire parce qu'ils n'avaient pas la majorité absolue. Mais n'étaient-ils pas, au fond de leur cœur, ravis de ne pas l'avoir, parce que les responsabilités du pouvoir les épouvantaient ? Je vous l'avoue franchement, je frissonne en pensant au jour où le

Labour Party pourrait avoir une majorité absolue, et cela, non par amour pour le capitalisme, mais par amour pour le socialisme.

Telle est la difficulté, et peut-être m'y suis-je attardé trop longtemps. Je veux maintenant essayer d'expliquer quelle est, selon moi, la solution du problème ; et je diviserai mon explication en trois parties.

Ma première explication, c'est que je crois qu'il y a une grande différence entre les désirs de ceux qui votent pour un candidat travailliste et ce programme compliqué qu'est le programme socialiste. Je ne pense pas seulement à ceux qui, pour des raisons sentimentales et parfaitement respectables, ont passé au travaillisme parce qu'ils étaient, non pas des travaillistes, mais des pacifistes. Je me rappelle un livre qui décrit ce groupe particulier d'adeptes du Labour Party, et qui a pour titre *Les Mugwumps et le Labour Party*. J'avoue ne pas connaître le sens du mot « Mugwumps » ; mais il sonne bien et le livre m'a amusé. Je pense à l'ouvrier moyen qui, normalement, vote pour le Labour Party. Que désire-t-il quand il vote ainsi ? Il veut un salaire plus élevé, moins d'heures de travail, et de meilleures conditions d'existence. Quand le parti socialiste lui explique abstraitement, et en termes pour lui presque inintelligibles, qu'il ne pourra obtenir tout cela que par la nationalisation des moyens de production, de distribution et d'échange, il ne se donne absolument pas la peine de comprendre ces difficiles paroles. Il lui suffit d'obtenir une partie de ce qu'il désire grâce à une première forme de socialisme que j'appellerai, moi, non socialisme mais fiscalisme, le socialisme d'avant guerre pratiqué par des hommes tels que Mr. Lloyd George, Mr. Winston Churchill et même par Mr. Philip Snowden. Voici en quoi il consiste : laisser intact le système qui a le profit pour base, et prendre l'argent de la poche des capitalistes pour le mettre dans la poche des ouvriers. Mr. Snowden disait à cette époque qu'un bon budget, c'est un budget qui fait le riche moins riche et le pauvre moins pauvre. Et le système fonctionna parfaitement tant que les affaires furent aussi prospères qu'elles l'étaient juste avant la guerre. Une partie des profits passait indirectement dans la poche des ouvriers sous forme de pensions pour la vieillesse, d'assurances contre tel ou tel risque qui les menaçait, et ainsi de suite. Mais les profits augmentaient en même temps, et il est difficile de savoir, statistiquement, si pendant que les pauvres devenaient moins pauvres, les riches devenaient effectivement moins riches. Je me demande même si les pauvres devenaient moins pauvres. À cette époque, le grand mouvement ascensionnel des prix avait déjà commencé, et pendant que les salaires-argent montaient, les salaires-réels tombaient ; il est donc difficile de dire si des avantages secondaires tels qu'assurances et pensions, arrivaient à compenser la chute des salaires réels. Le fiscalisme fait ce qu'il peut pour rendre difficile la vie du capitaliste, mais il ne fait rien pour changer le système qui repose sur le profit, tout en rendant parfois le bon fonctionnement de ce système impossible. Il vous faut, si vous êtes réellement socialiste, aller plus loin, jusqu'au socialisme au sens propre du mot.

La première idée des socialistes mécontents, ce fut le syndicalisme. Pour les uns, elle prit la forme extrême du syndicalisme français, pour les autres, la nouvelle forme anglaise du socialisme de Guilde, selon lequel les syndicats devraient s'emparer, à l'intérieur de chaque industrie, d'une part de plus en plus grande du contrôle pour rendre ainsi, par l'intermédiaire de leurs chefs, les ouvriers maîtres de l'atelier. Mais tout cela est bien oublié ; Le fondateur même du mouvement, Mr. G.-D.-H. Cole, n'en parle plus jamais aujourd'hui. Et pourquoi le système fit-il faillite ? Je crois que c'est à la psychologie des ouvriers qu'il faut attribuer cet échec. Ils veulent de meilleures conditions d'existence, de plus hauts salaires, moins d'heures de travail. Mais les responsabilités de la direction des affaires les effraient ; ils les abandonnent volontiers aux capitaines d'industrie.

Et voilà comment on se trouve rejeté vers le socialisme d'État ; ce socialisme d'État que Mr. et Mrs Sydney Webb qualifient de « Gouvernement des experts », et qui, éventuellement, devra contrôler tout le capital de la nation au nom de la communauté. Mais je constate à regret que le Labour Party ne semble pas avoir fait grand'chose dans cette direction ; peut-être parce que la masse des ouvriers ne s'en soucie guère, pourvu qu'elle obtienne moins d'heures de travail et de plus hauts salaires sous un système capitaliste. Il y a bien eu une tentative de réorganisation des mines ; mais ce ne sont pas les Travaillistes, ce sont les Conservateurs qui ont entrepris ce travail. Je crois même, en fait, que lorsque la Loi sur les Mines de Charbon fut votée au Parlement, à une époque

LE SOCIALISME ET LE PROBLÈME DU PARLEMENTARISME DÉMOCRATIQUE

où le Cabinet travailliste était au pouvoir, ce cabinet oublia complètement d'y introduire une clause de réorganisation : ce furent les Libéraux qui obligèrent les Travaillistes à rédiger, cette clause, et à rendre ainsi la loi plus « socialiste » que les Travaillistes ne l'auraient voulu.

Quand je dis que le Socialisme d'État n'éveille, dans l'électorat travailliste, aucun sentiment d'intérêt immédiat, j'exagère peut-être un peu ; et ceci m'amène à la seconde partie de mes observations. Je crois qu'un vaste système de travaux publics, lancé, par le Gouvernement, contrôlé par le Gouvernement, dirigé par des fonctionnaires gouvernementaux, peut faire appel aux sentiments de la multitude. Voyez Staline en Russie et son plan quinquennal. Voyez Mussolini en Italie et Hitler en Allemagne. Mais il faut que la chose vienne d'en haut. Et le malheur, en Grande-Bretagne et dans tout l'Ouest de l'Europe, c'est que les chefs socialistes ne semblent pas avoir assez d'imagination pour lancer des plans de ce genre. Quelle sorte d'hommes sont, en Angleterre, les chefs travaillistes ? Non pas des intellectuels, mais des trade-unionistes, des individus très sympathiques, travailleurs, plutôt timides, très conservateurs, qui, avant d'arriver au Parlement, ont appris à négocier pacifiquement avec les capitaines d'industrie, afin de leur arracher les meilleures conditions de travail possibles pour leur clientèle. L'idée que le secrétaire du Syndicat des Travailleurs du Fer et de l'Acier, ou de telle ou telle industrie, pourrait un jour prendre la place des capitaines d'industrie, n'a jamais traversé leur esprit. Ce qu'ils envisagent, c'est tout au plus une monarchie limitée, qui contrôle, limite à son tour les capitaines d'industrie, et obtient de meilleures conditions de travail pour ceux dont ils sont les représentants. Ce sont des Parlementaires nés. Or, si vous allez à la racine de l'idée parlementaire, vous verrez que le système n'est pas un système qui veut faire l'État fort, mais un système qui veut rendre l'État faible, au nom de la liberté. Ce qui est tragique, c'est que les chefs travaillistes sont des hommes dont la doctrine exigerait qu'ils fassent l'État plus fort, et dont le bon vieil instinct britannique est de faire l'État aussi faible que possible.

Je parlais du dramatique incident Mosley. J'en viens à l'incident, plus récent et non moins dramatique, de sir Stafford Cripps. Vous avez peut-être remarqué que, non seulement en Grande-Bretagne mais dans toute l'Europe, le socialisme, quand il dénonce le capitalisme, a légèrement déplacé son angle d'attaque. Au temps de Karl Marx, c'était au capital industriel, au capital qui était aux mains des grands industriels, qu'ils s'en prenaient ; le profit financier était oublié, car il restait faible si on le comparait aux profits qu'on tirait des usines. Mais le temps passa, les capitaines d'industrie devinrent moins puissants, et, petit à petit, le capital financier devint de plus en plus considérable. Le but que visent maintenant les partis socialistes de l'Europe tout entière c'est de s'emparer, non plus, en premier lieu, du capital industriel, mais des dépôts dans les grandes banques. Un gouvernement socialiste arrivant au pouvoir en Angleterre devra donc nationaliser tout d'abord non seulement la Banque d'Angleterre, mais les cinq grands établissements de crédit (Big Five) [1]. Sir Stafford Cripps exposa ce plan. Il expliqua aussi que, deux ans auparavant, un gouvernement tory n'avait pu mettre les choses au point pour les capitalistes qu'en réclamant, et en obtenant, les pleins pouvoirs, Que par conséquent, le jour où un ministère socialiste à intentions socialistes — (naturellement ce n'était là qu'une hypothèse) — prendrait la tête des affaires, il devrait demander les pleins pouvoirs. Il observa que la position du gouvernement socialiste serait plus difficile que ne l'avait été celle du gouvernement conservateur, parce que celui-ci était sûr que la Chambre des Lords lui accorderait immédiatement les pleins pouvoirs, tandis qu'il n'en irait pas de même pour un Ministère travailliste. Il dit qu'un gouvernement socialiste devrait donc immédiatement demander les pleins pouvoirs, et que si, par hypothèse, la Chambre des Lords les lui refusait, il devrait adopter des mesures dans le genre de celles qu'on avait adoptées en 1910 et en 1911, pour obliger les deux Chambres à voter le Budget et la Loi Parlementaire. Cette façon de présenter les choses n'avait rien d'extrêmement révolutionnaire ; tout au plus pouvait-elle paraître légèrement dictatoriale ; rien de ce qu'il demandait, si l'on se place au point de vue de la procédure légale, ne pouvait paraître très neuf. Mais ce fut assez pour déchaîner la fureur du monde travailliste. Sir Stafford Cripps fut dénoncé comme attentant aux libertés anglaises, d'abord par le Congrès des Trade-Unions, puis

---

1 On désigne sous le nom de « Big Five » en Angleterre les cinq principaux établissements de crédit, qui sont : La Westminster Bank, la 'National Provincial Bank, la Midland Bank, la Lloyd Bank, la Barclay Bank.

LE SOCIALISME ET LE PROBLÈME DU PARLEMENTARISME DÉMOCRATIQUE

par le Congrès du Labour Party ; et, finalement le Labour Party jugea nécessaire de se réunir en conférence spéciale, en janvier, pour répéter les mêmes choses une fois encore, et pour affirmer que lorsqu'il obtiendrait le pouvoir, il devrait toujours se conformer aux méthodes les plus strictement constitutionnelles.

Vous pouvez dire que le programme en lui-même était dangereux et que vous ne vous souciez pas de voir nationaliser la Banque d'Angleterre et vos cinq principaux établissements de crédit. Mais c'est exactement là où je voulais en venir. Cette revendication est, en somme, la première sur le programme des Travaillistes. Donc, quand d'une part ils disent qu'ils veulent quelque chose, et que d'autre part ils ne veulent pas des moyens par lesquels ils pourraient l'obtenir, on peut légitimement se demander quel est le fond de leur pensée. Je crains que leur état d'esprit ne soit plus Whig que Socialiste, et que loin de vouloir fortifier l'État contre les capitalistes, ils ne veuillent protéger les individus contre l'État.

J'irai même plus loin, et ce sera la troisième et dernière partie de mes observations, en vous demandant si la doctrine socialiste elle-même n'est pas tout entière minée par une contradiction interne. Les socialistes croient en deux choses qui sont absolument différentes, et peut-être même contradictoires : liberté — organisation. Entre l'une et l'autre, ils tombent par terre.

Je sais que je m'adresse à un auditoire anglais et que personne mieux que les Anglais n'est capable de comprendre ce que les philosophes hégéliens appellent « l'identité des contraires ». Mais j'ai peur que, même à des Anglais, la logique ne s'impose ici. Car vous devez faire face à une difficulté qui est à la fois logique et historique.

L'idéal de la liberté anglaise au XVIIIe siècle, c'était l'idée d'un Parlement contrôlant étroitement l'aristocratie et la monarchie, l'idée paradoxale que si l'on veut donner une base solide à la société il faut non pas obéir à ceux qui nous gouvernent, mais leur désobéir, les surveiller, leur rendre les choses difficiles. Puis vinrent les économistes politiques, Adam Smith, Ricardo, et leurs propagandistes, Cobden et Bright, qui ajoutèrent quelque chose à la définition du Libéralisme anglais en rendant, en fait, l'État évanescent ; il y réussirent en réduisant hardiment à l'extrême minimum possible les fonctions de l'État, en visant ce que Huxley appela « le nihilisme administratif », en ne laissant rien à l'État, si ce n'est le droit d'abdiquer, et en permettant tout simplement aux individus d'échanger librement le produit de leurs travaux respectifs. Je crois que vous tomberez d'accord avec moi pour reconnaître qu'entre 1840 et 1850 le Libéralisme anglais atteignit son apogée. L'Europe entière admira alors l'Angleterre comme le centre de la civilisation occidentale. Notre tyran français lui-même, Napoléon III, fut captivé par la propagande libre-échangiste anglaise. Vint ensuite l'ascension de Bismarck, et peu à peu, à mesure que l'Empire allemand impressionnait le monde par le spectacle de son organisation, les méthodes bismarckiennes éclipsaient l'idéal anglais de liberté, l'idée hégélienne de l'État éclipsait l'idée de l'État évanescent.

Le problème que les socialistes ont aujourd'hui tant de peine à résoudre c'est : comment concilier ces deux idées. Prenez le libre-échange. En Grande-Bretagne et dans l'Europe tout entière les socialistes aiment à dire, vaguement, sentimentalement, qu'ils sont libre-échangistes ; peut-être est-ce en partie parce que le protectionnisme étant agrarien, le libre-échange, dans des États industriels, signifie le pain à bon marché pour les ouvriers, mais aussi parce que, sentimentalement, ils sont des internationalistes, et que libre-échange signifie internationalisme. Aux dernières élections on a encore pu dire que les socialistes, d'une manière plus ou moins vague, combattaient pour le libre-échange, mais quand vous êtes devenus un pays protectionniste, impitoyablement protectionniste, — non par un vote à la Chambre des Communes mais par ordre administratif — le Labour Party a-t-il jamais protesté ? Et si les travaillistes revenaient au pouvoir n'accepteraient-ils pas le protectionnisme comme allant de soi ? En fait, pourquoi pas ? Si vous commencez par admettre que l'État doit fixer les salaires et limiter les profits, pourquoi n'admettriez-vous pas que l'État fixe les prix au moyen du protectionnisme, ou de toute autre mesure étatiste ?

Mais cet État auquel vous faites appel — il vous faut accepter le fait — c'est l'État national et traditionnel, avec tout son appareil militaire et naval. Il est étrange de voir combien, en Angleterre, l'esprit du libre-échange a survécu à l'établissement du protectionnisme. Mais il vous faut comprendre que vous êtes devenus un pays protectionniste, et qu'étant devenus protectionnistes, vous êtes, du même coup, devenus nationalistes. Je connais un certain nombre de socialistes intellectuels qui se qualifient simultanément de radicaux protectionnistes et de radicaux pacifistes. Je ne comprends pas comment ils peuvent être l'un et l'autre en même temps. Sir Oswald Mosley, dans un discours à l'Albert Hall, a déclaré l'autre jour que, lorsque l'esprit fasciste aura gagné toutes les nations d'Europe, et qu'elles se suffiront toutes à elles-mêmes, la paix sera assurée. Je confesse ne pas saisir la logique de son argumentation. Dès l'instant que vous acceptez quelque chose qui ressemble au protectionnisme, il vous faut aussi accepter quelque chose qui ressemble au nationalisme ? Et pouvez-vous avoir un nationalisme qui ne s'accompagne pas de militarisme ? L'hiver dernier je fus frappé, en lisant un discours prononcé par sir Stafford Cripps à une réunion publique, de l'entendre se qualifier de « pacifiste intégral ». Je sais qu'en ce moment même il prononce, au Canada, des discours intensément pacifistes, mais je ne puis oublier combien sa déclaration précédente m'impressionna. Je vais faire une prophétie hardie, peut-être absurde. Mais qui sait ? Le père de sir Stafford Cripps, après avoir été un conservateur, passa au travaillisme parce qu'il était un pacifiste. Qui sait si sir Stafford Cripps, au contraire, ne découvrira pas un jour qu'il glisse vers le patriotisme, peut-être même vers quelque chose qui ressemble au militarisme, parce qu'il est socialiste ?

Quand j'étais un jeune homme, Herbert Spencer venait d'écrire un livre intitulé *Man versus State*. Ce qu'il prophétisait, c'était l'évolution du monde vers ce qu'il appelait le nouveau Torysme — protecteur, socialiste, militaire. Le livre passe pour démodé ; qui sait si la prophétie ne va pas se réaliser ? Cette chose, vous ne l'appelez pas « nouveau Torysme », vous l'appelez « le nouveau despotisme ».

Je sais que ce que je viens de dire est trop logique, trop nettement découpé pour le climat, pour l'atmosphère anglaise, heureusement pour ceux qui y vivent. Je sais que, quoique vous croyiez vous cramponner au parlementarisme, vous êtes, en réalité, un pays où l'exécutif devient de plus en plus fort. Le processus commença avec la clôture : puis la clôture se perfectionna ; il y eut la « guillotine », il y eut le système du « kangourou », et ainsi de suite. Vint la guerre, et des méthodes plus dictatoriales encore furent employées : les pleins pouvoirs et le gouvernement par décret loi.

Quand on vient de France, où le parlementarisme fonctionne mal, on s ;nt qu'en Angleterre la machine a été modifiée de manière à pouvoir marcher avec la perfection, avec la rapidité d'un mouvement d'horlogerie. Je sais que vous possédez l'art de garder la forme, et quelque chose de plus que la forme, des vieilles institutions, tout en les lançant dans de nouvelles directions. Le jour où vous êtes devenus un pays extrêmement démocratique, vous avez respecté la forme, et plus que la forme, d'une aristocratie et d'une monarchie héréditaires. Il se peut que tout en rendant votre constitution de plus en plus dictatoriale vous arriviez à conserver la forme, et quelque chose de plus que la forme, du système parlementaire.

Peu importe : le problème demeure, un problème difficile et angoissant. De retour en Angleterre après une absence de quelques mois, je sens qu'il me faut l'affronter. Vous avez ici un Gouvernement qui a, on peut le dire, réussi. Vous avez un budget en équilibre, un excédent d'exportations, une diminution du nombre des chômeurs, et, cependant, pourquoi ai-je trouvé partout un sentiment, vague et étrange, de mécontentement ? Oui, pourquoi ? Je veux bien croire que les vieux hommes d'État, Mr. Stanley Baldwin et Mr. Ramsay Mac Donald du côté conservateur, Mr. Henderson et Mr. Lansbury du côté des révolutionnaires, sont tout à fait satisfaits de l'état présent des affaires. Mais si vous prenez les hommes plus jeunes, les enfants de la guerre, de cette guerre qui devait faire du monde un lieu sûr pour la démocratie, mais qui semble bien leur avoir enseigné de tout autres leçons, l'attitude est bien différente. Regardez à gauche, vous trouvez sir Stafford Cripps ; regardez à droite, vous trouvez lord Eustache Percy ; regardez — dirais-je au centre ? Non, pas exactement, mais vers quelque chose qui n'est, en réalité, ni la droite, ni la gauche, ni le centre, — vous trouvez sir Oswald Mosley : quelles que soient les différences qui les séparent, ils ont quelque chose en commun.

Quand j'étais un écolier, entre 1880 et 1890, la mode était de faire ce qu'on appelait des « photographies composites » (ou composées). Vous mettiez successivement tous les membres d'une famille devant le même appareil photographique : juste le temps d'une pose rapide, ce qu'il fallait pour obtenir une légère image de chacun. Mais si tous les membres de la famille avaient quelque trait commun, ce trait ressortait puissamment, et vous aviez ainsi l'image non de tel ou tel membre de la famille, mais de la famille tout entière. Eh bien, si vous pouviez obtenir une photographie composite de lord Eustache Percy, de sir Oswald Mosley et de sir Stafford Cripps, je crois que vous trouveriez ce trait commun : qu'ils sont tous d'accord pour dire : « Nous vivons dans un chaos économique et seules des mesures plus ou moins dictatoriales pourront nous en tirer. » Dois-je en conclure que c'est là un phénomène purement superficiel, une pauvre imitation de ce qui se passe sur le continent, le remous du phénomène continental, auquel il ne faut pas attacher trop d'importance ? Peut-être. Mais peut-être aussi la cause en est-elle plus profondes, la même en Grande-Bretagne que sur le Continent. Peut-être cette cause est-elle celle-ci : que le socialisme a paru, mais que pour les raisons que j'ai tenté d'analyser, il a paru sous la forme d'un parti inerte, paralytique. Il a éveillé des espérances qu'il n'a pas su satisfaire. Tel est mon problème, telle est l'explication que j'en suggère. Je sens que j'ai peut-être été indiscret, téméraire. Je m'en excuse d'avance. Vous m'avez demandé de traiter un sujet anglais, et je vous ai obéi. Je crois qu'il y aura, quand j'aurai terminé, ce que vous appelez une discussion. Je refuse de l'appeler discussion. Je vous demande, vous que je considère comme les experts de cet aspect britannique du problème, de m'expliquer, à moi qui suis le profane, ce que vous pensez de mon diagnostic. Je suis tout prêt à vous entendre critiquer mes assertions, à vous entendre les rectifier, à vous voir me mettre en morceaux. J'ai parlé assez longtemps. Je suis heureux de reprendre le rôle qui, en Angleterre, est mon rôle normal : celui d'un homme qui vient pour apprendre et non pour enseigner.

L'ÈRE DES TYRANNIES [1]

M. Élie Halévy, *professeur à l'École des Sciences politiques, a soumis sous ce titre à la* Société française de Philosophie *les considérations suivantes :*

Le socialisme, depuis sa naissance, au début du XIXe siècle, souffre d'une contradiction interne. D'une part, il est souvent présenté,

[1] Séance de la *Société française de Philosophie* du 28 novembre 1936.

par ceux qui sont les adeptes de cette doctrine, comme l'aboutissement et l'achèvement de la Révolution de 1789, qui fut une révolution de la liberté, comme une libération du dernier asservissement qui subsiste après que tous les autres ont été détruits : l'asservissement du travail par le capital. Mais il est aussi, d'autre part, réaction contre l'individualisme et le libéralisme ; il nous propose une nouvelle organisation par contrainte à la place des organisations périmées que la Révolution a détruites :

a) Le socialisme, sous sa forme primitive, n'est ni libéral, ni démocratique, il est organisateur et hiérarchique. Voir en particulier le socialisme saint-simonien ;

b) La révolution socialiste de 1848 aboutit, par un double mouvement de réaction contre l'anarchie socialiste et de développement du principe organisateur que recèle le socialisme, au césarisme de 1851 (très influencé par le saint-simonisme) ;

c) À l'origine du Socialisme démocratique allemand, il y a Karl Marx, internationaliste, fondateur de l'internationale, et qui aspire à un état définitif du genre humain qui sera d'anarchie en même temps que de communisme. Mais il y a aussi Ferdinand Lassalle, nationaliste en même temps que socialiste, inspirateur direct de la « monarchie sociale » de Bismarck.

Ces remarques nous semblent trouver une confirmation sensationnelle dans l'évolution générale de la société européenne, depuis le début de la Grande Guerre et l'ouverture de ce que nous proposons d'appeler l'ère des tyrannies [1].

1 Je me bornerai à dire deux mots sur les raisons qui m'ont amené à préférer le vocable « tyrannie » au vocable « dictature ». C'est que le mot latin de dictature implique l'idée d'un régime provisoire, qui laisse intact, à la longue, un régime de liberté, considéré, malgré tout, comme normal. Tandis que le mot grec de tyrannie exprime l'idée d'une forme normale de gouvernement, que l'observateur scientifique des sociétés doit ranger à côté des autres formes normales : royauté, aristocratie, et démocratie. On ne saurait donc parler d'une « ère des dictatures ». Il m'est apparu d'ailleurs — sans connaître suffisamment, je l'avoue, l'histoire du monde antique, mais je suis heureux d'avoir reçu, sur ce point, l'approbation sans réserve de Marcel Mauss — que les analyses complémentaires de Platon et d'Aristote sur la manière dont s'opéra dans le monde antique le passage de la démocratie à la tyrannie trouvent une application profonde aux phénomènes historiques dont nous sommes aujourd'hui les spectateurs.

*
* *

L'ère des tyrannies date du mois d'août 1914, en d'autres termes du moment où les nations belligérantes adoptèrent un régime qu'on peut définir de la façon suivante :

a) Au point de vue économique, étatisation extrêmement étendue de tous les moyens de production, de distribution et d'échange ; —- et, d'autre part, appel des gouvernements aux chefs des organisations ouvrières pour les aider dans ce travail d'étatisation — donc syndicalisme, corporatisme, en même temps qu'étatisme ;

b) Au point de vue intellectuel, étatisation de la pensée, cette étatisation prenant elle-même deux formes : l'une négative, par la suppression de toutes les expressions d'une opinion jugée défavorable à l'intérêt national ; l'autre positive, par ce que nous appellerons l'organisation de l'enthousiasme.

*
* *

C'est de ce régime de guerre, beaucoup plus que de la doctrine marxiste, que dérive tout le socialisme d'après-guerre. Le paradoxe du socialisme d'après-guerre c'est qu'il recrute des adeptes qui viennent à lui par haine et dégoût de la guerre, et qu'il leur propose un programme qui consiste dans la prolongation du régime de guerre en temps de paix. Le bolchevisme russe a présenté, pour commencer, les caractères que nous disons. La Révolution russe, née d'un mouvement de révolte contre la guerre, s'est consolidée, organisée, sous la forme du « communisme de guerre » pendant les deux années de guerre avec les armées alliées qui vont de la paix de Brest-Litowsk à la victoire définitive des armées communistes en 1920. Un trait nouveau s'ajoute ici à ceux que nous avons définis plus haut. En raison de l'effondrement anarchique, de la disparition totale de l'État, un groupe d'hommes armés, animés par une foi commune, a décrété qu'il était l'État : le soviétisme, sous cette forme, est, à la lettre, un « fascisme ».

*
* *

Dans l'Europe centrale, c'est précisément le « fascisme », imitation directe des méthodes russes de gouvernement, qui a réagi contre l'« anarchie » socialiste. Mais il s'est trouvé amené à constituer, sous le nom de « corporatisme », une sorte de contre-socialisme, que nous sommes disposé à prendre plus au sérieux qu'on ne fait généralement dans les milieux antifascistes, et qui consiste dans une étatisation croissante, avec collaboration de certains éléments ouvriers, de la société économique. Nous définirons de la manière suivante la contradiction interne dont souffre la société européenne. Les partis conservateurs demandent le renforcement presque indéfini de l'État avec la réduction presque indéfinie de ses fonctions économiques. Les partis socialistes demandent l'extension indéfinie des fonctions de l'État et, en même temps, l'affaiblissement indéfini de son autorité. La solution par conciliation, c'est le « socialisme national ».

Quelles sont, pour les nouveaux régimes, les chances de propagation ultérieures ? Quelles sont les possibilités de décomposition interne ? Mais surtout, l'explication que nous avons tenté de donner à leur genèse, par la nature contradictoire de l'essence du socialisme, est-elle valable ? Voilà les questions que nous soumettons à l'examen de la *Société de Philosophie.*

COMPTE RENDU DE LA SÉANCE

M. L. BRUNSCHVICG. — Messieurs, la séance d'aujourd'hui fait suite à un entretien que Xavier Léon avait organisé le 29 mars 1902. Le sujet en était : *Le Matérialisme historique ;* l'interlocuteur principal, Élie Halévy ; le protagoniste, Georges Sorel [1].

Depuis lors, bien des événements se sont passés, auxquels n'a pas été étranger l'auteur des *Illusions du Progrès* et des *Réflexions sur la violence.*

M. Élie HALÉVY. — Nous reprenons, si on veut, l'entretien de 1902. Le sujet que je soumets à votre examen est cependant bien distinct de celui qui était soumis, en 1902, à l'examen de la Société de Phi-

---

[1] L'intervention d'Élie Halévy à laquelle M. Brunschvicg fait allusion est reproduite dans l'Appendice I.

losophie. Il sera souvent question, aujourd'hui comme alors, de Marx et du marxisme. Mais ce sera sous un angle très différent. Il s'agissait alors, comme vous disait Brunschvicg, du « matérialisme historique », en d'autres termes d'une certaine interprétation philosophique de l'histoire qui n'est pas indissolublement liée à l'interprétation socialiste de l'histoire. Il s'agit aujourd'hui du socialisme pris en soi (et non pas exclusivement du socialisme marxiste), de sa destinée, et de la forme que prend son influence sur la destinée du genre humain.

J'ai l'intention d'être court, afin de laisser à autant de personnes que possible le loisir de parler après moi ; et j'oserai, usurpant, si Brunschvicg le permet, sur ses fonctions présidentielles, demander à ceux qui me répondront de suivre sur ce point mon exemple, afin de laisser le débat se dérouler dans toute son ampleur. Je n'ai pas l'intention de répéter, encore moins de développer, le texte imprimé qui a été adressé à tous les membres de la Société. Je me bornerai, pour ouvrir le débat, à présenter quelques observations personnelles. Non que j'attache une importance spéciale à ma personnalité ; mais pour encourager ceux qui parleront après moi à suivre mon exemple. De la confrontation de nos « expériences », il jaillira peut-être quelque lumière sur le gros problème qui ne peut manquer de passionner, ou tout au moins de troubler, les consciences de tous ceux qui sont ici.

Je vous rappellerai donc qu'en mars 1902, lorsqu'eut lieu la séance à laquelle Brunschvicg faisait allusion, il y avait quelques mois que j'avais commencé d'enseigner, à l'École des Sciences Politiques, l'histoire du Socialisme européen au XIXe siècle. Depuis le mois de novembre 1901, tous les deux ans, j'ai enseigné cette histoire. J'ai donc, pour parler de socialisme, non pas en partisan, mais en historien, une certaine compétence. Max Lazard, que je vois ici, et qui n'est plus un très jeune homme, a suivi ce cours voilà bien une trentaine d'années. Or, quelle était, en ce qui concerne le socialisme, mon attitude intellectuelle, lorsque j'acceptai d'entreprendre ce cours ? Autant qu'il me souvient, voici :

Je n'étais pas socialiste. J'étais « libéral » en ce sens que j'étais anticlérical, démocrate, républicain, disons d'un seul mot qui était alors lourd de sens : un « dreyfusard ». Mais je n'étais pas socialiste. Et pourquoi ? C'est, j'en suis persuadé, pour un motif dont je n'ai aucune raison d'être fier. C'est que je suis né cinq ou six ans trop tôt. Mes années d'École Normale vont de l'automne 1889, juste après l'effondrement du boulangisme, à l'été de 1892, juste avant le début de la crise du Panama. Années de calme plat : au cours de ces trois années, je n'ai pas connu à l'École Normale un seul socialiste. Si j'avais eu cinq ans de moins, si j'avais été à l'École Normale au cours des années qui vont des environs de 1895 aux environs de 1900 ; si j'avais été le camarade de Mathiez, de Péguy, d'Albert Thomas, il est extrêmement probable qu'à vingt-et-un ans j'aurais été socialiste, quitte à évoluer ensuite, il m'est impossible de deviner en quel sens. Lorsque, appliquant à nous-mêmes les méthodes de la recherche historique, nous sommes amenés à découvrir les raisons de nos convictions, nous constatons souvent qu'elles sont accidentelles, qu'elles tiennent à des circonstances dont, nous n'avons pas été les maîtres. Et peut-être y a-t-il là une leçon de tolérance. Si on a bien compris cela, on est conduit à se demander s'il vaut la peine de se massacrer les uns les autres pour des convictions dont l'origine est si fragile.

Je n'étais pas socialiste, et cependant j'avais déjà une connaissance assez approfondie du socialisme, tant par ce que je pouvais déjà observer en France que par ce que j'apprenais par mon expérience des choses anglaises. Il y avait déjà, à cette époque, trois ou quatre ans que je faisais en Angleterre des séjours prolongés et fréquents : et déjà je m'étais lié avec les deux personnalités éminentes que sont M. et Mme Sidney Webb, inspirateurs de la Société Fabienne. Je suis resté leur ami ; et aujourd'hui, j'ai l'impression d'être leur contemporain ; mais, dans ce temps-là, les dix années qui nous séparent comptaient beaucoup. J'étais un jeune homme de vingt-cinq, de trente ans, qui s'entretenait avec deux aînés âgés de trente-cinq, de quarante ans, ayant déjà écrit des ouvrages qui sont restés classiques. Je les écoutais donc avec respect ; et ils m'expliquaient les principes de leur socialisme, qui était essentiellement antilibéral. Ils poursuivaient de leur haine non pas le conservatisme, le torysme, pour lequel leur indulgence était extrême, mais le libéralisme gladstonien. On était au temps de la guerre des Boers ; et les libéraux avancés, les travaillistes, qui commençaient à s'organiser en parti, prenaient tous, par générosité, par amour de la liberté et du genre humain, la défense des Boers contre l'impérialisme britannique. Mais les deux Webb, ainsi que leur ami Bernard Shaw, faisaient bande à part. Ils étaient impérialistes avec ostentation. L'indépendance des petites nations" pouvait bien avoir du prix pour les tenants de l'individualisme libéral, mais non pour eux, précisément parce qu'ils étaient collectivistes. J'entends encore Sidney Webb m'expliquant que l'avenir était aux grandes nations administratives, gouvernées par des bureaux, et où l'ordre était maintenu par des gendarmes.

C'est peut-être leur faute si j'ai toujours été frappé par ce qu'il y avait d'illibéral dans l'idée socialiste. Deuxième accident dans l'histoire de la formation de mon esprit : tenez-en compte si vous voulez comprendre, par leur origine, la nature de mes préjugés. Je fus donc amené, dans mon cours de l'École des Sciences Politiques, à insister sur certains aspects conservateurs qu'a présentés le socialisme européen au cours du dernier siècle ; sur le socialisme autoritaire, monarchique ou chrétien ; sur Napoléon III, subissant l'influence des saint-simoniens ; sur Bismarck, subissant celle de Lassalle. Je n'insiste pas : je vous renvoie au texte qui est sous vos yeux.

Je reconnais, d'ailleurs, qu'aux environs de 1910 je fus troublé par le fait qu'en Angleterre les Webb semblaient s'être trompés, et se trompant, m'avaient trompé. Il s'était produit une violente révulsion libérale, qu'ils n'avaient point prévue ; le nouveau libéralisme était fortement teinté de socialisme : et l'expérience Lloyd George, comme on dirait aujourd'hui, prouvait qu'on pourrait concevoir un radicalisme socialisant doué d'une vitalité très grande ; — bref, cette conciliation entre socialisme et libéralisme, que les Webb tenaient pour impossible, devenait une réalité.

Mais la guerre est venue. À sa suite s'est ouvert ce que j'appelle l'ère des tyrannies. Les Webb et Bernard Shaw n'ont pas trahi les convictions de leur jeunesse ; ils les trouvent vérifiées par les faits, et partagent leurs sympathies entre le soviétisme russe et le fascisme italien.

Voilà ce que je voulais vous dire, non pour justifier ma position, mais pour l'expliquer. J'ai procédé, pour vous la faire comprendre, non pas en doctrinaire, mais en historien. C'est de même en historien, — en historien philosophe, si vous voulez, et en me tenant autant que possible, et j'espère que vous suivrez mon exemple, au-dessus du niveau de la politique — que j'ai procédé pour définir cette « ère des tyrannies ». Etes-vous d'accord, premièrement, après avoir lu le texte de ma communication, sur la réalité du phénomène historique qui en est l'objet ? Et, deuxièmement, croyez-vous que mon explication de ce phénomène soit plausible ? Je vous laisse la parole.

M. Max Lazard reproche au conférencier d'observer les faits sociaux concrets « non pas directement, mais dans le miroir de certaines' doctrines les concernant ». Élie Halévy reprend la parole en ces termes :

Max Lazard vient de présenter de très intéressantes observations, qui portent sur une question de méthode, et auxquelles il m'est difficile d'improviser une réponse. Voici cependant les réflexions qui, tout de suite, me sont venues à l'esprit pendant que je l'écoutais.

En premier lieu, je ne me sens pas disposé à nier, aussi catégoriquement qu'il a paru le faire, l'influence des doctrines sur l'histoire, et, plus directement, sur les hommes qui ont joué un grand rôle historique.

Deux exemples, que j'avais donnés dans ma communication, et que Max Lazard a relevés, me permettront, je crois, de faire comprendre ma pensée.

Ce sera d'abord le cas de Napoléon III. Que, dans la tête de Morny, véritable auteur du coup d'État, celui-ci n'ait été inspiré que par les nécessités politiques de l'heure, hors de toute préoccupation de doctrine, j'en conviens. Mais il a fait ce coup d'État au bénéfice du prince-président, qui avait publié en 1838, sous le titre d'*Idées Napoléoniennes,* une brochure d'inspiration saint-simonienne. L'influence exercée sur son esprit par la doctrine de Bazard et d'Enfantin est un fait historique ; c'est un fait historique qu'il s'est entouré de conseillers qui étaient d'anciens saint-simoniens. Il a constamment été hanté par l'idée d'être un saint-simonien sur le trône.

Le cas de Bismarck est pareil et différent.

On ne saurait trop insister sur l'importance du rôle joué à côté de lui, de 1862 à 1864, par un personnage qui joua un rôle ambigu dans l'histoire du socialisme européen, je veux parler de Ferdinand Lassalle. Dans tous les congrès social-démocrates d'avant-guerre, deux bustes présidaient aux débats : celui de Marx et celui de Lassalle. Et c'était justice. Car si Marx avait donné au parti sa doctrine, c'est Lassalle qui, le premier en Allemagne, le premier en Europe, avait réussi à organiser un parti d'action socialiste. Oui ; mais, d'autre part, il est certain que si, par malheur, Lassalle n'était pas né juif, on serait bien en droit de saluer aussi en lui un précurseur dans les grandes halles où s'exalte aujourd'hui l'enthousiasme national-socialiste.

Car, au cours de ces années critiques qui suivent immédiatement l'arrivée de Bismarck au pouvoir, et où nous assistons à la fondation du *Verein* ouvrier de Lassalle, quel étrange langage tient celui-ci ! Ce ne sont pas les bismarckiens, ce sont les progressistes en guerre avec Bismarck qu'il poursuit de sa haine. Il lui arrive d'appeler la police à son secours contre tel bourgmestre qui veut l'empêcher de parler : traduit en justice pour délit d'opinion, il fait un appel éloquent aux juges, se présentant comme leur allié pour la défense de l'État contre la barbarie moderne : entendez contre le libéralisme. Et nous savons qu'il a échangé une correspondance active avec Bismarck, qu'il a eu des entretiens secrets avec lui. Quand Bismarck, en 1866, a fondé la Confédération de l'Allemagne du Nord sur la base du suffrage universel, il suivait directement le conseil que Lassalle lui avait donné. Quand, plus tard, après 1878, il a fait du « socialisme d'État », du « socialisme chrétien », du « socialisme monarchique », le souvenir des leçons de Lassalle était, j'en suis certain, présent à son esprit. Non qu'il y eût rien en lui du doctrinaire. Mais homme d'État strictement opportuniste, et n'ayant d'autre obsession que de créer, de fortifier, de resserrer l'unité de l'Empire, il était prêt à utiliser, successivement, tous les partis, toutes les doctrines ; et la doctrine de Lassalle fut une de celles qu'il sut utiliser.

Voilà deux cas, où, visiblement, les doctrines s'insèrent dans les faits, et où l'historien qui négligerait l'histoire des doctrines commettrait une erreur grave. Cela dit, et d'une façon générale, je ne serais pas disposé à contredire tout ce que vient de nous exposer Max Lazard. Loin de moi la pensée de réduire l'histoire à l'histoire des doctrines. Qu'on me permette une fois de plus, pour m'expliquer, de recourir à des souvenirs personnels. Au temps lointain où Max Lazard était mon élève, j'étais un novice dans le métier de professeur ; il est probable que l'étude des doctrines fut pour moi la méthode la plus accessible pour aborder l'histoire du socialisme ; il est probable que les leçons suivies par Max Lazard furent exclusivement des cours de doctrine. Mais une trentaine d'années plus tard, c'est le fils de Max Lazard qui était mon élève : qu'il regarde les cahiers de notes de son fils, il verra que mon cours, à mesure que je gagnais en expérience, était de moins en moins un cours d'histoire des doctrines, pour devenir un cours d'histoire tout court. Ce qui ne veut pas dire que je n'aie pas été heureux, que je ne sois pas heureux encore, d'avoir abordé l'histoire du socialisme par le biais de l'histoire des doctrines. Car, comme le disait fort judicieusement Max Lazard, les doctrines stylisent, schématisent les faits. Et rien ne me paraît plus utile, pour la connaissance des faits, que cette schématisation. Quand nous voyons qu'une doctrine telle que la doctrine marxiste obtient le succès qu'elle a obtenu, c'est qu'elle exprime, mieux que toute autre, certains traits, frappants de l'évolution économique, qu'elle répond à certains besoins profonds des masses ouvrières. Comment nier l'utilité qu'elle présente, dans la mesure où elle nous aide à comprendre ces traits frappants et ces besoins profonds ?

Il est donc, je crois, extrêmement facile de traduire mon langage idéologique en langage sociologique, sans le moindre inconvénient logique, sans la moindre modification de ma thèse. Prenez-le premier alinéa de ma communication, et traduisez-le comme suit : « Le mouvement ouvrier, depuis sa naissance, souffre d'une contradiction interne. D'une part, on peut le concevoir comme un mouvement de libération, comme un mouvement de révolte contre le système de la fabrique, contre l'asservissement du travail par le capital industriel. Mais, d'autre part, les ouvriers en révolté contre cette oppression sont obligés, pour se protéger contre elle, de se mettre à la recherche d'une nouvelle organisation par contrainte, à la place des organisations périmées que le libéralisme révolutionnaire a détruites. » Max Lazard a, de la sorte, pleine satisfaction : et ma thèse reste entière.

N'y a-t-il pas, d'ailleurs, un point essentiel de ma communication — Max Lazard, aussi bien, l'a admis — qui consiste à attirer l'attention sur le rôle important joué, dans l'évolution récente du monde civilisé, par un fait historique qui n'a rien à voir avec les doctrines : je veux parler de la Grande Guerre de 1914 ? Je me reproche même, en me relisant, de n'avoir pas suffisamment marqué le lien entre les suites sociales de ce grand événement et l'évolution antérieure du socialisme. Permettez-moi, pour me faire mieux comprendre, de mettre un point de suture entre les deux premiers titres de cette communication. Voici comment je les rédigerais si je les récrivais aujourd'hui.

Au point de vue économique, dirais-je, les socialistes d'avant-guerre demandaient l'étatisation de tous les moyens de production, de distribution et d'échange. Or cette étatisation, sous une forme tout au moins extrêmement étendue, il s'est trouvé que l'état de guerre l'a réalisée, pour des raisons que les socialistes n'avaient point prévues. Si, d'autre part, on remonte, avant la guerre, à un quart de siècle environ en arrière, le programme socialiste — mettons, si vous voulez, le programme guesdiste — réclamait, purement et simplement, et comme si cela suffisait à résoudre la question sociale, la nationalisation, l'étatisation des principales branches de l'industrie, des chemins de fer pour commencer. Mais il y avait, en 1914, déjà bien des années que le syndicalisme avait surgi, trop plein de méfiance à l'égard de l'État pour s'accommoder de cette solution. Il demandait la syndicalisation générale de l'industrie, sans aucune intervention de l'État, la résorption de toute bureaucratie dans l'organisation syndicale. En d'autres termes, la suppression radicale de l'État. Chez les Anglais, cependant — gens modérés même dans l'utopie — une doctrine mixte s'élaborait qui visait à établir une certaine conciliation entre le syndicalisme radical des Français, des Italiens, des Espagnols, et un certain Étatisme. Quelles étaient les fonctions légitimes de l'État démocratique ? Quelles étaient celles des corporations syndicales ? Telles étaient les questions que discutaient entre eux ceux qu'on appelait les t socialistes de guilde ». Or, à peine la guerre commencée, et par le fait de la guerre, nous observons (je cite ici mon texte primitif) un « appel des gouvernements aux chefs des organisations ouvrières pour les aider dans leur travail d'étatisation. Donc syndicalisme, corporatisme, en même temps qu'Étatisme ». Et une fois la guerre finie, dans tous les pays qui venaient d'être en guerre, nous voyons une foule de gens qui, sauf en Angleterre, ne connaissaient probablement pas même de nom le « socialisme de guilde », élaborer des programmes d'« industrialisation nationalisée », qui, tirant profit pour le socialisme des expériences de la guerre, semblaient à bien des égards appliquer le programme des socialistes de guilde.

Je passe maintenant à un autre point qui a été soulevé, pour finir, par Max Lazard. Il s'agit des pronostics à faire sur les chances de durée des régimes tyranniques d'aujourd'hui. À cette question j'avais consacré tout un paragraphe, dont les lignes finales de ma communication sont le résidu. J'ai supprimé ce paragraphe sur le conseil de notre Président, qui m'a donné, en faveur de cette suppression, deux raisons successives et contradictoires. La première, qu'il fallait me réserver quelque chose à dire en séance. La deuxième, que le débat, porté sur ce terrain, pourrait dégénérer en discussion politique. Je me suis rendu à cette seconde raison. Je ne demande pas mieux, cependant, que de répondre en quelques mots aux observations faites sur ce point par Max Lazard. Ce sera pour lui dire que je suis d'accord avec lui.

Je serais presque plus pessimiste que lui, me plaçant au point de vue de ceux qui aiment la paix et la liberté. Car l'idée d'un fédéralisme européen semble bien peu vivante ; et l'espérance confuse 3ue Max Lazard semble s'être abandonné un instant à exprimer, 'un impérialisme qui, couvrant l'Europe entière, lui donnerait la paix à défaut de la liberté, semble complètement chimérique à l'heure actuelle. Je ne vois qu'une seule tyrannie où soit présent cet esprit d universalité et sur laquelle Max Lazard pourrait compter (y compte-t-il ?) pour donner à l'Europe cette sorte de paix. Mais les tyrannies qui nous touchent de plus près — celle de Berlin, celle de Rome — sont étroitement nationalistes. Elles ne nous promettent que la guerre. Si elle éclate, la situation des démocraties sera tragique. Pourront-elles rester des démocraties parlementaires et libérales si elles veulent faire la guerre avec efficacité ? Ma thèse, que je vous dispense de m'entendre répéter, c'est qu'elles ne le pourront pas. Et le recommencement de la guerre consolidera l'idée « tyrannique » en Europe.

M. C. Beuglé évoque l'échec de 1848, l'attribue moins que ne le fait l'orateur, à l'anarchie socialiste et à la terreur qu'elle inspirait et montre, dans le socialisme démocratique de Louis Blanc, ce premier effort pour assurer l'essor du libéralisme politique et intellectuel, fût-ce par le sacrifice du libéralisme économique.

M. Élie HALÉVY. — Ce n'est pas un après-midi, une fin d'après-midi, c'est une décade, comme on dit à Pontigny, qu'il faudrait pour traiter avec l'attention convenable un pareil sujet. Je vais essayer cependant de répondre, le plus brièvement que je pourrai, aux divers points soulevés par Bouglé.

Il me reproche d'avoir employé, pour définir le coup d'État de décembre, les mots de « réaction contre l'anarchie socialiste ». Il a raison, et mon expression a peut-être trahi ma pensée. J'aurais dû écrire : « réaction contre la peur de l'anarchie ». Mais, psychologiquement, cela ne revient-il pas au même ?

Fait bizarre. Les choses se sont passées de même en Italie, avant la marche sur Rome. Il y avait anarchie, en 1920, l'année de l'occupation des usines. C'est alors que Giolitti donna des armes à Mussolini et à ses fascistes pour faire la police du pays, puisqu'on ne pouvait pas compter sur l'armée. Mais il y avait deux ans, quand il prit le pouvoir, que le désordre, en partie grâce à lui, avait cessé. Ce qui le portait en avant, c'était le souvenir de la peur qu'on avait eue en 1920, et le sentiment persistant que l'on avait conservé de l'incapacité où étaient les partis d'ordre de maintenir celui-ci par les moyens parlementaires.

Cela nous aide à mieux comprendre ce qui se passa en 1851. Il n'y avait plus à cette date d'anarchie, sinon parlementaire ; la majorité réactionnaire était incapable, à l'Assemblée législative, de se mettre d'accord sur la forme du gouvernement qu'il convenait d'opposer à une Montagne toujours bruyante, et qui faisait toujours peur, en raison des souvenirs de 1848, et aussi de 1793. Les masses se sont jetées dans les bras d'un homme qui représentait l'ordre, sans représenter la réaction au sens où on taxait de réaction les légitimistes et les orléanistes de l'Assemblée. N'oublions pas que, le jour même où il supprimait la Constitution de 1848 il rétablissait le suffrage universel, gravement mutilé par l'Assemblée. Et n'oublions pas le cri poussé par Guizot quand il apprit la nouvelle du coup d'État : « C'est le socialisme qui triomphe ». La phrase est comique en un sens ; elle n'en exprime pas moins, d'une manière adéquate, le sentiment de la bourgeoisie en face d'un régime qui n'était pas son œuvre, et qui poursuivait d'autres fins que les siennes.

Pour ce qui est de ma définition du soviétisme comme d'un « fascisme », je suis d'accord avec ce que dit Bouglé. Mais je ne crois pas que, sur ce point, mon expression ait trahi ma pensée. J'ai écrit : « En raison de l'effondrement anarchique de l'État, un groupe d'hommes armés, animés d'une foi commune, a décrété qu'il était État : le soviétisme, *sous cette forme*, est, à *la lettre*, un fascisme ». Il ne s'agit donc, je le dis expressément, que de la forme de gouvernement. C'est le soviétisme, avec la dictature, ou la tyrannie, du parti communiste, qui a été ici l'inventeur. Mais, si le fascisme italien n'a fait ici qu'imiter, je considère que le mot de « fascisme » est le mieux fait pour désigner le caractère commun aux deux régimes. C'est un vieux mot italien pour désigner des groupes, des groupes armés de partisans. Il y avait en Italie après 1870, au moment de la première Internationale, des *fasci operai*, inspirés par l'idéal anarchiste de Bakounine : ils se sont perpétués en Espagne, où nous les voyons à l'œuvre aujourd'hui. Ce sont d'autres *fasci*, les *fasci di combattimento*, que Mussolini a employés peur faire la conquête du pouvoir, au service d'un autre idéal.

Pour ce qui est de la possibilité d'un socialisme démocratique qui, autoritaire dans l'ordre économique, resterait libéral dans l'ordre politique et dans l'ordre intellectuel, je ne veux pas contester que la chose puisse être envisagée dans l'abstrait. Je crains seulement qu'en évoquant le nom de Louis Blanc à l'appui de sa thèse Bouglé n'ait fait ce qu'il fallait pour l'affaiblir.

Qu'il se rappelle (il connaît Proudhon mieux que moi) la violente polémique conduite, après 1848, en étroite harmonie, par Proudhon (qui se disait socialiste : mais l'était-il ?) et Michelet (républicain, sans être socialiste) contre le socialisme de Louis Blanc. Ils reprochaient à Louis Blanc sa glorification du Terrorisme, du Comité de Salut public, de Robespierre, qu'il oppose, comme un disciple de Rousseau et un pur, aux républicains sans moralité qui, se réclamant du libéralisme voltairien, conduisaient la France à la domination du clergé et au césarisme. D'événement a-t-il prouvé qu'ils eussent tort ?

Puis-je ne pas tenir compte du fait que les origines de la démocratie sont équivoques, puisqu'elle remonte aux jacobins, qui ont gouverné par la dictature ? La doctrine marxiste de la dictature du prolétariat ne vient-elle pas en droite ligne de la théorie de Babeuf, dernier survivant de Robespierre ? Karl Marx n'a-t-il pas subi très nettement, à Paris, avant 1848, l'influence de Blanqui, restaurateur du babouvisme ?

On proteste. On me rappelle la formule marxiste — dont en réalité, Engels, non Marx, est l'auteur — suivant laquelle le but est de substituer l'administration des choses au gouvernement des personnes. Transformation d'une vieille formule saint-simonienne suivant laquelle, quand le régime industriel aura pris la place du régime militaire, il n'y aura plus gouvernement, mais seulement administration. Soit ; mais la doctrine de Karl Marx, c'est aussi la doctrine de Lénine. J'ai sous les yeux une lettre de M. Saisi, dans laquelle il me reproche d'avoir parlé de Karl Marx comme « aspirant à un état du genre humain qui serait d'anarchie en même, temps que de communisme ». — « Rien n'est plus inexact, m'écrit-il Le système marxiste exige une discipline rigoureuse et totale ; Je ne vois rien en lui qui implique une anarchie .quelconque. Voyez les Russes, qui l'ont appliqué avec une conscience féroce. » Et il me renvoie à André Gide.

Hélas ! Voilà la tragédie. Rien n'est plus exact, je le maintiens, que mon assertion. Mais tout gouvernement socialiste qui arrive au pouvoir est condamné à employer une scolastique compliquée pour expliquer comment il doit procéder quand, professant une doctrine de socialisme intégral, il prend le pouvoir dans une société non socialiste. Ici interviennent les formules marxistes. Tout État est, par définition, un instrument d'oppression d'une classe par une autre. Jusqu'à présent, et depuis l'avènement du capitalisme, l'État a été l'instrument dont la bourgeoisie s'est servie pour opprimer le prolétariat. Pour préparer, pour avancer l'heure où nous aurons une société sans classés, et, par suite, sans gouvernement, il faut traverser une période intermédiaire au cours de laquelle l'État sera l'instrument dont la classe ouvrière se servira pour opprimer la bourgeoisie, en attendant de la supprimer. Simples vacances de la légalité ? Le mot peut avoir bien des sens ; Karl Marx ne prévoyait certainement rien d'aussi impitoyable que le régime soviétique ; et s'il s'agissait seulement de pleins pouvoirs accordés au gouvernement pendant six mois, comme ce fut le cas pour Poincaré en matière financière, il s'agirait de bien anodines vacances. Mais si les vacances doivent durer plusieurs décades —

pourquoi pas un siècle ou deux ? — l'état d'anarchie dont on nous dit qu'il suivra cesse de m'intéresser. Ce qui m'intéresse, c'est le présent et le prochain avenir : au delà il y a ce que Jules Romains appelle l'ultra-futur. Aussi bien les fanatiques du socialisme national allemand ne considèrent-ils pas le régime institué par eux comme ayant une valeur définitive, comme ouvrant une ère nouvelle qui durera toujours ?

Divers orateurs prennent la parole, en particulier M. Berthelot, M. Maublanc, qui proteste contre l'accusation de tyrannie portée contre le marxisme, contre l'assimilation de la dictature soviétique aux dictatures fasciste et hitlérienne. Élie Halévy répond en ces termes :

Il faut maintenant que je prenne la parole pour clore ce débat. En vérité je le regrette ; car je me trouve dans une situation impossible. Je devrais, si je voulais donner satisfaction à tous, discuter toute la doctrine marxiste pour répondre à Maublanc, toute l'histoire du genre humain depuis l'empire de Tamerlan pour répondre à René Berthelot. Il me faudrait dépasser les limites de l'Europe, et dire quelques mots du Rooseveltisme ; car je regrette en vérité, qu'on n'ait pas plus parlé de l'expérience qui a été tentée par Roosevelt, expérience qui ressemble par certains côtés au corporatisme italien ou fasciste, mais exclut la suppression de la liberté.

Soulèverai-je, en réponse à Drouin, la question des pronostics ? En fait, tout à l'heure, Max Lazard et moi-même ne l'avons pas éludée. En désaccord complet, soit dit en parenthèse, avec René Berthelot : nous considérions, comme notre seul motif d'espoir une longue période de paix, les dictatures se relâchant du fait de l'impossibilité pour les gouvernements tyranniques de maintenir perpétuellement les populations sur le pied de guerre sans faire la guerre ; mais ces régimes tyranniques sont-ils eux-mêmes favorables à la prolongation de l'état de paix ? Et si la guerre recommence, et si les démocraties sont condamnées à adopter, pour se sauver de la destruction, un régime totalitaire, n'y aura-t-il pas généralisation de la tyrannie, renforcement et propagation de cette forme de gouvernement ?

Ajouterai-je que, souvent, on a cru me critiquer alors que la critique portait seulement sur quelque forme d'expression peut-être défectueuse ? Je songe en ce moment à Maublanc et à son apologie pour le marxisme. Il me reproche d'avoir présenté le marxisme « comme une libération du dernier asservissement qui subsiste après que tous les autres ont été détruits, l'asservissement du travail par le capital ». Mais quand il présente cette libération comme étant « la vraie libération, celle sans laquelle les autres ne sont que des illusions », son assertion ressemble de singulièrement près à la mienne. Il est certain que, d'après Marx, après cette libération accomplie, nous entrons définitivement (et c'est en ce sens seulement que j'ai parlé d'un « état définitif » du genre humain) dans un état de société sans classes, où l'évolution du genre humain se poursuivra certainement (je l'accorde à Maublanc) mais selon des formes (Maublanc me l'accordera) que nous ne pouvons même point prévoir, puisqu'il ne sera plus possible de dire, comme il a été vrai jusqu'à ce jour, que « l'histoire du genre humain est l'histoire de luttes de classes ».

Mais, plutôt que de m'attarder à de pareils débats, je cherche s'il n'y a pas un point fondamental, soulevé par plusieurs de mes interlocuteurs à la fois, et qui pourrait servir utilement de thème à mes considérations finales. Ce point, je crois l'avoir trouvé. N'est-ce point la question de savoir si la tyrannie moscovite, d'une part, les tyrannies italienne et allemande, de l'autre, doivent être considérées comme des phénomènes identiques quant à leurs traits fondamentaux, ou, au contraire, comme des phénomènes qui sont antithétiques les uns par rapport aux autres ?

Je suis loin de contester que, sous bien des aspects, et qui sautent aux yeux de tout le monde, les phénomènes sont antithétiques. J'ai fait le voyage de Leningrad et je connais l'Italie fasciste. Or, quand on passe la frontière russe, on a le sentiment immédiat de sortir d'un monde pour entrer dans un autre ; et une pareille subversion de toutes les valeurs peut être, si l'on veut, considérée comme légitimant une extrême tyrannie. Mais, en Italie, rien de pareil ; et le voyageur en vient à se demander s'il était besoin d'un si gigantesque appareil policier sans autre résultat obtenu que des routes mieux entretenues et des trains plus ponctuels.

Cependant, quant à la forme (et tout le monde semble m'avoir concédé ce point), les régimes sont identiques. Il s'agit du gouvernement d'un pays par une secte armée, qui s'impose au nom de l'intérêt présumé du pays tout entier, et qui a la force de s'imposer parce qu'elle se sent animée par une foi commune. Mais il y a autre chose encore.

Les communistes russes invoquent un système de croyances qui vaut pour le genre humain tout entier, qui implique la suppression des nations comme la suppression des classes. Cependant, ayant conquis le pouvoir dans un pays seulement, et de plus en plus résignés à ne point provoquer, par la propagande ou l'exemple, la révolution mondiale, ils sont condamnés, par les nécessités de leur existence, à se faire une carapace militaire pour résister à la menace des armées étrangères. Ils reviennent, par la force des choses, à une sorte de patriotisme à la fois territorial et idéologique ; et leur tyrannie, pour qui se place même au point de vue idéologique, finit par ressembler par beaucoup de ses caractères à la tyrannie allemande ou italienne. Au commencement on dit que l'État n'est qu'un mal provisoire, qui doit être supporté parce qu'il n'a plus pour but que de préparer la suppression de l'État et d'assurer le plus grand bonheur du plus grand nombre. Peu à peu on en arrive à pratiquer une morale héroïque dont je ne méconnais pas la noblesse : on demande à l'individu de savoir souffrir pour faire de grandes choses au service de l'État. C'est un état d'esprit qui n'a plus rien à voir avec un hédonisme relégué dans l'ultra-futur. Je ne puis l'appeler que guerrier.

Du côté des fascistes, au sens courant du mot, en Italie, en Allemagne, il est bien clair qu'il ne s'agit pas de la suppression des classes. La défense d'une société fondée sur une distinction de classes est le programme même des partis au pouvoir. Je crois cependant avoir eu raison d'affirmer qu'il se constitue, dans ces deux pays, « sous le nom de corporatisme, une sorte de contre-socialisme, que je suis disposé à prendre plus au sérieux qu'on ne fait généralement dans les milieux contre-fascistes ».

On nous dit que, dans ces pays, les salaires sont très bas, plus bas que dans bien des pays démocratiques. Et je suis disposé à admettre que c'est vrai. Mais ne convient-il pas de tenir compte, dans l'évaluation du salaire total de l'ouvrier, des bénéfices qu'il retire, sous une forme indirecte, de toutes les œuvres dont l'ensemble constitue ce qu'on appelle le *Dopolavoro*, voyages gratuits en chemins de fer, maisons de repos, récréations de bien des espèces ? Je sais que toutes ces œuvres sont inspirées par une arrière-pensée de gouvernement : il s'agit d'occuper les heures de loisir des ouvriers afin de les soustraire à l'action possible d'agitateurs révolutionnaires : il s'agit, selon la formule que je proposais au début, de canaliser, d'« organiser leur enthousiasme ». Mais, enfin tout cela constitue un relèvement de salaire et qui coûte cher à l'État.

Et, du moment qu'il coûte cher à l'État, je me tourne de l'autre côté pour demander : « Où l'État trouve-t-il l'argent nécessaire ? » Et je réponds, reprenant une formule qui scandalisa, voici une dizaine d'années, la presse conservatrice : il ne peut le trouver et ' le prendre que là où il est. Un fiscalisme écrasant pèse sur les classes riches ; que la grande industrie bénéficie de tels régimes, je n'en disconviens pas. Mais il ne s'agit pas du vieux capitalisme, du libre capitalisme manchestérien. Les capitaines d'industrie préfèrent encore un tel régime au communisme. On les laisse à la tête des affaires. Mais ils ne sont plus des maîtres, ils sont de hauts fonctionnaires. Et les grosses sommes qu'ils peuvent toucher annuellement offrent les caractères d'un traitement, non d'un profit.

Bref, d'un côté, en partant du socialisme intégral, on tend vers une sorte de nationalisme. De l'autre côté, en partant du nationalisme intégral, on tend vers une sorte de socialisme. Voilà tout ce que je voulais dire.

APPENDICES

Appendice I
INTERVENTION D'ÉLIE HALÉVY
AU COURS DE LA SÉANCE CONSACRÉE
À LA DISCUSSION DE LA THÈSE
DE M. GEORGES SOREL
LE 29 MARS 1902

M. Halévy se propose moins de discuter, ou de réfuter, l'interprétation proposée par M. Sorel du matérialisme historique, qu'il ne veut lui demander, sur certains points, des éclaircissements. M. Sorel n'est pas professeur. De là pour lui, plus de facilité à marcher hors des sentiers battus, à frayer des routes nouvelles. Mais aussi il n'a pas le goût de l'exposition scolastique. Je n'oserais dire que son interprétation marxiste soit précisément fausse, je me permettrais de la trouver parfois confuse. Peut-être, en l'élucidant ensemble pourrions-nous, sans trop de difficulté, parvenir à l'accord.

Il s'agit de définir le matérialisme historique. De cette doctrine, nous dit M. Sorel, Marx et Engels n'ont jamais donné un exposé. Or, sans doute, Marx et Engels n'ont jamais consacré un ouvrage entier à exposer leur philosophie matérialiste de l'histoire : plus exactement encore, ils n'ont pas trouvé d'éditeurs pour l'ouvrage qu'ils avaient, en collaboration, vers 1845, consacré à cette exposition. Cependant, le premier chapitre de l'*Anti-Dühring* de F. Engels, et la préface de la *Critique de l'économie politique*, par K. Marx, constituent bien des expositions résumées du principe de cette philosophie. On connaît la définition courante du matérialisme historique, définition qui me paraît conforme aux textes de Marx et d'Engels : suivant ces deux penseurs, c'est l'évolution des formes de production et d'échange qui est la condition nécessaire et suffisante de l'évolution juridique, politique, morale et religieuse de l'humanité. M. Sorel nous propose une autre définition : la philosophie marxiste de l'histoire est, selon lui, une doctrine qui établit « la solidarité de la théorie et de la pratique ». À cette définition *nouvelle*, je fais deux objections.

En premier lieu, les termes de « solidarité » et de « synthèse » constituent, je le crains, une sorte de trahison de la pensée marxiste. Ils impliquent, entre les éléments considérés, une réciprocité d'action que Marx considérait précisément, au nom de son matérialisme historique, comme inconcevable. Selon Marx, la réaction du « spirituel » sur le « matériel », du « théorique » sur le « pratique » est une impossibilité. Marx est, originellement, un métaphysicien ; il se rattache, avec son maître et ami de la vingtième année, Bruno Bauer, le chef des « Libres », à l'extrême gauche hégélienne. Pour lui comme pour les autres philosophes postkantiens, toute la spéculation métaphysique repose sur l'opposition fondamentale de l'*idéal* et du *réel* ; son matérialisme historique consiste, à l'origine, au moment de sa formation, dans une définition originale de ces deux termes et de leur rapport. Le réel, c'est ce que Marx appelle la « productivité matérielle », l'homme économique producteur de richesses. Mais l'homme qui pense et raisonne est impuissant à créer ; il ne saurait que comprendre ou réfléchir les produits, une fois donnés, de son activité matérielle. L'idéal est, par définition, le reflet *(Wiederschain* ; Kapital, éd. all. I, 46) du réel : Marx considère donc primitivement une réaction de l'idéal sur le réel comme une impossibilité métaphysique ; l'affirmation de cette impossibilité constitue l'essentiel du matérialisme historique ; la nouvelle définition proposée par M. Sorel a pour inconvénient de ne pas mettre en lumière cette impossibilité radicale.

En second lieu, je crains que M. Sorel n'emploie les termes de « théorie » et de « pratique » dans un sens assez obscur. Toutes les théories historiques, nous dit M. Sorel, se proposent, consciemment ou inconsciemment, une fin pratique (d'édification, d'enseignement, etc.) ; le mérite du matérialisme historique c'est d'avoir eu la conscience explicite de ce fait universel. Ici, je cesse de comprendre. Le mot *pratique* n'est plus envoyé ici au sens où noua convenions, tout à l'heure, de l'employer avec K. Marx ; nous, assistons presque au renversement de la terminologie marxiste ; ce que nous appelons maintenant la pratique, c'est plutôt ce que Marx appelle la théorie, et inversement. Comment, suivant M. Sorel, aurait raisonné Karl Marx ? Il aurait d'abord été sentimentalement socialiste ; il aurait obéi à cette préoccupation « pratique » (pour employer la terminologie de M. Sorel) de supprimer les inégalités de richesse qui sont entre les hommes. Il aurait donc demandé à la théorie de lui fournir des renseignements sur les moyens de parvenir à cette fin : et cette subordination consciente « de la théorie à la pratique » constituerait le matérialisme historique. Mais alors, répondrais-je, Marx aurait procédé exactement comme il reproche à ses devanciers immédiats, à ceux qu'il appelle les « socialistes utopiques », d'avoir procédé. Il se peut qu'avant l'élaboration de sa théorie, Marx ait été sentimentalement socialiste, ou communiste ; mais il n'a considéré ce socialisme instinctif, cet idéal « théorique » (j'emploie ici une terminologie plus marxiste, je crois, que M. Sorel) d'une société où les inégalités économiques seraient éliminées, comme justifié que le jour où cet idéal apparaîtrait comme le prolongement non encore réalisé, mais futur et nécessaire, de l'évolution économique, réelle, « pratique », du genre humain. En ce sens, tout différent, il me semble, de celui que nous propose M. Sorel, le matérialisme historique constitue une subordination de la théorie à la pratique.

Telles sont les deux difficultés que je soumets à M. Sorel.

Appendice II
SUITE DE LA DISCUSSION
(séance du 23 novembre 1936)

J'ai reçu au sujet de ma communication sur « l'ère des tyrannies », un assez grand nombre de lettres dont j'aurais aimé faire part en séance, aux membres de la Société. Le temps m'a manqué. Je me décide, en conséquence, à publier d'abondants extraits de ces lettres, méthodiquement classés, auxquels j'ai joint les réflexions que les critiques de mes correspondants m'ont suggérées.

Je commencerai par deux lettres auxquelles je crois pouvoir me dispenser de répondre, pour des raisons qui sont, d'ailleurs, dans l'un et l'autre cas, différentes.

La première est de Marcel Mauss. Elle est une lettre d'adhésion sans réserve à la thèse que j'ai développée, et je ne puis que le remercier d'apporter à cette thèse, ou à certains points de cette thèse, de très intéressants compléments de justification.

Je suis entièrement d'accord avec vous sur tous les points de votre communication. Je n'y voudrais ajouter que très peu de choses, dont j'ai été témoin.

Votre déduction des deux tyrannies italienne et allemande à partir du bolchevisme est tout à fait exacte, mais c'est peut-être faute de place que vous me laissez le soin d'en indiquer deux autres traits.

La doctrine fondamentale dont tout ceci est déduit est celle des « minorités agissantes », telle qu'elle était dans les milieux syndicalo-anarchistes de Paris, et telle surtout qu'elle fut élaborée par Sorel, lorsque j'ai quitté le « Mouvement Socialiste », plutôt que de participer à sa campagne. Doctrine de la minorité, doctrine de la violence, et même corporatisme, ont été propagés sous mes yeux, de Sorel à Lénine et à Mussolini. Les trois l'ont reconnu. J'ajoute que le corporatisme de Sorel était intermédiaire entre celui de Pouget et celui de Durkheim, et, enfin, correspondait chez Sorel à une vue réactionnaire du passé de nos sociétés.

Le corporatisme chrétien-social autrichien, devenu celui de Hitler, est d'un autre ordre à l'origine ; mais enfin, copiant Mussolini, il est devenu du même ordre.

Mais voici mon deuxième point.

J'appuie davantage que vous sur le fait fondamental du secret et du complot. J'ai longtemps vécu dans les milieux actifs P.S.R., etc. russes ; j'ai moins bien suivi les social-démocrates, mais j'ai connu les bolcheviks du Parc Montsouris, et, enfin, j'ai vécu un peu avec eux en Russie. La minorité agissante était une réalité, là-bas ; c'était complot perpétuel. Ce complot dura pendant toute la guerre, tout le gouvernement Kerensky, et vainquit. Mais la formation du parti communiste est restée celle d'une secte secrète, et son essentiel organisme, la Guépéou, est resté l'organisation de combat d'une organisation secrète. Le parti communiste lui-même reste campé au milieu de la Russie, tout comme le parti fasciste et comme le parti hitlérien campent, sans artillerie et sans flotte, mais avec tout l'appareil policier.

Ici je reconnais facilement des événements comme il s'en est souvent passé en Grèce, et que décrit fort bien Aristote, mais qui, surtout, sont caractéristiques, des sociétés archaïques, et peut-être du monde entier. C'est la « Société des hommes », avec ses confréries publiques et secrètes à la fois, et, dans la société des hommes, c'est la société des jeunes qui agit.

Sociologiquement même, c'est une forme peut-être nécessaire d'action, mais c'est une forme arriérée. Ce n'est pas une raison pour qu'elle ne soit pas à la mode. Elle satisfait au besoin de secret, d'influence, d'action, de jeunesse et souvent de tradition. J'ajoute que, sur la façon dont la tyrannie est liée normalement à la guerre et à la démocratie elle-même, les pages d'Aristote peuvent encore être citées sans doute. On se croirait revenu au temps de jeunes gens de Mégare qui juraient en secret de ne pas s'arrêter avant d'avoir détruit la fameuse constitution. Ici ce sont des recommencements, des séquences identiques.

La seconde lettre, qui est de Roger Lacombe, offre un caractère différent. Elle constitue une critique assez vive, très lucide, de la thèse que j'ai soutenue. Si je m'abstiens d'y répondre, que Roger Lacombe veuille bien n'y pas voir une marque de dédain. Mais il me semble avoir répondu de mon mieux aux arguments qu'il m'oppose, d'une part, dans ma réponse aux objections de Bouglé, d'autre part, dans mes observations finales. De mon mieux ; cela ne veut pas dire nécessairement d'une manière satisfaisante, soit pour Roger Lacombe, soit pour les lecteurs de ce Bulletin. Mais je ne puis que laisser ceux-ci juges entre Lacombe et moi.

Pour soutenir que le socialisme « souffre d'une contradiction interne », vous êtes obligé d'accorder la même importance à des courants de pensée dont l'influence sur le mouvement socialiste, tel qu'il s'est précisé à la fin du XIXe siècle, n'est nullement comparable. Le socialisme a été d'abord un mouvement extrêmement confus, où de multiples tendances se manifestaient, mais toutes ces tendances n'ont pas survécu. Il n'est pas douteux que le socialisme autoritaire, organisateur, hiérarchique, a existé à côté du socialisme libérateur, fondé sur la volonté de détruire « l'asservissement du travail par le capital ». Mais le premier a été progressivement éliminé et n'exerce presque aucune influence dans les mouvements politiques qui, depuis un demi-siècle, s'intitulent, socialistes. Vous invoquez le saint-simonisme, dont l'action a pu, en effet, être grande en 1848 et en 1851. Mais le lien entre le saint-simonisme et le socialisme d'aujourd'hui n'est qu'indirect et lointain. Vous invoquez Lassalle, qui est sans doute, avec Karl Marx, à l'origine de la social-démocratie allemande, elle-même éducatrice de tous les partis socialistes d'Europe continentale. Mais, tandis que l'influence de Marx a été de plus en plus forte, celle de Lassalle a été vite éliminée, ou à peu près : quel socialiste français, et même quel socialiste allemand, lit encore Lassalle ? Au contraire, toutes les doctrines qui ont agi directement sur le socialisme moderne veulent la libération de l'homme. Le marxisme, d'abord, dont vous reconnaissez qu'il « aspire à un état définitif du genre humain qui sera d'anarchie en même temps que de communisme » ; et, à côté du marxisme, la conception de Jaurès comme celle du syndicalisme révolutionnaire, le fabianisme comme le guild-socialisme, la thèse d'Henri de Man enfin. Et si l'on considère, non plus les doctrines, mais les aspirations populaires qui s'expriment dans le mouvement socialiste, on ne peut douter qu'elles sont faites d'une révolte contre la domination patronale, d'un désir de libération et non de soumission à une autorité.

Je ne crois pas qu'on puisse parler d'une « contradiction », en entendant par là un conflit entre tendances antagonistes au sein du socialisme moderne. Mais j'accorderais l'existence, sinon d'une contradiction, au moins d'une opposition, non entre les fins poursuivies, mais entre la fin proclamée (la libération de l'homme) et le moyen préconisé (l'étatisation des fonctions économiques). Certes, il n'y a pas là conflit insoluble ; il ne faut pas oublier que l'État peut jouer, et a effectivement joué dans l'histoire, vis-à-vis de l'individu, un rôle libérateur. Je ne contesterai pourtant pas que le socialisme se heurte ici à une difficulté que ses penseurs les plus originaux, depuis Marx, ont essayé d'éviter.

Cette distinction du *moyen* et de la *fin* permet, je crois, d'interpréter autrement que vous ne le faites les événements d'après-guerre.

Quand vous déclarez que « c'est du régime de guerre, beaucoup plus que de la doctrine marxiste, que dérive tout le socialisme d'après-guerre » (ce qui ne peut s'appliquer, me semble-t-il, qu'au bolchevisme russe, car les partis socialistes, dans nos pays démocratiques, s'ils ont tenu compte des expériences de la guerre, n'ont tout de même pas modifié profondément le sens de leur activité), il faudrait en réalité distinguer entre le moyen utilisé, qui fut bien le régime de guerre, et la fin poursuivie, qui vient incontestablement du marxisme. Le marxisme me semble avoir été pour les bolchevistes russes bien autre chose qu'un vêtement idéologique ; ils lui doivent cette foi, cette fermeté dans l'action sans laquelle ils n'auraient pas pu réaliser cette œuvre formidable qui a été, dans un aussi vaste pays et dans des conditions aussi difficiles, non pas l'instauration du socialisme (on peut accorder qu'il n'est pas réalisé en Russie), mais la disparition du capitalisme privé, la constitution, pour la première fois dans l'histoire, d'une économie moderne très industrialisée sans capitalistes. Le mouvement pour la paix et pour la terre qui a fait la Révolution russe n'aurait pu aboutir qu'à l'anarchie ou bien à une dictature véritablement fasciste, si ce « groupe d'hommes » dont vous parlez n'avait puisé dans le marxisme une idée très nette de la marche à suivre pour transformer la société, s'il n'avait voulu, en dépit de tous les obstacles, plier la réalité à une doctrine préconçue.

De même, quand vous rapprochez le fascisme du socialisme, il faut seulement reconnaître que la similitude porte sur le moyen employé, non sur la fin. On se trouve en présence, dans le monde économique d'aujourd'hui, d'un ensemble de faits qui s'imposent à toute doctrine. Ces faits, fascisme et socialisme cherchent à les utiliser, mais cela ne veut nullement dire que leur direction est analogue. Ces faits, ce sont : d'abord les traces laissées dans l'économie et dans les esprits par la dernière guerre, ensuite l'évolution spontanée de l'économie capitaliste avec la tendance à la destruction de la concurrence et avec la crise de surproduction qui incitent, l'une comme l'autre, à une intervention de l'État ; enfin la préparation d'une guerre nouvelle qui exige, à une époque où la guerre est formidablement mécanisée, une domination de plus en plus grande de l'État sur la production. Ces faits s'imposent à tous les gouvernements, quelle que soit leur orientation politique : l'Allemagne weimarienne, aux temps de M. Brüning, s'est, sous la contrainte de la crise, avancée plus loin dans le sens de l'intervention étatique que l'Italie fasciste à la même époque. Mais de cette évolution spontanée le socialisme cherche à tirer parti et se félicite, ' puisqu'il y voit une préparation de la structure économique qu'il lui est nécessaire de réaliser (comme naguère le marxiste se félicitait du développement des cartels et des trusts). Quant au fascisme, il vise à l'exaltation de la volonté nationale, non à l'étatisation des fonctions économiques. Aussi, à ses débuts, le fascisme italien n'a-t-il guère fait d'effort pour soumettre l'économie à la direction de l'État. Mais, parce que le fascisme crée un État fort qui supprime toute résistance intérieure, il lui est relativement plus facile qu'à une démocratie d'étendre indéfiniment les attributions étatiques. Surtout, parce que la préoccupation de la guerre est chez lui dominante, il est naturellement conduit, plus que tout autre régime politique, à contrôler toute la production. Mais cette « étatisation », qui laisse la vie belle aux capitalistes, est fort différente de celle du bolchevisme, qui supprime ces capitalistes.

Je ne crois donc pas qu'on puisse voir dans le « socialisme national » la solution par conciliation du conflit entre conservatisme et socialisme. La volonté fasciste est la volonté même, mais poussée à l'extrême, des conservateurs : « renforcement presque indéfini de l'État » ; ce n'est que par suite des circonstances qu'elle tend à l'extension des fonctions économiques de l'État. La volonté socialiste est au contraire l'affranchissement de l'homme ; l'étatisation de l'activité économique n'est pour elle qu'un moyen, jugé sans doute nécessaire, mais au fond regrettable. Socialisme et fascisme visent des buts opposés ; le fait que, placés en face du même monde, ils sont conduits à utiliser un même moyen, de manière d'ailleurs très différente, ne peut constituer qu'un rapprochement superficiel. Le « socialisme national » n'est pas une synthèse qui retiendrait, comme une de ses composantes essentielles, l'un des éléments contradictoires du socialisme. Il est un mouvement directement opposé au socialisme et qui ne lui ressemble que parce qu'il est, comme lui, adapté au monde moderne.

Et j'en viens maintenant à d'autres lettres, après lecture desquelles je me sens obligé d'ajouter des compléments à nos explications orales.

Voici d'abord une lettre d'Albert Rivaud. Elle constitue, à première vue, une approbation sans réserve des idées exposées par moi. Elle est malheureusement rédigée en des termes qui m'amènent à me demander si Albert Rivaud interprète mes idées d'une manière qui soit propre à me donner entière satisfaction. Après m'avoir félicité d'exprimer des idées très proches de celles auxquelles l'a amené sa réflexion propre, il poursuit :

Depuis assez longtemps j'étudie l'histoire du marxisme, à l'occasion du livre que je fais sur l'Allemagne. À mon avis il y a antagonisme entre le socialisme — système d'organisation applicable uniquement dans un cadre limité, ainsi que les anciens l'avaient compris —- et l'internationalisme. D'autre part, l'idée de la lutte des « classes » rend impossible toute organisation ; et, d'ailleurs, elle n'a été utilisée par les marxistes qu'en vue de détruire l'ordre existant, jugé mauvais. C'est un instrument de guerre, et rien de plus Enfin le socialisme marxiste dut commencer dans un pays donné. Ce pays, devenu communiste, tend à imposer la révolution aux autres pays. Après avoir mis fin chez lui à la lutte de classes par des moyens violents, il s'applique à la propager au dehors, pour affaiblir les autres nations. À la fin ce marxisme mène à un impérialisme national, servi au dehors par les procédés de la politique traditionnelle, aggravés grâce à l'idéologie de la lutte de classes. Le marxisme dut amener la formation d'états tyranniques du type ancien, pratiquant une politique réaliste d'expansion. Cette évolution a été rendue plus facile par le matérialisme marxiste ; ce matérialisme n'est pas primitif chez Marx. Il a été employé comme un moyen de détruire du dedans, chez les pays étrangers ou ennemis, les sentiments moraux et charitables sur lesquels repose en fin de compte une vie sociale.

Je n'insisterai pas, dans cette lettre, sur les phrases qui traduisent en effet très exactement ma pensée : nos licteurs n'auront pas de peine à les découvrir. J'attirerai plutôt leur attention sur es points où j'ai le droit de dire qu'il me semble la déformer. C'est en concentrant contre la personnalité et la doctrine de Karl Marx tout l'effort de ses dénonciations. Ainsi parlaient Mussolini et Hitler lorsqu'à onze ans d'intervalle ils prirent le pouvoir en Italie et en Allemagne : ils se présentaient comme voulant sauver la liberté menacée par la tyrannie marxiste. Sur un seul point, le langage d'Albert Rivaud est différent : c'est là où, dans la dernière phrase, il présente Karl Marx, si nous le comprenons bien, comme un agent pangermaniste, qui travaille à « dé moraliser » les peuples étrangers dans l'intérêt de la grande Allemagne ; Hitler ne dirait certainement pas cela, et sur ce point, selon moi, c'est Rivaud qui a tort, non Hitler. Pour préciser en quoi consiste ici le dissentiment entre Albert Rivaud et moi, je ferai observer que, dans la seule phrase de ma communication où le nom de Karl Marx se rencontre, j'ai mis Karl Marx du côté de l'internationalisme et de la liberté par opposition à Ferdinand Lassalle, qui était un nationaliste autoritaire. Karl Marx, qui n'était qu'un radical avancé lorsqu'il vint à Paris pour y faire la découverte du socialisme et du communisme, subit ensuite fortement, par l'intermédiaire de Friedrich Engels d'abord, et ensuite par l'action directe d'un séjour de trente années à Londres, l'influence du libéralisme anglais, sous cette forme fortement marquée d'internationalisme qu'était le libre-échangisme des économistes politiques. René Berthelot nous le faisait observer très justement. Très hostile à la notion de patrie (voir sa *Critique du programme de Gotha*), ce qu'il attendait était la crise mondiale, qui devait anéantir le capitalisme, victime de sa propre hypertrophie, et assurer d'un seul coup, par l'impossibilité physique où se trouverait le capitalisme de subsister, le triomphe du socialisme sur toute la surface de la planète.

Il y a bien la dictature du prolétariat. Et le marxiste est obligé de se demander ce qu'il fera s'il lui arrive de conquérir le pouvoir avant que la société économique soit mûre pour le triomphe du communisme. Le problème se posait au moment où, en 1848, Marx et Engels écrivaient le *Manifeste communiste* pour servir de programme à une révolution imminente. Il se posait beaucoup plus tard, lorsqu'Engels donna son nom à la théorie de la dictature du prolétariat (théorie qui est d'origine française, jacobine et blanquiste) pour servir de programme à des partis marxistes nationalement constitués au sein des diverses patries européennes. Il ne se posait que d'une manière beaucoup plus vague pour Karl Marx au moment où, dans le cours des années cinquante et des années soixante, il travaillait à l'élaboration du *Capital.* Si on lit, d'ailleurs, les chapitres du *Manifeste communiste* qui correspondent à ce qu'on appellera plus tard « la dictature du prolétariat », on verra qu'il ne s'agit que d'un radicalisme fiscal très accentué, qui ne ressemble que de bien loin à la tyrannie moscovite. ; Pour produire celle-ci, il a fallu, non pas la propagation de l'idée marxiste, mais l'expérience des quatre années de la guerre mondiale qui ont démontré de quels pouvoirs les progrès du militarisme, du bureaucratisme et de la science ont investi l'État moderne. De cet état de guerre j'ai déduit (et Albert Rivaud ne tient aucun compte, dans l'approbation qu'il veut bien donner à ma thèse, de ce qui était à mes yeux l'essentiel de celle-ci) en premier lieu l'avènement du bolchevisme, en second lieu l'avènement du fascisme italien et du national-socialisme allemand (dont Albert Rivaud ne dit pas un mot). Ces « frères ennemis » (pour employer l'heureuse expression d'un autre de mes correspondants, Maurice Blondel) ont un père commun, qui est l'état *de guerre.*

Et sur ce point je suis heureux que Maurice Blondel soit d'accord avec moi, tout en formulant certaines critiques, très dignes d'être prises en considération :

Vous longuement observe et médité la dialectique de l'histoire politique et sociale, en y démêlant aussi l'influence des impérieuses nécessités de la guerre et de ses suites. Je ne sais si au mot « tyrannie », que vous employez pour caractériser l'ère actuelle où se manifeste inversement une fidélité méritoire et d'autant plus ardente au régime de liberté et à la reconnaissance des valeurs spirituelles, je ne préférerais pas le vieux mot de « dictature ». Vous remarquez en effet que les exigences militaires ont beaucoup contribué à susciter, à imposer, à faire supporter l'autoritarisme, que le sens politique des Romains avait inventé et limité aux heures d'extrême danger. Vous m'objecterez sans doute que l'autocratie qui s'installe en maints pays ne ressemble plus à un pouvoir dictatorial de six mois ; mais peut-être que, si la grandeur et la complexité des événements étendent et prolongent certains régimes de force et de compression, leur domination, incertaine dans sa durée, ne saurait s'installer définitivement comme la forme normale ou du moins longuement viable des sociétés civilisées. La pérennité des tyrannies antiques ne semble plus possible, quels que soient les services rendus, mais achetés au prix des vraies énergies civiques, des libertés spirituelles et des plus hautes initiatives personnelles et morales.

Dans les grands mouvements qui agitent le monde, il y a donc autre chose que le remous de la psychose guerrière, des crises économiques, des transformations scientifiques et culturelles. Il y a une question d'idéal humain, de principe organisateur, de fin permanente et suprême à proposer à l'effort social, à l'ordre politique, au problème humain tout entier. Et c'est ici que vos analyses ont tout leur prix en montrant les contradictions internes, les antinomies dynamiques, qui renvoient d'un extrême à l'autre des conceptions opposées, mais qui, par cette opposition même, sont encore des espèces du même genre, des formes prisonnières de semblables insuffisances ou mutilations. Vous dites, par exemple et non sans raison que notre second Empire, comme le premier d'ailleurs, a été le choc en retour d'une démagogie révolutionnaire ou d'un socialisme anarchisant. Inversement, le socialisme organisateur et hiérarchique risque toujours d'osciller de la dictature d'une masse à celle d'un homme, tant que l'organisation des moyens de production, d'encadrement et de jouissance fait abstraction de la dignité singulière des personnes et de leurs aspirations légitimement infinies. Vous nous aidez à le remarquer nous-mêmes avec beaucoup de force lorsque vous résumez cette secrète logique des répercussions politiques et sociales sous la forme d'une contradiction interne entre une libération individualiste et une organisation totalitaire.

De ce tic formule vous dégagez le double illogisme dont souffre toute la société européenne et peut-être bientôt mondiale. D'une part, les partis qui se disent « conservateur^ » de l'ordre acquis réclament « le renforcement presque indéfini de l'État », mais c'est pour protéger les situations acquises contre l'étatisation économique ou contre l'organisation d'un ordre plus équitable, qui présentement leur apparaît un désordre, contre lequel ils réclament seulement la force publique. D'autre part, « les partis socialistes demandent l'extension indéfinie des fonctions de l'État » et de ses ingérences dans la sphère des intérêts économiques, mais en exténuant de plus en plus son autorité arbitrale et coercitive entre toutes les classes sociales dont certaines, moins nombreuses et dont l'œuvre — toute nécessaire qu'elle est à la santé spirituelle des peuples — est plus facilement méconnue et sacrifiée ; en sorte que l'extension même des fonctions de l'État et le déplacement de son rôle aboutissent à une dictature inverse, celle du « prolétariat », se substituant au juste équilibre de toutes les valeurs nécessaires à l'ordre dans la liberté.

D'une autre lettre qu'il m'écrivit par la suite, j'extrais le passage suivant, qui me semble définir, plus nettement encore que le début de la première, sur quel point porte, entre Maurice Blondel et moi, le dissentiment.

1° Il ne semble pas que la concentration de l'autorité qu'a exigée l'état de guerre de 1914 à 1918 réponde à l'idée ni de tyrannie, ni du fascisme, ni de la domination prolétarienne. Il s'agissait, en effet, de sauver militairement l'indépendance, l'intégrité, la vie même des pays menacés. Et c'est bien pour des cas analogues que Rome avait inventé le dictateur ;

2° Si les répercussions de la guerre ont suscité des gouvernements autoritaires et totalitaires, c'est d'après des idéologies et des mainmises soi-disant utilitaires qu'ont surgi, en divers pays, des régimes de force, mais non pas chez tous les peuples belligérants, quoique des difficultés analogues se soient produites chez tous. Il y a eu des réactions contraires, mais qui prouvent l'absence d'identité logique entre l'état de guerre et l'état totalitaire ;

3° Il me semble que, entre la notion antique et théorique du tyran » ramenant tout à soi, et le Duce, le Führer ou encore Lénine ou Staline prétendant n'agir et n'être que pour le peuple, la nation, la grandeur politique, les intérêts vitaux d'une masse grégaire et dépersonnalisée, il y a une hétérogénéité formelle. Sans doute, pratiquement, Staline, comme l'indique Gide, ramène toute la ferveur adoratrice à soi seul, Hitler et Mussolini, reçoivent l'apothéose de Néron ; mais, enfin, leur despotisme se colore de nuances toutes différentes de celles de la tyrannie déclarant : « L'État, c'est moi » et pratiquant non seulement le « *Paucis vivit humanum genus* », mais l'unicité totalisante du peuple incarné en un homme.

Maurice Blondel, si je le comprends bien, se refuse à admettre l'étroite connexion que j'ai établie entre les régimes contemporains de tyrannie et le régime dictatorial des années de guerre. Il invoque à l'appui de sa thèse : 1° que tous les États belligérants n'ont pas adopté, une fois la guerre terminée, le régime tyrannique du fascisme : ces régimes n'ont donc pas l'universalité qu'il faudrait pour qu'on pût parler d'une ère des tyrannies consécutive à la grande guerre ; 2° que, dans les pays où s'est installée la tyrannie fasciste, elle s'y est installée à des époques différentes, pour répondre à des besoins différents selon le pays, besoins qui peuvent n'être que temporaires comme l'avait été au temps de la guerre la nécessité de défendre le pays menacé. Ils passeront quand les besoins auxquels ils répondent auront cessé de se faire sentir. Le régime n'offre donc ni le caractère de nécessité, ni le caractère d'universalité qu'il faudrait pour que ma thèse fût fondée. Pour marquer son caractère transitoire et précaire, Maurice Blondel aimerait que l'on parlât de dictature plutôt que de tyrannie.

Cela étant, je voudrais grouper avec la lettre de Maurice Blondel deux autres lettres qui, sous des formes très différentes, me semblent impliquer des réserves assez pareilles aux siennes.

Raymond Lenoir proteste contre la simplicité excessive de mes schémas. La méthode sociologique est plus réaliste : la sociologie considère les phénomènes sociaux comme trop souples pour se laisser emprisonner dans les cadres rigides d'une doctrine abstraite.

Le temps présent, où élans, confusions, incertitudes traversent les nations européennes et américaines, ne laisse pas d'avoir quelque analogie avec la rivalité des cités grecques, oublieuses des Amphictyonies, assez ravagées d'ambition pour que Denys de Syracuse pense tirer de Platon, en des entretiens sur les nombres, la clef de la puissance. Quoi qu'en puissent dire les politiques, il est loisible au philosophe de demander raison des théories dont se recommandent les actes, d'en examiner la vertu agissante sur les idéologies nationales comme sur les transformations structurales des Républiques, des Monarchies, des Révolutions et des états d'anarchie pure. Il peut souhaiter aussi dépasser ce degré critique impuissant à réduire les oppositions qu'une vue trop peu compréhensive muerait en contradictions insolubles. Restitue-t-il aux Sociétés humaines, considérées sous tous les aspects que peut offrir l'activité, la plasticité qui les ordonne suivant leur expansion naturelle, leur aptitude à créer, leur respect de la vie, tout contraste devient expression de l'énergie. En tout moment les forces sociales qui passent sur le monde se croisent et se séparent. Les faits situés au point de convergence tiennent de notre défaut d'attention une simplicité apparente, que consacrera l'histoire. Les formes et les formules qui les expriment peuvent se faire théories artistiques, systèmes philosophiques, programmes politiques, convictions religieuses ; elles accusent toujours les rencontres, les adolescences, les abandons avec assez de précision pour que le sociologue retrouve dans la vie de toute doctrine le même principe d évolution.

Tout événement assez violent pour ébranler l'ordre d'un groupe et menacer de proche en proche l'équilibre des groupes voisins unit des activités et des intérêts assez conscients de leur disparité pour provoquer l'apparition d'un système d'idées où se révèle la trame passagère des connexions d'un jour. Le théoricien les discerne, les isole des courants et les impose avec autorité. Le politique les confronte avec la vie publique, pour introduire toutes sortes de nuances, d'atténuations, de compromis, de déformations, au gré des génies nationaux et des talents individuels. En se propageant, le système entre en contact avec les passions, les appétits, les égoïsmes. Le défaut d'information ou de discernement, l'ignorance en font une opinion. Les éléments élaborés se dissocient et se regroupent en systèmes parasitaires à base d'émotions collectives, la faim, la peur, la crainte de la pauvreté, l'envie des richesses, la haine de la vie spirituelle.

Pour se passer dans un continent trop vieux, accoutumé aux institutions monarchiques, la Révolution ne connaît pas chez nous l'expansion sans entraves des États-Unis d'Amérique. Au dehors, elle entraîne la prise de conscience des nationalités et la constitution d'armées permanentes. Au dedans, elle se heurte à la tradition orale magnifiant une vie plus facile. Privilèges et abus surgissent à nouveau, qui paralysent les élans de civisme, restaurent le pouvoir royal. Solution paresseuse où se complaît assez la médiocrité commune haïssant les inégalités naturelles et redoutant l'effort. Quelques conquêtes politiques demeurent. Le libéralisme, en la personne de Guizot, les rend inoffensives pour le régime traditionnel. Tout rappel de la Révolution devient sacrilège. Le comte Henri de Saint-Simon, assez sympathisant pour participer au partage des biens nationaux, aura l'insistance d'un polémiste pour rappeler tour à tour le bouleversement économique issu des désordres sociaux et des guerres européennes, la réorganisation qu'il impose, et la nécessité d'une transformation morale.

Le philosophe se doit de considérer toute idée sociale comme une force attractive mettant en harmonie les hommes et les peuples. H voit sans étonnement son rayonnement décroître d'année en année : de peuple à peuple, de citoyen à citoyen une désharmonie naît. La prodigalité diaprée de la vie en faisait une menace. Le recul des grands souvenirs en fait une réalité. Et les nations resserrées dans un même continent, frontière à frontière, tenues d'entretenir un certain nombre de rapports internationaux et de relations cosmiques, cessent de vivre en même temps et au même rythme. En vain les intellectuels essaient de conjurer un éloignement croissant et de refaire l'accord des esprits. En vain évoquent-ils tout ce que les groupes désormais opposés peuvent avoir de commun dans l'histoire comme dans les lendemains, expression suprême que donne l'art du goût de vivre. Chaque acte, chaque décision politique se refuse à l'appel de l'ordre humain. Qu'une idée unisse assez de forces vives pour mener le désaccord à la limite, instaurer un état d'anarchie propice aux formations futures. Le philosophe peut éprouver quelque amertume de ce qu'elle va toujours des actes aux intentions, de la masse à l'homme pris en sa réalité profonde. Il lui est encore possible de confronter ces avances d'idées avec l'idée de l'univers qu'il s'est faite, pour en parfaire sans cesse le détail avec le concours des savants. Il est assez d'éléments d'ordre et une éthique assez claire dans l'organisation du monde.

Pour surmonter le malaise où nous place l'attraction simultanée de l'ordre et de l'anarchie, de la liberté et de l'autorité, du légal et du toléré, du pouvoir législatif et de l'organisation économique, il n'est que de restituer aux sociétés, considérées comme nous le faisions en décembre 1924 dans la *Revue de Synthèse historique*, leur souplesse. Ce qui choque, quand le parti pris oppose conviction à conviction, est pourtant fondé dans la structure, même de la vie sociale. Comme les forces naturelles, comme les organismes vivants, les groupes humains, alliés au retour des années et des saisons, sont soumis en chacune de leurs fonctions, à un rythme. À la différence des autres ordres, la dépendance respective des fonctions assurant l'organisation sociale ne vaut que pour une période. La vie sociale est dans sa modification. L'historien la décrit. Au sociologue de préciser la durée et l'amplitude des changements, d'en marquer les limites et de dénoncer tout excès susceptible de compromettre un équilibre par une destruction ou le maintien temporaire d'un mode d'activité sous une contrainte générale de domination et de désordre.

A-t-il été assez heureux pour prévenir le désarroi des esprits, la misère des villes, la mort violente des générations, il lui faut encore rappeler l'accent moral commun à toutes les revendications humaines. Tous pensent s'inspirer de la justice que l'antiquité sut mettre à la fois au centre du monde et au cœur de la cité, garante d'un seul équilibre. En différentes parties d'Europe et du monde, les remaniements territoriaux st les armements ont provoqué la rupture de la deuxième Internationale et en même temps des bouleversements sociaux assez neufs pour méconnaître la leçon de l'Hellénisme, répudier toute .filiation historique, se vouloir agissants au dehors. Aux générations d'après guerre, élevées dans la vacance des civilisations, ils proposent à la fois l'attrait de l'acte et la fascination des phraséologies politiciennes. Violence éprouvée, engouement passé, il reste à mettre en garde contre la barbarie des néologismes et la simplicité des formules d'un jour. Tous ces grands changements : démoralisation, atteintes portées aux codes écrits et au code de l'honneur, violation des contrats, ajournement des dettes, effacement du pouvoir parlementaire, organisation fédérative de républiques, apparition des groupes économiques abolis avec la monarchie française, adjonction à leur fonction normale du politique, remise du pouvoir législatif, du pouvoir exécutif, du pouvoir judiciaire à un petit nombre d'hommes non mandatés par une majorité, recours à un seul homme ne sont pas le jeu du caprice. Ils reproduisent jusqu'à la négation, en un temps aussi dépourvu de Pythagorisme qu'il est oublieux des Physiocrates, la Révolution française. Il n'est que de l'évoquer au moment où elle se veut une, où elle ne connaît plus ni organisation rivale, ni parti, ni société secrète, moins par répression des dissidences que par adhésion spontanée aux vérités conquises sur l'animalité devant la mort. Seul l'établissement d'institutions fondées sur les possibilités de l'homme, la mise en œuvre des aptitudes, la vertu civique et la valeur d'ordre des talents en a fait plus qu'un renversement des conditions, plus qu'une conversion morale où se complaisent en leur nature chrétienne les révoltes et les réformes, une Renaissance.

L'acte de 1792 qui prélude à la réorganisation des sociétés, à la souveraineté du peuple, est assez ample pour se développer pendant des siècles. La guerre mondiale a pu confirmer les prévisions des sociologues, assurer la stabilité et la force croissante de la République. Elle ne peut gagner la Russie, l'Italie, l'Allemagne, l'Espagne encore sous l'empire d'institutions monarchiques sans provoquer tour à tour la rupture en armes et le compromis politique. Aussi ne sauraient-ils présente^ un État ou une Internationale qui dépasse, qui atteigne même notre monarchie parlementaire affranchie des corporations, des jurandes et des maîtrises, non plus que la troisième Internationale jetant, avec le *Système de Politique Positive*, les singularités nationales au creuset de la République universelle. Régressions et anticipations s'y heurtent en un conflit trop douloureux, trop décousu pour avoir la vertu des idées généreuses. Elles ne créent partout qu'incohérence doctrinale. Les formes adultères qui en naissent seraient fantaisistes, si leurs auteurs étaient assez libres pour préférer aux charges, l'humour. Elles se dissolvent devant Je prosélytisme de notre Révolution, la remise de la force au service du droit, l'institution républicaine de l'univers.

Déjà la Russie surmonte le déséquilibre de sa première Constitution. Les droits d'homme et de citoyen ne sauraient nous faire redouter l'ascendant des créateurs. Ils préservent des déformations et des outrages l'amour de vivre.

Georges Bénézé, de son côté, persuadé que la victoire finale du libéralisme est liée à l'ascendant des classes moyennes, refuse de croire à leur déchéance irrémédiable, comme le voudrait le schématisme marxiste.

Je ne puis, m'écrit-il, laisser passer sans protester les affirmations de Maublanc. Que le régime soviétique mérite les plus grands éloges, c'est possible. Mais qu'on nous le présente comme le vestibule du paradis, c'est exagéré : demain, vous serez heureux ; aujourd'hui, courbez-vous.

Mais même en faisant abstraction de cette dialectique trop habile, on ne peut accepter le « tableau » de l'état actuel de l'U.R.S.S. Comment ne pas voir que cet état est en train de favoriser la naissance d'une nouvelle classe, classe qui finalement redonnera à la Russie et des classes supérieures de dirigeants et des classes moyennes ? Comment ne pas tenir compte de ce fait capital : le traitement, le salaire, distribué non suivant les besoins, mais suivant le travail et les « capacités » ? Comment ne pas prévoir à partir de cela les tendances à la fortune ou la situation héréditaires et, quel que soit le masque juridique, l'appropriation familiale ou individuelle ? Voilà des faits précis, et facilement soutenus par cet autre que le parti bolcheviste constitue comme une aristocratie dans l'immense empire. C'est le noyau tout désigné de ces nouvelles formations.

Qu'on ne dise pas que nous ne devons pas les assimiler à notre bourgeoisie. Pourquoi pas ? Notre bourgeoisie capitaliste a trouvé sa raison d'être dans l'organisation de la production industrielle. Pourquoi, en retour, l'organisation de cette « intense productivité » en U.R.S.S. n'aurait-elle pas comme effet la constitution de cadres privilégiés analogues aux nôtres ? L'éducation morale des chefs et sous-chefs bolchevistes est-elle formée à ce point qu'ils résisteront en chœur à ce prestige d'une autorité « appuyée sur l'intérêt général » ? En somme, au contraire, la Russie va se mettre à la page de l'Occident. Elle était passablement en retard.

Cela répond en partie au questionnaire de votre résumé antérieur à la séance de la Société de Philosophie.

Oui, il y a contradiction interne dans le socialisme, et elle apparaîtrait nettement mortelle pour l'idéologie socialiste, si le socialisme prenait le pouvoir. Mais il ne le prendra pas. Les classes moyennes sans qui on ne peut rien faire, ne l'ont pas encore permis, et elles n'en prennent pas le chemin, que ce soit en Angleterre, en France, en Allemagne ou en Italie. Même paupérisées, elles restent au service des clans dirigeants, alliés naturels. Et, d'ailleurs, on peut constater que le socialisme n'a jamais proposé un plan consistant pour rénover l'économie du continent.

La liberté reste un idéal, apanage des classes moyennes, et périt avec elles ; *a fortiori* si la guerre survient.

Pour répondre à ces objections, je me référerai à certaines questions posées en 1927 par Charles Seignobos, aux lecteurs d'un journal américain. « Le régime représentatif, demandait Charles Seignobos, est-il en voie d'être remplacé par le gouvernement arbitraire ? Je demande la permission de répondre par une question — ou plutôt deux questions. Quelqu'un peut-il imaginer rétablissement d'une dictature, même prolétarienne, en Suisse, en Grande-Bretagne, aux États-Unis, au Canada, en Norvège ou en Hollande ? Quelqu'un peut-il garantir dix années d'existence aux dictatures en Espagne, en Italie, ou même en Russie ?... »

Laissons de côté l'Espagne, pour des raisons qui sautent aux yeux de tout le monde : elle n'est sortie d'une dictature, de deux dictatures, que pour être menacée d'une troisième. Mais le régime de la « dictature » (pour parler comme Charles Seignobos : mais une dictature qui dure vingt ans, six ans de plus que le *grande mortalis aevi spatium* de Tacite, est-ce encore une dictature ? N'est-ce pas une tyrannie ?) dure toujours en Russie, à moins qu'on ne veuille tenir la Constitution de 1936 comme le début d'un affaissement. La tyrannie italienne est, selon toutes les apparences, plus solide qu'il y a dix ans. Enfin, chose grave, le régime fasciste s'est implanté dans un grand pays de plus de soixante millions d'habitants qui pouvait être considéré comme étant, sous bien des rapports, à la tête de la civilisation européenne.

Et le reste de l'Europe ? Je ne parlerai pas des tyrannies balkaniques. Elles n'offrent aucun caractère de nouveauté. La tyrannie, dans ces pays-là, était couramment considérée, jadis, comme étant une forme inférieure de gouvernement adaptée aux besoins de peuples de culture inférieure ; bien des Anglais, il y a une dizaine d'années, faisaient à l'Italie l'injure de tolérer la tyrannie mussolinienne comme adaptée aux besoins d'un peuple qui, à leurs yeux n'avait pas beaucoup dépassé le niveau de la civilisation balkanique. Mais il y a ceci de nouveau dans les tyrannies balkaniques d'aujourd'hui. Les tyrans ne s'excusent plus, auprès des nations occidentales, de la nécessité où ils se trouvent de gouverner leurs peuples par des procédés autocratiques et barbares. Ils ont l'impression que, ce faisant, ils se haussent au niveau de la civilisation allemande.

Sur un autre point, les dix dernières années ont vérifié les prédictions de Seignobos. Point de dictature, même prolétarienne, en Suisse, en Grande-Bretagne, en Norvège ou en Hollande. Notons cependant, en premier lieu, que Charles Seignobos ne parlait ni de la France ni de la Belgique, et que, sans contester l'extrême solidité du régime de la démocratie représentative dans ces deux pays, il est impossible de dire que l'un et l'autre, le petit comme le grand, ne sont pas plus menacés par le prestige du gouvernement arbitraire qu'ils ne l'étaient il y a dix ans. Notons en second lieu que ces pays, dont le régime est représentatif, sont devenus des pays timides, avides de défendre un passé qui leur est cher plutôt que de travailler pour un avenir dont ils sont sûrs. Leur attitude, vis-à-vis des gouvernements arbitraires, est l'attitude de la peur : faut-il en donner des exemples, qui viennent tout de suite à l'esprit de tout le monde ? Le prestige, le pouvoir d'intimidation est de l'autre côté. Même quand la zone des gouvernements arbitraires ne devrait pas gagner de terrain, elle est déjà suffisamment étendue, et le prestige de ces gouvernements est assez grand pour que l'on puisse considérer cette forme de gouvernement comme constituant, selon la formule de Fourier, le caractère « pivotal » de l'ère historique que traverse l'Europe.

Je suis d'ailleurs disposé à admettre, avec Bénézé, que l'avenir des classes moyennes est moins désespéré que ne le voudrait l'orthodoxie marxiste. J'avoue seulement en passant me sentir troublé de voir Bénézé, après avoir identifié la cause des classes moyennes à celle du libéralisme, présenter — non sans raison d'ailleurs — comme une réaction victorieuse des classes moyennes ce qui se passe en Allemagne et en Italie. Je suis pareillement en plein accord avec Raymond Lenoir pour reconnaître que la réalité historique est trop complexe, la vie des sociétés trop souple, pour se plier à la simplicité et à la rigidité de nos cadres. J'y songe en me reportant par la pensée à la séance du 23 novembre, et en observant certain aspect du problème sur lequel aucun des interlocuteurs, à commencer par moi-même, n'a porté son attention. Je veux parler de la lutte de l'État et de l'Église. Car la Rome impériale a eu deux héritiers : l'Empire et l'Église, l'un et l'autre totalitaires dans leurs ambitions. Il semble qu'ici ou là, et peut-être partout, tôt ou tard, le conflit doive éclater entre ces puissances. Et qui sait si ce conflit, qui se trouve placé complètement en dehors de l'objet de ma communication, ne sera pas le fait fondamental du siècle qui s'ouvre, avec des conséquences, pour la liberté des consciences, qu'il serait intéressant, mais qu'il est difficile de deviner ?

Quoi qu'il en soit, j'ose dire qu'un siècle nouveau s'est bien ouvert, avec des caractères nouveaux, qui offrent un caractère de permanence. C'est pourquoi (je réponds ici à Maurice Blondel) j'ai préféré au mot romain de dictature le mot hellénique de tyrannie, qui désigne un régime durable, né, pour des raisons que la « sociologie » de Platon et d'Aristote essaie de définir, de la dégénérescence de la démocratie. Et la tyrannie grecque a fini par aboutir à la grande tyrannie mondiale de l'empire romain, qui a donné au monde méditerranéen quelques siècles de paix, à défaut de la liberté. Maurice Blondel conteste le rapprochement trop étroit que je prétendais établir, en correspondant avec lui, entre les nouvelles tyrannies et l'« anthropolâtrie » de la Rome impériale. Mais je suis persuadé que, de même qu'aujourd'hui il y a anthropolâtrie dans les nouveaux régimes, de même la Rome antique offrit sous les Césars un caractère social plus marqué que n'aimaient à l'admettre ses opposants aristocratiques, ennemis de ce gouvernement des masses. J'ai eu l'occasion dans le dernier volume de mon *Histoire* du *Peuple Anglais*, de citer cette phrase curieuse d'un jeune Anglais, adepte enthousiaste de l'étatisme socialisant : « Je me demande, écrivait-il, pourquoi diable le monde n'a pas fondé une religion sur César plutôt que sur le Christ... Il me semble... que des deux personnalités, celle de César était de beaucoup la plus importante. Et peut-être ce culte n'était-il pas aussi absurde que l'ont cru ces maudits historiens chrétiens. Adorer n'est pas la même chose que prier. »

Ce siècle nouveau, il commence, selon nous, avec la fin de 1914 et la proclamation de l'état de siège dans les grandes nations belligérantes d'Occident. La filiation entre cet état de siège et les régimes de gouvernement arbitraire est contestée par Théodore Ruyssen, à propos de celui de ces régimes au sujet duquel la filiation me semble évidente. « Je crois, m'écrit-il, que le bolchevisme russe, même s'il n'avait pas dû lutter deux ans contre les armées étrangères ou menées par des influences étrangères, se serait développé selon le plan marxiste, et, plus encore, selon le plan lassallien. N'oublions pas l'influence énorme qu'a toujours exercée l'autoritarisme prussien en Russie, même du temps des Tsars. » Je reconnais ce qu'il y a de judicieux dans cette dernière observation : c'est, je crois, Milioukin qui a dit que « le bolchevisme construisait sur la base solide du tsarisme ». Il reste que le bolchevisme pouvait sombrer dans l'anarchie, et l'ordre être rétabli en Russie par ses adversaires. Je ne vois qu'une surenchère d'anarchie avec les social-révolutionnaires dans cette période de l'histoire du bolchevisme qui va des journées d'octobre à la signature du traité de Brest-Litovsk. C'est après la signature de ce traité, lorsque la Russie socialiste doit subir l'assaut d'ennemis qui lui viennent des quatre points cardinaux, que je vois apparaître ce « communisme de guerre » qui est bien, sous sa forme la plus intense, un nationalisme autoritaire et où il est difficile de ne pas voir une combinaison entre l'idéologie communiste et les nécessités de la conduite de la guerre.

Pour établir que la même observation vaut au sujet des tyrannies d'Italie et d'Allemagne, il pourrait suffire de remarquer que, pour ce qui est de la forme du gouvernement, Rome a imité Moscou avant que Berlin n'imitât Rome. Mais l'action du régime de guerre sur les deux nations de l'Europe Centrale est plus directe encore. La philosophie commune à Mussolini et à Hitler, avant leur prise du pouvoir, c'est une philosophie d'anciens combattants, humiliés de voir leurs pays militairement et diplomatiquement diminués, et rendant responsables de cette humiliation la médiocrité du régime représentatif. Ce qu'il y a de socialisme dans les deux régimes ne s'est pas soudé avec le nationalisme intégral selon les mêmes lois. Hitler, quand il prit le pouvoir, mit en tête de son programme ce qu'il y avait d'éléments socialistes dans son « socialisme national ». Car il s'agissait alors, pour gagner le pouvoir, de laisser espérer aux masses populaires, non pas qu'on effacerait la honte de Versailles, mais qu'on redonnerait « du travail et du pain » à six millions de chômeurs. Mussolini, bien au contraire, quand il avait, neuf ans plus tôt, marché sur Rome, s'était déclaré brutalement antisocialiste : et c'est seulement quatre ans plus tard que, les incohérences de sa politique financière et monétaire ayant précipité une crise extrêmement grave, la logique interne de son système l'a conduit aux formules du « socialisme corporatif ». Mais, de part et d'autre, même mélange d'une idéologie prolétarienne avec une idéologie militaire. Camps du travail. Front du travail. Bataille de ceci et de cela. Et le régime pris en lui-même, on ne saurait le définir que comme l'état de siège en permanence, sous le contrôle de milices animées par une foi commune.

Je viens de parler du corporatisme. Que ce soit, pour moi l'occasion de répondre à l'objection que me présente Félix Pécaut. « Le corporatisme, me demande-t-il, est-il une étatisation croissante ? Je croyais que ce qu'il y avait d'essentiel, c'était de donner force de loi aux décisions prises à la majorité par une corporation, (Est-ce qu'en Angleterre on n'a pas été très loin dans cette voie, pour le lait, le beurre, etc. ?) À ce compte, le corporatisme peut être dit étatisation, mais aussi démembrement de la puissance publique. Quant à la part faite aux ouvriers, en Italie, est-elle autre chose qu'une feinte ? Car les délégués ouvriers ne sont pas élus par leur syndicat, mais nommés par l'autorité fasciste. » Et je joindrai à cette citation une autre, extraite des lettres que je reçois de Charles Appuhn, afin de répondre en bloc à mes deux correspondants. « En France, à mesure que l'État intervient davantage dans la production et la répartition des richesses, il paraît plus incapable de remplir convenablement ses fonctions primordiales, qui consistent, je pense, à assurer le maintien de l'ordre, le respect des personnes, la liberté du travail, etc. Est-ce ainsi que vous comprenez *l'affaiblissement* de l'autorité ? Je voudrais être certain que nous nous entendons sur ce point. Cela me permettra de vous poser une autre question. L'affaiblissement de l'autorité — je dirais du gouvernement plutôt que de l'État —- s'il a bien le caractère que je viens d'indiquer, ne tient-il pas au développement d'une institution qui prétend remplacer en quelque sorte le gouvernement et aspire à la tyrannie ? Vous avez compris que je voulais parler du syndicat. »

Je réponds. Oui, c'est bien cela, et je songeais à cet affaiblissement de l'autorité de l'État par l'ingérence du syndicat. Je n'aime guère, cependant, à parler, en ce cas précis, de tyrannie syndicale, tout en reconnaissant que l'expression peut être employée pour désigner, avec une nuance péjorative, cette discipline imposée aux rebelles par l'état-major syndical, en vue de les forcer au respect des règles édictées. Je parlerais plutôt ici d'anarchie syndicale, pour désigner l'action paralysante exercée sur la discipline de la production par les ouvriers quand ils se sentent plus ou moins maîtres de l'usine. Afin de réagir contre cette anarchie, appel est fait à l'État, pour le « maintien de l'ordre », comme le dit bien Appuhn, mais non, comme il le dit moins bien, pour « le respect des personnes et la liberté du travail ». Le syndicat, chez les Soviets, après bien des vacillations de doctrine, a fini par devenir selon la doctrine officielle, non pas un organe de lutte contre la tyrannie d'en haut, mais un organe de gouvernement pour l'organisation .et l'intensification méthodiques de la production. La corporation selon la formule mussolinienne ou hitlérienne n'a rien à voir avec les corporations du moyen Age, créations spontanées de l'économie auxquelles l'État apportait seulement le sceau de la légalité (et il en serait de même de certaines corporations, organismes d'ailleurs encore bien fragiles, dans l'Angleterre libéralisante) ; elles sont les créations, les émanations de l'État, dirigées par des chefs que l'État a choisis, auxquels il n'accorde que des pouvoirs consultatifs ; et l'ensemble ne constitue qu'un minimum d'institutions délibérantes, dans ce qui n'est qu'une étatisation générale de l'économie. Dégénérescence du corporatisme vrai, me dit Pécaut. Je le veux bien ; mais il s'agit d'une dégénérescence en quelque sorte normale du corporatisme. Elle présente un des aspects de ce que j'appelais la contradiction interne du socialisme.

Le socialisme veut réagir contre l'anarchie de la production, contre les gaspillages de la production. Il est, en conséquence, une doctrine d'organisation et d'étatisation. Mais il est en même temps une doctrine de lutte contre toute autorité, d'émancipation intégrale. Or les deux tendances sont difficilement compatibles. Étatisation des chemins de fer, des mines, des banques, en quoi tout cela contredit-il le césarisme, la doctrine du gouvernement arbitraire ou tyrannique ? Hitler, au moment où j'écris ces lignes, vient d'opérer une étatisation de la Reichsbank beaucoup plus radicale que ne l'a été l'étatisation de la Banque de France, opérée, l'été passé, par le Front Populaire. Faisons un pas de plus. L'État auquel le socialisme fait appel pour mettre l'ordre dans la production, c'est nécessairement l'État national : toute étatisation, c'est nécessairement une nationalisation. Le socialiste qui veut être en même temps libéral est internationaliste. Il cherche à superposer les formules du libre-échangisme classique aux formules du socialisme orthodoxe. Et cependant, comment concilier avec la nationalisation de toute production la liberté laissée aux producteurs d'échanger avec qui ils veulent, en deçà ou au delà des frontières les produits de leur industrie ? Le dernier mot du socialisme, comme il apparaît en Russie, c'est la suppression totale du commerce extérieur, l'État se réservant seul la faculté d'exécuter avec certains États étrangers certains trocs avantageux. Je ne vois pas davantage la possibilité de concilier la liberté des changes avec la politique de réglementation générale de tous les prix intérieurs, vers laquelle tend nécessairement le socialisme. Mais où il y a nationalisme, il y a nécessairement aussi militarisme : et conçoit-on le militarisme sans une limitation de la liberté d'opinion ? Le socialisme libéral, en Occident, voudrait parler à la fois la langue de Gladstone et celle de Lénine. Je demande si c'est possible.

À cette thèse, cependant, deux de mes correspondants m'opposent une objection dont j'avoue ne pas comprendre la gravité, mais qui est peut-être plus sérieuse que je ne crois, puisqu'ils sont deux à me l'opposer, « Je ne vois pas, m'écrit Félix Pécaut, la contradiction dont vous parlez dans le concept de socialisme. Certes, l'établissement du socialisme aurait à surmonter une prodigieuse difficulté ; mais cette difficulté vient, non d'une contradiction interne, mais de conditions extrinsèques. » Pareillement Théodore Ruyssen : « Y a-t-il bien contradiction *interne* au sein du socialisme ? La contradiction n'est-elle pas plutôt entre un système abstrait, nécessairement simpliste, et les résistances d'une réalité complexe qu'on ne peut vaincre par des procédures de liberté ? » Ces résistances extérieures, si je comprends bien Pécaut et Ruyssen, je les appelle, moi, intérieures à la nature humaine, et telles que, par conséquent, la double nécessité de lutter contre elles : besoin de liberté chez les propriétaires aussi bien que chez les ouvriers, fait bien partie de la nature intrinsèque du socialisme. Veut-on me parler d'un état futur du genre humain, où le socialisme parfait viendra converger avec la parfaite liberté ? Quelle liberté ? Celle de ne rien faire, comme dans l'abbaye de Thélème, ou l'absence d'obéissance à un maître, combinée avec un travail incessant, comme dans la fourmilière ou la ruche ? Cet ultra-futur, je l'ai dit en séance, dépasse les bornes de ma vision. Et lorsque je vois qu'on s'abandonne à ces rêves, je songe à la colombe de Kant qui essaie de voler dans le vide, au nageur sans eau de Hegel.

Une question que me pose Dominique Parodi me touche davantage. Il me demande

> si le conflit des deux tendances, libérale et autoritaire, est propre au socialisme, et s'il ne se retrouve pas dans la doctrine démocratique elle-même ? N'est-il pas sensible chez Rousseau déjà, et dans le *Contrat social* ? Le postulat fondamental n'en est-il pas que tous les citoyens résignent également tous leurs droits individuels aux mains de la collectivité ? Et contre la volonté générale, expression de sa propre souveraineté unie à celle de tous ses concitoyens, l'individu n'a d'autre recours que l'exil. Il est très frappant, à lire la correspondance de Rousseau, de le voir, à propos des dissensions intestines de Genève, surtout dominé par la crainte de la démagogie et de l'anarchie, et favorable aux plans de réforme les plus modérés, les plus soucieux, par l'équilibre des pouvoirs, de maintenir la force des pouvoirs centraux. Aussi bien si la démocratie est surtout préoccupée de la liberté individuelle, il s'agit toujours de la liberté de *tous* les individus, d'une liberté *égale* pour tous, « les hommes naissent libres et *égaux en droits* » ; elle implique donc logiquement l'égalité au point de départ ; elle est grosse du socialisme. Ce qui est un véritable accident historique et une équivoque manifeste, c'est la solidarité qu'on a crue si longtemps indissoluble du libéralisme économique et du libéralisme politique et moral. Seulement, l'autorité n'y saurait jamais être qu'un moyen et qu'un pis-aller, le but restant toujours le respect de la justice et la promotion de l'humanité en tous ses membres. Par là l'opposition à tous les fascismes est évidente et sans doute aussi aux thèses spécialement marxistes du socialisme, s'il est vrai que la lutte des classes devient chez Marx une fatalité, et que l'inspiration matérialiste et déterministe y masque au moins et rejette dans l'ombre la préoccupation de justice en même temps que de liberté.

Sans relever tel ou tel point de la lettre de Parodi sur lequel j'aurais des réserves à faire, je déclare être d'accord avec lui sur ce point que la contradiction interne que j'observais dans la notion de socialisme se rencontre déjà dans la notion de démocratie. Qu'est-ce, en effet, que le socialisme, on peut se le demander, sinon l'extension au domaine économique des formules de la démocratie politique ? Le problème est cependant — s'il m'était permis de marquer par quelle nuance ma position diffère de celle de Parodi — de savoir pourquoi il arrive que l'idée démocratique tend à prendre une forme moins libérale, moins parlementaire, lorsqu'il s'agit du socialisme, que ce n'est le cas pour la démocratie politique. Et, de ce fait, si Parodi en admet la réalité, je suggérerais l'explication suivante. Le radicalisme, sous sa forme originelle, considère tous les hommes, riches et pauvres, comme appartenant à une même classe. Les inégalités de fortune ne sont que des accidents individuels au sein de cette même classe. Tout change si l'on admet qu'il y a dans la société des classes constituées par l'évolution naturelle de l'économie, et constituées de telle sorte que, d'un côté, tous les individus soient héréditairement favorisés par la fortune, et, de l'autre côté, tous soient héréditairement défavorisés. La formule saint-simonienne de « l'amélioration du sort de la classe la plus nombreuse et la plus pauvre » a un sens plus défini que la formule benthamique du « plus grand bonheur du plus grand nombre ». Elle dresse l'une contre l'autre deux armées comme en vue d'une bataille rangée. On conçoit que, pour remporter la victoire, les chefs qui ont été investis du pouvoir de mener la bataille du côté de la classe la plus nombreuse et la plus pauvre, ou qui se sont investis eux-mêmes de ce pouvoir, exigent de leurs troupes, si elles veulent remporter la victoire, une discipline militaire. On conçoit que le parti adverse retourne contre ses adversaires la méthode qu'ils préconisent, et réclame la même autorité révolutionnaire au nom d'un « socialisme » différent, qui se réclame de l'union des classes au sein d'une même patrie. Avant 1914, on avait des doutes sur la possibilité pour un homme ou pour un groupe d'hommes, d'exercer ce pouvoir ; et le syndicalisme révolutionnaire des premières années du siècle commençait à s'enliser, à partir de 1910, dans le Parlementarisme. On oubliait qu'en 1793 l'état de siège avait créé le régime jacobin, d'où était né, par dégénérescence en même temps que par réaction, le césarisme des années qui suivirent. Il appartenait à la guerre mondiale de 1914 de révéler aux hommes de révolution et d'action que la structure moderne de l'État met à leur disposition des pouvoirs presque illimités.

ISBN : 978-3-98881-982-6

Milton Keynes UK
Ingram Content Group UK Ltd.
UKHW030837021124
450589UK00006B/732